U0720917

廣東省哲學社會科學規劃 2022 年度一般項目

『清代中後期廣東正音書系研究』（GD22CZY04）

廣東海洋大學 2022 年度人文社科研究項目（文化建設重點專項）

『粵西府縣舊志整理與出版』專項（C22837）

廣東省普通高校人文社科重點研究基地

『中國南海島嶼歷史文化研究基地』（2023WZJD003）

粤西府縣舊志叢書

孫長軍 主編

乾隆高州府志

上

（清）王 槩 修 （清）于殿琰 纂

董國華 整理

鳳凰出版社

圖書在版編目（CIP）數據

乾隆高州府志 / （清）王槩修 ；（清）于殿琰纂 ；董國華整理. -- 南京 : 鳳凰出版社, 2023.12
（粵西府縣舊志叢書 / 孫長軍主編）
ISBN 978-7-5506-4015-3

Ⅰ. ①乾… Ⅱ. ①王… ②于… ③董… Ⅲ. ①高州－地方志－清代 Ⅳ. ①K296.53

中國國家版本館CIP數據核字(2023)第195840號

書　　名	乾隆高州府志
著　　者	(清)王　槩 修　(清)于殿琰 纂
整 理 者	董國華
責任編輯	李相東
特約編輯	蔣李楠
裝幀設計	陳貴子
責任監製	程明嬌
出版發行	鳳凰出版社(原江蘇古籍出版社) 發行部電話 025-83223462
出版社地址	江蘇省南京市中央路165號,郵編:210009
照　　排	南京凱建文化發展有限公司
印　　刷	南京新洲印刷有限公司 江蘇省南京市六合區雨花路2號　211500
開　　本	880毫米×1230毫米　1/32
印　　張	25.5
字　　數	588千字
版　　次	2023年12月第1版
印　　次	2023年12月第1次印刷
標準書號	ISBN 978-7-5506-4015-3
定　　價	360.00圓(全二册) (本書凡印裝錯誤可向承印廠調换,電話:025-57500228)

『粵西府縣舊志叢書』整理編輯委員會

主　編：孫長軍

副主編：蔡　平（執行）　鄧　建　劉　剛

編　委：（以姓氏筆畫爲序）

李玉晶　沈曉梅　周思明　馬瑜理　陳關怡

閆　勖　董國華　彭潔瑩　蔡　平　鄧　建

裴夢蘇　劉　剛　劉　嵐　閻懷蘭　鍾嘉芳

顔雲榕

『粤西府縣舊志叢書』總序

一、『粤西』所指及叢書範圍

『粤西』與『粤東』相對，本是一歷史地名。《中國歷史地名大辭典》：『粤西，指今廣西壯族自治區，爲廣西之别稱，因位於古百越（粤）地西部而名。』『粤東，指今廣東省地，因位於古百越（粤）地東部而得名。』清人汪森所輯《粤西通載》一百三十卷（《粤西詩載》二十五卷、《粤西文載》七十五卷、《粤西叢載》三十卷），書名『粤西』即指今廣西。其《粤西詩載序》曰：『凡係粤西之事，形之詩與文者，抄撮成一編。』雖然其中所録詩文的書寫并非盡爲今廣西之事，但以廣西視角的觀照是明確的。至民國陳柱編輯明末清初至民國十三年（一九二四）十四家詩，則皆爲廣西人詩作。今人曾德珪所編《粤西詞載》網羅清宣統三年（一九一一）以前廣西歷代詞作而成。以上所稱『粤西』，均屬歷史的稱謂。即便是當代學者面對廣西的歷史文化問題研究，仍有以『粤西』名之者，胡大雷《粤西文化與中華文化研究·前言》説：『之所以稱粤西文化而不稱廣西文化，則是出於我們的研究比較多地是注重文化史研究的考慮。』明清時期的廣東，有『粵中』『粵東』之稱。清乾隆時期刊印的范端昂輯撰的《粵中見聞》，是一部以廣東風物爲記述内容的筆記散文。乾隆時期順德人温汝能纂輯《粵東詩海》，則以清代廣東省域爲範圍，收録廣東本土詩人之詩作。吴永光《粵東詩海·前言》指出清代廣東的政區範圍：『粵東，或稱東粵，以其地處古百粵之東，故有此稱。含今廣東省、海南省及廣西欽州地區。』

現代意義上的粵西，一般是地理、經濟、文化等的綜合指稱，包括湛江市、茂名市、陽江市、雲浮市及肇慶市和江門市的部分地區。《廣東省今古地名詞典》：『粵西，泛指廣東省西部地方，包括肇慶市、湛江市、茂名市及陽江市。』隨着改革開放四十年廣東經濟社會的發展，珠三角地區向外逐漸輻射，粵西的指稱範圍相應地也在縮小，今通常指廣東西部四個地級市，即湛江、茂名、陽江、雲浮。四市於明清時期分屬於雷州府、高州府、肇慶府及羅定州，其中湛江市政區所屬盡歸於明清時期的高、雷二府，徐聞、海康、遂溪屬雷州府，廉江（石城）、吴川屬高州府。雷州府三縣位處雷州半島，是雷州文化孕育、發展的主體區域，與雷州府毗鄰的高州府是雷州文化的輻射區域。故將高、雷二府所包含的舊《志》作爲『粵西府縣舊志叢書』整理的對象，叢書名稱中的『粵西』僅指今湛江、茂名二市。

粵西府縣舊《志》整理所依據的底本爲『廣東歷代方志集成』之『雷州府部』『高州府部』所收編的舊《志》。『雷州府部』含府縣舊《志》十一種，即《萬曆雷州府志》、《康熙雷州府志》、《嘉慶雷州府志》、《康熙海康縣志》、《嘉慶海康縣志》、《民國海康縣志》、《康熙遂溪縣志》、《道光遂溪縣志》、康熙二十六年《徐聞縣志》、康熙三十七年《徐聞縣志》、《宣統徐聞縣志》。『高州府部』含府縣舊《志》三十五種，即《萬曆高州府志》、《康熙高州府志》、《乾隆高州府志》、《道光高州府志》、《光緒高州府志》、康熙二十六年《茂名縣志》、康熙三十八年《茂名縣志》、《嘉慶茂名縣志》、《光緒茂名縣志》、康熙十二年《電白縣志》、康熙二十五年《電白縣志》、《道光電白縣志》、《光緒電白縣志》、《民國電白縣志稿》、康熙十三年《信宜縣志》、康熙二十六年《信宜縣志》、《乾隆信宜縣志》、《光緒信宜縣志》、康熙九年《化州志》、康熙二十五年《化州志》、《乾隆化州志》、《道光化州志》、《光緒化州志》、康熙八年《吴川縣志》、康熙二十六年《吴川縣志》、《雍正吴川縣志》、《乾隆吴川縣志》、《道光吴川縣志》、《光緒吴川縣志》、康熙六年《石城縣志》、康熙二十五年《石城縣志》、康熙五十一年《石城縣志》、《嘉慶石城縣志》、《光緒石城縣志》、《民國石城縣志》。合高、雷府縣舊《志》總爲四十六種，除其中少部分因版面字迹漫滅不具備整理條件外，均納入叢書之内。

二、舊《志》整理——地域歷史文化研究的基礎工作

從人類發展史看，任何一個民族或族群，在求得自身生存、發展的歷史進程中，都必然依賴於某一特定的地理空間，在這一地理空間内繁衍生息，既接受大自然的賜予，適應特定的地理環境，又在一定程度上影響甚至改變着周圍的自然地理環境，這種雙向互動便産生各式各樣的、帶有人的影響印迹的、物質性的或非物質性的形態，我們通常將這些形態稱作『文化』。一種生命體與其生存的環境發生互動是

普遍存在的，并非僅有人類如此，但其他生命體與環境互動産生的結果都不能稱作『文化』，唯獨人與環境互動的衍生物才是『文化』。或者也可以這樣説，『文化』是人類的特有屬性之一。這種對『文化』内涵所指的認定，是以人與自然的二元存在爲觀照點的，更傾向於人的主體地位。常言道『一方水土養一方人』，這是立足於自然空間環境的説法，將人看作自然的一部分。因爲一方水土并非衹養一方人，還養育着這方水土上的其他生命體。一方水土上的人受一方水土的滋養，反過來一方水土也在一定程度上受到來自人的影響，這一方水土上的人與這方水土的互動，便構成地方文化，或稱作區域文化。

中國幅員遼闊，民族衆多，各地有各地獨特的文化形態和文化生成脉絡。從较大的地域空間而言，湛江地方特色文化屬嶺南文化的構成部分，而今廣東政區所屬又是嶺南文化孕育、生成、發展的最主要區域。在這一區域中，由於早期百越民族的外遷與不同歷史時期中原漢民族族群在不同時期的南下，北方漢民族和嶺南百越民族或融合、或獨立發展，形成了多樣化的族群文化形態，這些不同形態的族群文化有着特定的存在空間，諸如廣府民系所代表的廣府文化主要分布在珠三角地區、客家民系所代表的客家文化主要分布在粵東北地區、潮汕民系所代表的潮汕文化主要分布在粵東沿海的潮汕地區。今湛江政區所屬區域最具特色的文化形態被人們界定爲『雷州文化』，而且在一定話語層面，『雷州文化』被指稱爲廣東四大地方文化板塊之一。然而，雷州文化是怎樣性質的地域文化？是否如同廣府文化、客家文化、潮汕文化一樣是主要基於漢族族群稱謂的文化類型？有哪些方面的特質决定了它可與其他三大文化形態并列指稱？凡此種種，都缺乏必要而有力的注脚，常常給人以比附甚至是『攀附』的印象。再者，長期以來，官方話語和學術話語中，提起湛江的地域文化，往往籠統地以雷州文化概之，這種觀念所帶來的結果，一方面造成更廣大社會層面人們的誤讀，以爲湛江的歷史文化就是雷州文化，連帶而來的是吴川、廉江兩地對雷州文化的排斥；另一方面造成從事湛江地域文化研究的學者，多重視和傾向於雷州文化研究，而忽略了不能納入雷州文化圈層的廉江和吴川的地域文化，造成對湛江地域文化的發掘和研究的不平衡，難以一體化推進。

之所以形成湛江地域文化話語中的諸多疑問（争議），不少專家學者或地方文化人士參與研究與闡釋，却似乎没有誰能説得更明白，也没有哪一家説得更令人信服，究其原因，最根本的是長期以來看似越來越多的地域文化研究成果，僅僅是對部分舊有史料的反復使用和轉抄，對這部分被人們用熟了的材料轉换視角進行再闡釋和再使用，其結果就是無論文章還是著作，都給人似曾相識之感。地域文化研究，并非純屬學術層面的基礎研究，它是一種綜合研究，是基礎性研究、闡釋性研究、傳承性研究、創新性轉化的應用研究的綜合。當下的湛江地域文化研究，僅僅停留在文化現象的闡釋性研究層面，基礎性研究不够，闡釋性研究則是片面的、缺乏整體性和客觀性的；缺乏和忽視傳承性研究與創新轉化研究，則失去了闡釋性研究存在的意義和價值。在基礎性研究、闡釋性研究、傳承性研究、應用性研究這一綜合研究體系中，所有研究開始的基礎都必然是從基礎研究做起。對於湛江而言，頭等重要的基礎研究課題便是要弄清楚今日湛江政區範圍内，在歷史時期留下了怎樣的文化遺産，包括物質性文化遺産和非物質性文化遺産。這裏談到的文化遺産，是指今天仍見在的文化遺産，需要政府部門進行頂層設計，整合人力、物力資源進行全面普查。這是一項非常浩大的文化建設工程，涉及人的生存發展所旁及的一切方面，即留下什麽就調研什麽，并搜集、記録、闡釋什麽，最終以文字或圖片的形式將其固定下來，從而成爲本土文化後世傳承的文獻源。地域文化研究的另一項基礎研究工作，是要弄清中外各類文獻（主要是指不同歷史時期的文獻遺存）中究竟有哪些關於今日湛江政區範圍内的各方面文獻記載與文字呈現，并將其中所有相關文獻全部編輯出來，這就是湛江地方文化研究的文獻集成工作，進而利用現代技術手段將集成性的湛江歷史文獻數字化，建立湛江地域文化研究文獻資料庫，爲未來湛江地域文化的綜合研究提供第一手資料。

由以上表述可知，湛江地域文化研究的步驟是由基礎性研究到闡釋性研究、傳承性研究、應用轉化性研究層遞推進的。基礎性研究爲後續研究提供第一手可信度强的文獻資源；闡釋性研究是對個體文化形態的認知研究；傳承性研究是對優秀的物質性和非物質性文化遺産的生態保護和傳承，使之血脉不斷；應用轉化性研究是在客觀認知和呈現文化遺産的前提下，進行基於個體文化遺産的現代創新和轉化研究，即歷史文化遺産的市場化運作，進入文化産業發展層面。

湛江地域文化的基礎性研究，包括『湛江地域文化研究文獻集成與數字化』（湛江歷史文化研究文獻集成）和『湛江歷史文化遺産普查與數字化』兩大工程。粵西府縣舊《志》整理屬於湛江地域歷史文化研究文獻集成的重要内容，也是最主要的部分。

三、舊《志》整理與區域文化研究的學科歸屬

區域歷史文化元素的發掘、整理、研究與傳承，前提是必須摸清特定區域内的歷史遺存，由歷史存在文化元素所屬的門類，結合現代學術研究的學科分類，提煉歸納出一個個地方歷史文化研究方向。在物質性的歷史文化遺産中，紙質文獻相對是最豐富的，也是區域歷史文化研究最重要的依據。紙質文獻包括歷代地方舊《志》、方志以外歷代本土與外來人士的本土書寫、歷代地方譜類文獻、歷代地方碑刻、歷代正史及地理總志的本土史事人物載録等。其中，歷代地方舊《志》能相對最全面、最集中、最細緻地呈現一地經濟社會發展狀况，故地方歷史文化研究理應從方志整理做起。

就今湛江政區而言，其涉及的府縣舊《志》，雷州府所屬《雷州府志》三部、《海康縣志》三部、《遂溪縣志》兩部、《徐聞縣志》三部，高州府所屬《高州府志》五部、《吴川縣志》六部、《石城縣志》六部。雷州府部全部十一種及高州府部吴川、石城二縣十二種，是湛江本土府縣舊《志》，高州府部中的五種《高州府志》載録了吴川、石城史事，以上總計二十八種，是湛江歷史文化研究資料的直接來源。另外高州府所屬《茂名縣志》四部、《電白縣志》五部、《信宜縣志》四部、《化州志》五部，總十八種，是湛江歷史文化輻射最近區域遺存的志書。

今收編粵西高、雷二府舊《志》的大型叢書主要有三種：一是上海書店等三家出版社合作出版的

『中國地方志集成・廣東府縣志輯』；二是臺灣成文出版社所出『中國方志叢書』；三是嶺南美術出版社出版的『廣東歷代方志集成』。前二者體例相近，於每一府縣僅收編一種志書。如成文版『中國方志叢書』收編《萬曆雷州府志》、《萬曆高州府志》、《光緒吴川縣志》、《民國石城縣志》、《宣統徐聞縣志》、《道光遂溪縣志》、康熙二十六年《海康縣志》，大致均爲一府一縣歷代志書中較有代表性或較爲完善的一種。唯『廣東歷代方志集成』不擇巨細，收録一府一縣傳世所有舊《志》，爲舊《志》校勘和研究提供了極大的方便。以往湛江本土舊《志》整理已有部分成果，主要有劉世傑、彭潔瑩點校《萬曆雷州府志》，蔡平點校《道光遂溪縣志》，廉江市地方志辦公室點校《民國石城縣志》，廉江市志編纂委員會辦公室點校《光緒石城縣志》。上述數種舊《志》整理本，啓動整理方考慮到普及和方便使用，均采取簡體橫排形式。『粵西府縣舊志叢書』的整理編輯工作，將對所有高、雷二府遺存府縣舊《志》進行全面整理，包括之前已經整理出版的部分舊《志》，采用繁體竪排形式，以更貼近古籍原貌。

提及地方歷史文化研究，人們想到的往往是一地之風俗、人物、民間藝術、獨特的景觀等，故常見的地方歷史文化研究成果大都呈現爲幾個人物、幾種民俗、幾類藝術形式、幾處文化景觀的學術書寫或文化書寫。實際上，這與地方歷史文化元素發掘研究的要求是存在很大距離的。一地的歷史文化構成究竟有什麼，在哪里，如何表述，最可靠的依據就是文獻的載録。地方舊《志》是一地過去時代經濟社會發展狀況的真實記録，是百科全書式的，它可成爲地方歷史文化研究學科體系建構的重要依據。古代地方政區建置主要基於人口數量的盈縮、人口的民族構成而變化，政區沿革與歸屬的變遷是區域歷史文化研究的首要問題，它是地域文化得以孕生發展的地理空間。與區域政區沿革相伴，是這一特定地理空間中人們賴以生存的自然環境，它包括陸海格局、氣候狀况、山川分布等。舊《志》中的《縣圖》《圖經》《沿革》《星野》《氣候》《風候》《潮汐》《山川》等屬此，歸於歷史地理學的研究範疇。特定地理空間的物産是人們賴以生存的物質資源，保持物産充足和可持續發展，又需要相應的水利設施、防灾减灾設施建設，這就是舊《志》中呈現的《土産》《井泉》《陂塘》《堤岸》《珠海》《貨物》等門的記述，爲地方農業史研究的資料來源。一方水土，一方物産養育一方人，從而形成特定地域的習俗，體現在舊《志》中即《習尚》《言語》《居處》《節序》等，是民俗學研究的對象。在『普天之下莫非王土，率土之濱莫非王臣』的時代，王朝必設官以分理天下，舊《志》中的《秩官》詳盡地載録了一地各級官府的職官設置，是制度史研究的内容。『爲官一方，造福於民』，歷來是王朝對地方官員的勸勉，也是方正官員的夙願。於民造福之事，體現在各種與民生相關的舉措中，舊《志》中《城池》《公署》《亭館》《坊表》《驛鋪》《橋渡》《塔宇》等相當於今之市政建設之屬，歸於《建置》一門。地方官員履行安民職事的同時，還須大力發展地方經濟，并代爲王朝抽取，上繳賦税，《户役》或《食貨》揭示的是税制問題，當爲地方經濟史内容。經濟發展了，百姓安居樂業了，又需要對其施之以教育，於是學校之建是必不可少的。舊《志》中的《學校》提供的是古代一地的教育史料。爲確保一方平安，軍事防禦是必須的。粤西背山面海，既要防山賊，又須禦海寇，《兵防》門提供的是古代的軍事史料。舊《志》中占很大篇幅的是人物，具體分爲《名宦》《流寓》《鄉賢》《勛烈》《貞女》等，是一地人物研究的重要文獻。《藝文》通常居舊《志》文本之末，爲本土或异地官宦、文士、鄉賢等對當地的詩文書寫，既是開發地方旅游資源的重要文獻依據，更是書寫一地文學史的重要研究文本。仍有《古迹》《寺觀》《名僧》《壇廟》等，反映了一地的民間信仰和宗教信仰，是地方宗教等問題研究的基本材料。

四、粵西府縣舊《志》整理的路徑

粵西高、雷二府舊《志》整理工作分爲兩個階段：

第一階段是將四十六種府縣舊《志》中凡具備整理條件的全部整理出來，作爲『粵西府縣舊志叢書』的内容；第二階段是以整理本爲基礎，將其中史料從現代學科視角分門別類，進行分類資料彙編。

本叢書編訂屬方志文獻的集成性工作，是分類資料彙編和地方文獻資料庫建設的基礎，故對整理對象不分内容粗細、篇幅大小、前後承襲狀況，均加以整理。整理方式爲衹分段、斷句、標點，而不校勘，文字忠實於底本，底本明顯錯漏之處，亦保持原貌，并以小注形式標示。舊《志》的斷句、標點工作，先雷州府部，後高州府部，先今湛江政區所屬各地舊《志》，後今茂名政區所屬各地舊《志》。

各舊《志》體例大同小异，名目不同，内容相類。各卷次排列及其所屬各門順序，始於《輿圖》，終於《藝文》。這一體制特點爲舊《志》文獻的分類彙編提供了方便。同一府、縣不同時期舊《志》，後代志書對於前代志書内容多爲承襲，補入前代志書所未涉及時間斷限中的史料。有的舊《志》編纂向後延伸到民國，有的衹是至清代的某一個時期，如《石城縣志》和《海康縣志》都延及民國，而《遂溪縣志》僅修至清道光朝。舊《志》修纂和傳世狀況直接决定了府、縣史料的系統與否。資料的分類彙編，是將府、縣舊《志》中某一類型文獻編輯成卷，如《湛江舊〈志〉教育史料彙編》《湛江舊〈志〉海洋史料彙編》《湛江舊〈志〉文學史料彙編》《湛江舊〈志〉民俗史料彙編》等。以此作爲地方歷史文化研究的課題選項和深層研究的依据。

本叢書的整理出版，得到廣東海洋大學科技處、發展規劃處、文學與新聞傳播學院經費支持，雷州市地方志辦公室、遂溪縣地方志辦公室在文獻資料上的支持也保證了整理工作的順利展開，出版方鳳凰出版社承接本叢書部分出版，亦給予整理工作極大的支持。各舊《志》整理工作主要由廣東省雷州文化研究基地科研人員承擔，在先期文字録入過程中得到廣東海洋大學文學與新聞傳播學院部分學生的幫助，在後期定稿時的技術處理上得到不少有關專家的指導，在此一并致以謝意。限於各種因素，雖然我們堅持以嚴謹審慎的態度對待舊《志》文本，并盡最大可能避免錯漏和斷句、標點問題，但仍然會存在這樣或那樣的不盡如人意之處，敬希讀者不吝指教，以便日後完善補正。

蔡　平

二〇一八年九月

『粵西府縣舊志叢書』凡例

一、今粵西湛江、茂名二市政區所轄，自古代至一九四九年前編纂之府志、縣志之刊本、鈔本等，均爲本叢書整理出版對象。一地而成於不同歷史時期之舊《志》，盡予收編，以明當地之沿革變遷與志書承續之脉絡。

二、所録志書不論篇幅大小，均按府、縣傳世志書獨立分卷。

三、各志書整理，概以尊重原著、保持原貌爲原則；原書之題記、序跋、圖版、注釋、引文等，悉予保留；不得不删減之重複者，保留原目，以明全貌；原書字迹漫漶、缺損嚴重者，據本地其他志書同類内容補入，以求完備。

四、部分舊《志》目録與正文有异，均按正文釐定。圖版按原書所在位置排列，不作另行調整。

五、整理者按現行現代漢語規範對原書文字進行標點，一般不分段，原則上不作校勘，不出校記。原文明顯錯訛者保持原貌，以小注形式予以説明。原文使用的避諱字或缺筆字徑改，异體字一般不改，俗字均改爲通行的繁體字。

六、各書有版本不同者，均以工作底本爲基準，作文字對勘；遇有内容較大差异，擇其要者於《前言》中交代。

七、整理者所撰《前言》，主要交代編修者、修纂過程、内容、該書重要價值、整理工作情况，以及其他必要的説明等。

八、叢書采用繁體字竪排版式，原書用於敬稱、謙稱時之特定格式，均予取消。

九、各舊《志》原書在序跋、凡例、目録等的順序上多有不同，本叢書均釐爲統一格式。

十、各舊《志》整理本目録包括兩部分：一是『「粤西府縣舊志叢書」總序』、『「粤西府縣舊志叢書」凡例』、整理者『前言』；二是原書各構成要素。原書目録融入整理本目録中，不再重複。

前言

古高凉郡地，南朝梁大同元年（五三五）始立高州，明洪武元年（一三六八）置高州府，後其所轄州縣與府治曾幾經遷變，至明成化三年（一四六七），領茂名、電白、信宜、化州、吴川、石城（今廉江）等一州五縣，府治茂名，屬廣東行省。清沿明制，高州府轄地與府治未變，屬高陽雷道，因其轄地廣大，地居要衝，故稱廣東下四府之首。

宋有《高州舊圖經》和《高凉志》，已佚。史載明宣德五年（一四三〇）修有《高州府志》十七卷，今亦佚。『其志自兵燹遷析後，斷簡殘編，祇付荒烟蔓草中，若滅若没。』（蔣應泰《康熙高州府志・序》）據《中國地方志聯合目録》，《高州府志》今有五種傳世，其中明代一種，清代四種，依次爲明萬曆四十三年（一六一五）曹志遇纂修；清康熙十一年（一六七二）蔣應泰纂修、黄雲史重輯；乾隆二十四年（一七五九）王槩、于殿琰纂修；道光七年（一八二七）黄安濤、鄧存咏修，潘眉纂；光緒十六年（一八九〇）楊霽修、陳蘭彬纂。

然細考《乾隆高州府志》卷首所録的五篇舊志序，前二篇出自《康熙高州府志》的纂修者蔣應泰、黄雲史之手，後三篇則分别出自巡撫楊永斌、知府黄文煒和知府張兆鳳之手。楊永斌於雍正十年任廣東巡撫，黃文煒與張兆鳳則先後於雍正五年、七年任高州知府。黃序云：『高之郡志於康熙己酉修自燕山蔣君應泰，越壬子，毘陵黃君雲史輯之，迨後遂湮没無傳……未經續入者歷今五十年餘……公餘之暇，爰延郡名宿張捷、梁雍郎等，旁搜遠稽，仍考據於州邑志中，斟酌損益。舊本亦重加裁正，别類分門，務使一郡事迹犁然可觀。』張序云：『前郡守今觀察新安黃公徵文考獻，欲釐爲成書。未竟脱稿，乃擢兩廣鹺政，委厥任於山右葉君。葉君遲遲未舉，余適踵其後，正在商定編次，旋奉部檄纂修。』楊序亦云：『張守踵黃君之成《高州府志》也。』由是可知，黃文煒在任時主持纂修府志，書成未刊已調任，離任時托『山右葉君』付之梨棗。葉君即雍正六年在任的高州知府葉思華，其在任亦僅一載，故書仍未付梓，後終成於張兆鳳任上。由於《乾隆高州府志》的纂修者將這幾篇舊志序落款刊略，故不知其成書的具體時間。楊永斌於雍正十二年（一七三四）調任湖廣總督，張兆鳳亦於同年去任，故可推知《雍正高州府志》的纂修時間應在雍正五年至十二年之間，其成書時間至遲不會晚於雍正十二年。此書去今未遠，不知因何散佚。

除去已佚的明《宣德高州府志》和清《雍正高州府志》，目前可見的五種《高州府志》均收入《廣東歷代方志集成》，本書整理所據即爲《廣東歷代方志集成》收編之『故宫珍本叢刊』影印本。此本乃據乾隆二十四年（一七五九）刻本（卷首二序爲手書石印，其中王槩序爲楷書，于殿琰序爲行書）影印。清刻本原書爲蝴蝶裝，版心左右各九行，每行排二十字。每頁版心之魚尾上方署有『高州府志』四字，而卷次、目録與頁碼自上而下依次書於版心之象鼻處。此志書以綱目體編排，分門十四，爲星野、輿圖

（繪圖二十九幅）、沿革建置、地理、事紀、學校禮樂、貢賦、兵防、職官、名宦、選舉、人物、藝文、雜録。其中藝文志又析爲序記上、序記下和詩賦三卷，故凡十六卷。另有卷之首一卷，爲序言、凡例與續修者姓名。

王槩，字成木，號約祁，山東諸城人，歲貢生，官至廣東布政使。乾隆十八年（一七五三）任高廉巡道兼攝高州知府，在任時間較長，『七載於兹』（《乾隆高州府志序》），他有感於舊志『簡編殘闕，名實舛訛』，『而模糊漶漫，前後互異，有嘆於聞見之相左者焉……』，籌畫纂修府志已久，於是召集府縣官員與地方名賢共同纂修。于殿琰於乾隆二十一年（一七五六）調任高州時，府志『固已百度修具，綱舉目張』，纂修初具形制和規模。于序又云：『核舊志而新之，以訂其訛，以補其闕。蒐羅務遍，决擇維嚴。既簡而明，亦周以備。』可見，《乾隆高州府志》糾正、彌補了舊志的許多舛誤和缺漏，在資料搜集上力求豐富，在擇取篩選上力求嚴格，具有『簡明周備』的優點。僅從體量上看，乾隆本府志的字數就比康熙本多了兩倍有餘。除星野、沿革建置未有太多增删外，其他各卷諸門類的内容，乾隆本皆對舊志進行了大規模的擴充和增补。舉藝文志所收賦文與序記爲例，康熙本收賦文四篇，序記二十八篇，約二萬字，而乾隆本收賦文七篇，序記六十四篇，共約近五萬字，是前者的兩倍有餘。

從形制上看，《乾隆高州府志》較舊志亦有很大革新。曹志遇《萬曆高州府志》凡十卷，以平目體編排，包括卷一分野、形勝、沿革（疆域附）、山川、城池、公署、坊表、都市、津梁（水利附），卷二祀典、戎備，卷三食貨，卷四秩官，卷五選舉，卷六名宦、遷謫、賢能、忠勛、節義、孝友、貞烈，卷七氣候、風俗、寺宇（廢址附）、丘墓、紀事，卷八詩抄，卷九賦記，卷十餘録，凡二十九目。蔣應泰《康熙高州府志》則完全因襲了萬曆本的形制，卷數與目類皆同，僅在内容上有所增補。而已散佚的《雍正高州府志》，其分卷、門類等具體情況雖不易考知，但據張兆鳳序云：『仍循舊志門類，爲之嚴覈正僞，參酌異同，有美畢登，無微不闡。』可推知其形制應无更革，仍沿用萬曆本與康熙本平目體的編排結構。而《乾隆高州府志》則使用綱目體的編排結構，『凡書有綱有目，各從其類。舊志編卷，無所統壹，一條半幅，分立破碎，輕重失宜。今以目附綱，以綱統目。或名義迥殊，絶不相屬，則另立條款，約分門一十有四。』（《乾隆高州府志·凡例》）後《道光高州府志》亦沿用乾隆本的編排結構，分爲十七卷。

《乾隆高州府志》凡例共有十八條，統率全書，所述賅備。上文所引即爲《凡例》第一條，闡明此志書較舊志綱目編排之遷變。第十四條專述將高力士、楊思勖二人的傳記由舊志的雜録志改爲附於人物志之後的原因。第十七條闡明新歸信宜的四都原屬西寧（今雲浮市鬱南縣），故其撥屬信宜前的人物、藝文等内容不録。第十八條則旨在説明現任有關地方利弊，如書院膏火、水火積貯等本無需記述的事項，『若不紀諸志乘，或致後來侵漁湮没之患』，故『詳其原委，俾無廢墜』。第二條至第十三條與第十五、十六條，則分述星野、沿革建置、地理、事紀、學校禮樂、貢賦、兵防、職官、名宦、選舉、人物、藝文、雜録等門類，與卷次及内容吻合，全面、細緻地叙述了各卷所轄事類、名目及其分門歸類與詳略等纂修原則。

結合《凡例》諸條所述，考察全書各卷可知，《乾隆高州府志》相比舊志，變化與增加的具體内容主要有：

卷一星野志。首先羅列《通志》《前漢書》《唐書》《明一統志》對嶺南星野的劃分，接着節録康熙本有關粤地及高州星野的叙述，並針對舊志所述高州『有分星，無分野』的疑問撰寫了按語，重點對『則知渾高州以言合浦，則有屬牛女者，析高州以言合浦，始專屬翼軫耳』進行辨證，認爲『宋熙寧八年（一〇七五）十月，彗星見軫』的天象是兵禍的徵兆，而後不久交趾（宋時封安南國）就攻陷了欽州、廉州（今廉江）等地，但高州並未遭兵燹，故認爲高州是牛女的分野，不是翼軫的分野。這裏值得注意的是，《乾隆高州府志》摘引康熙本，而並未提及雍正本。

卷二輿圖志。舊志只繪有府治與所轄一州五縣概貌圖七幅，較爲疏略。乾隆本增加府縣城池圖與四境圖，還繪有海疆炮臺圖，以及硇洲、奇甸、高鎮全防等圖，另有郡城書院圖，名山勝景如石船丹竈、筆架山、龍竇、雲湫巖等，乃至靈芝、瑞蓮、橘紅等皆有繪圖，凡二十九幅，并附有圖説，叙其原委，十分詳細。

卷三沿革建置志。創制了自唐虞、三代至清的沿革表，以總標其綱。表以政區爲經，以朝代爲緯，先府後縣，排列順序是先列高州府，然後依次是茂名、電白、信宜、化州、吴川、石城，其後各卷中州縣的排列均按此序，體現了其所轄州縣之於府治的重要性。例如，從貢賦志和兵防志中的錢糧數額與兵丁數目可清晰看到從茂名到石城是依次遞減的。建置之下列有城池、公署、壇廟、坊表、寺觀各目，相比舊志將壇廟、寺觀分列於祀典、寺宇，《乾隆高州府志》將其統於建置一門，便於檢閲，更爲合理。

卷四地理志。以地理爲總綱，『凡爲地中之條理者，分目附綱』，列有疆域、山川、都市、水利、津梁、郵遞、塋墓、古迹、風俗、物産等諸目。相較舊志，多了郵遞、物産兩類，並將風俗列入地理志。各目體例『則仿通志例，前述古語，後録見聞』，不妄加評議，並參考通志及州縣志增補舊志缺漏的内容。

卷五事紀志。纂修者認爲舊志的雜記志，不僅『掛一漏百』，而且『取史册昭垂之事，與異聞怪誕並爲一類，殊屬謬誤』，所以將高州地方分封建置、征伐平亂、豐歉撫賑、水旱灾異等與軍政、民生攸關的大事單列爲一卷，而將『其他不經可疑者，始歸雜記』，這是較大的進步。體例則以朝代爲綱，先列歷朝紀，後列國朝紀，同一朝代之事紀則『仿通志之例，年經月緯』，依次列寫，詳實可信。

卷六禮樂志。包括儒學、社學、祀典、儀制四目。修志者認爲『今國家重學右文，禮陶樂淑』，注重禮樂教化，故將『學校、禮樂相麗爲一』，並批評舊志『均從缺略，非所以昭典則也』。首先，專門詳述府縣儒學的形制和規模，並列寫州縣社學的名稱、方位以及興廢情況。其次，詳細呈現祭祀文廟、武廟的全貌，包括祭祀對象、時間地點、參加人員、祭品祭器、樂器舞器以及儀節、樂譜和唱詞等均一一記述。再次，依次記載祭祀先農壇、社稷壇、城隍廟、厲壇、孝節祠、風神廟、龍王廟、龍窩廟的情況，詳細介紹了迎春、耕禮、祈雨、祈晴等酬神活動，以及慶賀萬壽聖節（皇帝、皇后生辰）的規定及程式。最後，記載鄉飲酒禮和鄉約。

卷七貢賦志。相當於舊志的食貨志，詳細記載清初以來高州府縣的丁口、田地、折色起運、雜辦、鹽餉等各項賦役的徵收數額及減免等情况，品類詳賅，巨細靡遺。例如，對銀錢的計量精確到兩、錢、分、厘、毫、絲、忽、微、僉、沙、塵、埃、末、渺、漠。另外，記録了各級官吏每年發放的俸銀數額。

卷八兵防志。先略陳歷代兵制，後詳述國朝軍職、兵額、兵船、軍防等各目，詳盡記載了各軍營汛、衛所（神電衛）、海汛、炮臺的駐軍情况，包括官階、兵數，以及戰馬、戰船等配置。另外，將狼猺『照舊志附於兵防，以見異類歸化之盛』。狼猺即狼兵、猺兵，是明代中期廣西土司建立的由侗（僮）人、瑶人組成的地方武裝，被朝廷徵用，是明代軍制的組成部分，後消亡於清嘉慶時。兵防卷詳細記載了各州縣狼兵、猺兵的數量及狼寨、猺山的名稱，記述了明代狼猺軍制始末，并論曰：『今國家歷聖相傳，承平日久，異類革心，狼猺就試，似宜盡編爲民。無庸尚存狼、猺、獞之名色，使自外於教化也。』在一定程度上反映了當時清政府民族統一的政策和粤西民族融合的趨勢。

卷九職官志。職官志的編排方式與舊志也有較大不同。舊志以官職級别自高到低排序，先列府官，後列縣吏，自漢末羅列至清初。但由於『歷代州縣分合不常，官職名目各異』，這樣排列致使名稱雜亂混淆，十分不便檢閲。乾隆本則採用《通志》的體例，先自漢至清以朝代劃分，再將同一朝代的官員以品階高低排列，眉目清晰。關於明清兩代的職官記載尤爲詳備，以清代爲例，先列府官，以知府、同知、通判、推官、教授、訓導、經歷、司獄司、倉大使爲次，另列有電茂、博茂、茂暉、丹兜等鹽場專員；後列縣吏，以知縣、教諭、訓導、縣丞、典史爲次（化州爲知州、州同、學正、訓導、吏目），另列有巡檢司、驛丞、倉大使等職名。每職官名下，以在任先後爲序列寫姓名，姓名之下注明籍貫，有功名者注明科舉出身或任期等，亦有少數不可考者僅列寫姓名。

卷十名宦志。收入名宦者，歷代自晋至明凡五十九人，清代自順治至乾隆（最末一位爲乾隆三年至五年任茂名知縣的王之正）凡二十四人，以在任時間先後爲序，嚴格篩選，而不論官階高低，『實有惠政及民者，雖微員必録，否則歷官顯要亦所不載』，只選擇清正廉明、勤政愛民、捐資興學、重教化人、平寇殉國等官員入志，體現了修志者醇厚中正、秉筆直書的史家精神。值得注意的是，所録名宦獨無雍正年間在任官員。後附遷謫，録有自唐至明謫宦十五人。

卷十一選舉志。按照茂名、電白、信宜、化州、吴川、石城的順序，依次收録各州縣自宋至清的進士、舉人、貢生（宋元僅列進士、舉人）、武舉，以及薦辟（明代）、封贈者姓名，其中爲官者注明任職地及官職名，不可考稽者則缺之不録。

卷十二人物志。以朝代爲綱，列鄉賢、忠烈、孝義、文苑、隱德、列女、仙釋、附録諸目，秉持『寧嚴無恕』的原則，嚴格擇取自漢至清的高州歷史人物，與高州無關者不録。相較舊志的賢能、忠勛、節義、孝友、貞烈諸目，修改了名稱，並增加文苑、隱德兩類。

卷十三、十四、十五藝文志。其中卷十三、十四爲序記，分爲上下，卷十五爲詩賦。舊志所録，『但詳茂名，諸縣多從缺略』，乾隆本則進行了大量擴充增補，檢閲、蒐羅州縣各志及聞見録，將與之相關的『名賢鉅製』，如蘇軾《颶風賦》，以及『關係地方得失、名勝者』，如《軍工木料記》《復合征分解記》《温泉亭記》《靈芝頌》等，悉數鈔録。前文有述，此處不復贅舉。

卷十六雜録志。收録高凉之地自古至今見録於野史或流傳於口耳的奇人異事、珍禽異獸、妖靈災變等三十二條，類似異聞録。

《乾隆高州府志》的纂修者除王槩、于殿琰外，還有府通判胡之楚。協修者爲茂名縣知縣吴爲墉、署茂名縣知縣劉鵬、電白縣知縣劉繼、信宜縣知縣何在勇、化州知州王以夔、署化州知州吴川縣知縣楊士璣、署吴川縣知縣朱朝棟、石城縣知縣顔煌。實際主筆者爲李東紹（信宜拔貢、合浦縣學教諭）、梁聯德（茂名進士、原任江西宜黄縣知縣）、黄如栻（茂名進士、原任國子監監丞）。校對者爲黄晟、梁康國等八名生員，謄録者爲茂名縣朱文玉、陳耀昌等七名童生。

《乾隆高州府志》纂修歷時數載，相比倉促完成的萬曆本（『三閲月書成』，《萬曆高州府志》曹志遇序）與康熙本（『綜實録而增未備，列爲十卷，付剞劂，不數月而志成』，《康熙高州府志》蔣應泰序），乾隆本在輿圖、沿革、事紀、職官等門類的編排、歸類上有較多革新，在地理、禮樂、貢賦、兵防、選舉、藝文等門類中增加了豐富、詳實的内容，在名宦、人物等門類所録内容擇取上體現出醇厚中正、客觀公允的修史態度。總而言之，《乾隆高州府志》『廣羅聞見，証以閲歷，有疑斯缺，無隱不彰』（王槩序），無論形式還是内容，並非對舊志進行簡單的補苴和續寫，而是廣泛搜尋、嚴格篩選、訂訛補闕、大力創新，因此具有資料豐博、詳實可信、簡明周備、形制先進的特點，具有較高的史料價值。

在整理中，以『忠於底本，存其原貌』爲宗旨，只將原書文字分段、句讀；對於底本明顯錯漏，予以校補，並出校記加以説明；無法確考之處，則依底本原樣照録，亦出注説明。原刻本所用字體混雜、正俗兼用，如『烟、煙』『迹、蹟』等，則基本改爲較爲通用的規範字形。對於避諱字則回改，如年號『正觀』改爲『貞觀』，『大歷』改爲『大曆』，『崇正』改爲『崇禎』等。因原書殘損脱漏，或字迹漫漶，致使文字實難辨識，且與他本互校仍舊難明者，則暫以『□』代之。

董國華

二〇二二年八月

目録

卷之首

序

志之繇來舊矣。在昔名賢，皇華所值，足迹偶經，猶必繪其山川，條其物類，以爲精神游歷之所存，可備當途之一採焉。而況久官厥土者，其於土地人民，實有相爲維繫之故乎。

歲在癸酉，予以高廉之命，分駐潘城，再兼府篆。七載於兹，時思所以辨土之宜，因俗成化，諸六屬阨塞險易、田疇水旱、民所疾苦、人物隆替之由，莫不意繪神摹，設身處地。嗣以鐵山之事，深歷險阻；生鹽之役，三至海上。巡視所經，停車阡陌，諮詢父老，驗之以事，體之以情，利害情形，曲折心目，儼然成迹之可按矣。

於是舉其閱歷之所親，印諸郡志舊籍，而模糊漶漫，前後互異，有嘆於聞見之相左者焉。昔之所謂溪峒岩阻者，皆今之安居樂土者也；昔之所謂賦役逃亡者，皆今之雍容井畝者也；昔之所謂椎髻跣足、俗參彝徼者，皆今之涵濡沐浴、禮樂彬彬者也。夫志體有彰無癉，而風俗與化轉移，曩之所稱，豈遂永爲信史邪？必追荒略之舊用，快鄙夸則，勾吴於越，見外春秋，曲江作相，南天之創，豈獨一高凉乎哉？高凉雖僻處偏隅，自昔馮氏樹績四朝，用其土地人民，保障嶺表，功比錢鏐。厥後翔龍一旅，喘息海中。茂名、吴川之間，義士荷戈，據險授命。延及明世，風氣日開，地則嶺西表率，人則南國名流。孔昭文、吴明卿之所栽培，李宗魯、陳禹城之所炳著，踪迹猶存，芳型可溯。重以我朝聲教四訖，萬里堂階；薄賦裕民，戢兵講學；百年之間，制作大備。向之含精茹粹、懸黎結緑者，至是益發其光。際此之時，而令其簡編殘闕，名實舛訛，亦守土者之責也。爰偕郡伯、牧宰諸賢，及此邦名宿，廣羅聞見，証以閲歷，有疑斯缺，無隱不彰。繪圖二十有九，分門一十有四。雖不敢自謂信史可傳，庶幾游歷精神，當途備採，俾後之官兹土者不出户庭，而山川之險易、民物之情形，皆可羅而致之几席之上，成憲具陳，折衷自我，豈非有心民瘼者之一助哉。

時乾隆二十四年己卯孟秋月，廣東分巡高廉兵備道紀録二十六次琅邪王槩撰。

序

古者列邦，皆具史官，閲久成書，匪獨紀一時之盛也。蓋五方風教固殊，而其中美惡、正變、高下、險夷，與夫離奇怪異之態，靡不雜糅前陳，以備省方問俗之選。且使此邦士大夫憑依其所自爲，乃能相與以有成也。

高州負山面海，僻處嶠南，採風者率荒略弗道，顧余竊疑之。夫高自有漢已列郡邑，厥後幰車絳節，綱目三書，駸駸乎始睹衣冠禮樂之風矣。至宋，東坡、純甫流寓，風化松明，文教奕奕，至今存焉。迨及明世，人文輩出。爰暨我朝，久道化成，州人士科甲聯翩，簪纓弗絶，豈盡如採風者所云哉！

歲丙子，余來守此土，適觀察山左王公特膺簡命，分駐高涼，兼攝郡篆。固已百度修具，綱舉目張，於是舉其閲歷於政事間者，核舊志而新之，以訂其訛，以補其闕。蒐羅務遍，決擇維嚴。既簡而明，亦周以備。至己卯，工乃告竣。余雖不敏，公事之暇，共勷斯舉。凡自節義、文章、山川、人物，炳炳琅琅，薈萃罔失，抑亦備採風者之賅覽焉。而因以觀此邦士大夫之得所矜式，果能相與以有成也，此則余之所共勉也已。是爲序。

高州府知府錦水于殿琰撰。

舊志序

郡守 蔣應泰 古燕

郡之有志，猶國之有乘也。稽古先王設職方以隸天下，其大在建置、分野、軍國、賦役是經，而其次則人物、風土、名宦、鄉賢、文章、節義所自出，志烏可一日少闕哉！余學古入官有年，乙未任楚中令，軫念民瘼，採風問俗，訪遺編，勒成邑志。諸事率由舊章，民始漸有起色，信乎志之所關者鉅也。

高涼較前治則郡也，凋敝甚於楚。其志自兵燹遷析後，斷簡殘編，祇付荒烟蔓草中，若滅若没。本朝定鼎以還，奇迹異事未登史筆，亦掌故所殷憂，而當事有攸責也。

余以丁未冬，奉天子命，來守是邦。入其境，則哀鴻載道，俗鮮古處，不勝凄風陰雨之感，惻然者久之。嗟夫！庶富不可問，而版籍罔稽，所稱一代史書裨於政治，爲風厲名教激揚之資何有，用是謀諸紳衿，檄之賢宰，微顯闡幽，綜實録而增未備，列爲十卷，付剞劂，不數月而志成。文獻聿新，匪第山川、城郭、人物、地産之類，按圖足參，而忠孝廉節之風，興起奕代，與鑑江秋月而俱永。異日者彤廷南顧，太史採風詩以貢謠俗。余益得藉乎是書，拜稽颺言，登獻黼座，以當河清海宴之休，兹又守土者一助云爾。

爰是爲序。

舊志序

郡守　黄雲史　毘陵〔一〕

自嶺以南，唐虞三代不入版圖。秦開百粤，始通上國，復爲趙陀所據。迄漢武而後，乃隸職方。然李唐、趙宋，車書同乎文軌，猶以障塞置之者也。國朝定鼎，神武所加，德化所被，殫九服於域中，總八荒於畿内。禹迹之所未周，章步之所未至，莫不來享來王，况猶是區宇之内者乎。此越雋之地，所以聲名文物，冠蓋輶軒，比隆上郡，媲美中原也，曾是昔日之嶺南也耶。高郡，古南巴地，山環海錯，猺

〔一〕「毘陵」，原作「昆陵」，據《道光高州府志》改。下同。

民雜處，西望銅柱，東望扶桑，地遠而偏，俗儉而陋。椎跣之民乃能出租賦、奉期會、凛王章而遵約束，不後他郡，不知國家幾許休養生息，以至於斯也。

孟子曰：『臣始至於境，問國之大禁。』雲史奉命來守兹土，諮諏利弊，力加興舉，釐剔顧念，或因或創，事無鉅細，非文獻足徵，何以昭信。郡乘載一郡之事，因於簿書之下，取之左右，先後繙閲。乃舊乘失於兵燹，不及得見。蔣守所修十卷，第自西逆入境之後，老成既喪，典籍匪存，間多掛漏，用載筆床，廣加詢採，綱其闕略。由是按分野而知星經之躔次，審形勢而知山川之險阻，溯沿革而知時代之盛衰，賦税之所自出，物産之所宜有，以至於典禮所存，貞淫所別，於焉始備。

夫國有史，郡有乘。史載明堂之掌故，奉揚休明；乘記郡縣之事實，砥礪廉隅。然則郡乘爲守土者之殷鑒，其可忽歟？高州固唐虞三代不入版圖，李唐、趙宋以障塞置之者也。聖天子乂安宇宙，一視同仁。史雖不敏，敢不祇奉厥職，以副銅虎竹符之寄。其手輯是編，蓋以其事其文，何莫非一郡之典故存焉。稽諸往昔，垂之將來，庶幾因文字以覈其實，非僅假篇幅而事鋪張已也。

謹序。

舊志序

撫臺　楊永斌

府縣之志，方隅之書爾。然非網羅今古，苞括宇宙，則牴牾疏略之譏，往往不免焉。天下之府以百計，天下之州縣以千計，淵博大儒代不過三數人，宜乎天下之志書訛謬百出也。若夫少壯之所聞見，父兄子弟之所傳述，城郭、巷陌、風物、山川，與夫政之良秕，材之美窳，徵之謡吟，見之典制，掇拾而薈萃之。其事核，其詞確，可以補前，亦可以俟後，何必魁儒鉅公哉！乃郡縣大夫方埋首案牘，以赴期會而已，非有千秋不朽之意。於其地方，輒莫肯措意，及乎丹青漶漫，耆舊銷亡，或有慨然以斯文自任者，又苦聞見無資。於是補苴張皇，塗耳飾目，以苟就一時而不肖者。至或坐視其日没日滅，斷簡殘編委蕩於蔓草寒烟焉，斯已矣。

夫當其易也，一稍知書史者爲之而有餘，暨其難也，雖以淵博大儒爲之而猶恐不足，又甚或舉一方之文獻，由斯而墜，豈不甚可惜哉，是豈不起於因循苟安也哉。張守踵黄君之成《高州府志》也，其有見於此乎？因書之，以爲後之官斯土者勉焉。

舊志序

郡守　黄文煒　新安

郡之取乎志也，以其記載典故，節次後先，俾無滲漏，藉是風厲名教，昭示來兹，甚非細故也。高之郡志於康熙己酉修自燕山蔣君應泰，越壬子，毘陵黄君雲史輯之，迨後遂湮没無傳。其間山川、疆域、士習、民風不可增減者無論矣，而秩官之晋遷、人才之蔚起、忠孝廉節之秩出、禮樂制度之修明，未經續入者歷今五十年餘。郡之所係，此爲缺典，余視事後，悵然久之，爲語郡寮屬紳士，僉曰：『是舉誠不可以已也，盍修之便？』公餘之暇，爰延郡名宿張捷、梁雍郎等，旁搜遠稽，仍考據於州邑志中，斟酌損益。舊本亦重加裁正，别類分門，務使一郡事迹犁然可觀。即或見聞未周，始俟參補，寧貽不備之譏，不敢妄綴失實也。稿將竣，余奉命司鹺兩粵，遂去高凉，然初志不欲變，瀕行，屬同寅葉君思華卒業，壽之棗梨，匪曰炫美干譽也，庶幾存一郡文獻之遺，使後之君子覽耑書而知所徵信焉爾。

謹序。

舊志序

郡守　張兆鳳　嚴陵

高州府志自康熙己酉重修，迄今五十餘年來，户口日益增，科名日益盛，關隘城堡日益整飭，而訓練騤騤乎非復嶺西樸略矣。第守土者去來靡常，致舊志闕遺未補。前郡守今觀察新安黄公徵文考獻，欲釐爲成書。未竟脱稿，乃擢兩廣鹺政，委厥任於山右葉君。葉君遲遲未舉，余適踵其後，正在商定編次，旋奉部檄纂修。因敦請本郡諸名宿入局，仍循舊志門類，爲之嚴覈正僞，參酌異同，有美畢登，無微不闡。並稽舊志，稱海氛難靖，居民時被兵燹，土田瘠薄，旱魃可虞，風俗輕生漁利，鮮克敦厚。今則邊口烽堠，如星羅棋布，常平儲粟不下二十萬石。各憲勤宣聖化，本年奉旨蠲免丁賦，群情愛戴，呈請恭建龍亭，頂祝萬壽。凡此近事數條，又按序補列，以備史館之採擇。

余因思高郡本屬荒徼，仰沐盛朝百載深仁厚澤，以及歷任之賢士大夫，休養生息，人心習尚，熙熙復古。而五十餘年中之文獻，又得旁搜博採，備載其本末，將上之臺省，出經天緯地之才，秉斟經酌雅之筆，彙爲成書，獻之當宁，纂入一統志，以昭一道同風之盛。邊海陬隅，俾得附於職方氏之末，高郡之幸也，抑亦守土者之幸焉爾。

凡例

一、凡書有綱有目，各從其類。舊志編卷，無所統壹，一條半幅，分立破碎，輕重失宜。今以目附綱，以綱統目。或名義迥殊，絶不相屬，則另立條款，約分門一十有四。

一、天官家言，有若聚訟，理深數渺，難憑臆斷，今録通志所述其切於高州者，而附按語於後，以定游移之説。

一、圖以指畫形象。按圖考經，瞭如指掌。舊志府縣止共七圖，未免疏略，今各縣分繪城池四境二圖，電、吴、石三屬另繪海疆炮臺圖，硇洲、奇甸、高鎮全防，以及郡城書院、名山勝景嘉祥之屬，共繪圖二十九幅，繫以圖説，疏其原委。

一、沿革建置，總標其綱，首以沿革表，次以城池、公署、壇廟、坊表、寺觀，其有關於因革損益者，都爲一門，分目附焉。

一、地理，志以地理，總標其綱，而疆域、山川、都市、水利、津梁、郵遞、塋墓、古迹、風俗、物産，凡爲地中之條理者，分目附綱，總爲一類。其各款中有舊志所掛漏者，今按通志及州縣志酌量添入。山川細注，少加湔洗焉。風俗則仿通志例，前述古語，後録見聞，不敢以己意臆斷褒貶。

一、事紀，所以昭得失，垂法戒，所係綦重，而舊志所編之雜記，掛一漏百。取史册昭垂之事，與異聞怪誕並爲一類，殊屬謬誤。今仿通志之例，年經月緯，考古訂今，立爲事紀，其他不經可疑者，始歸雜記。

一、禮樂，爲教化之具，學校、禮樂相麗爲一。我朝制作大備，移風易俗，莫善於此，而舊志均從缺略，非所以昭典則也。今自祭祀、儀節以及頒行大典併著於編，俾荒陬士子披卷觀摩，可幾肄習焉。

一、貢賦，志人丁、田地、起運，各項都爲一門，鹽餉並附焉。遵通志例，約考析數，并核現行其歷代户口，撮大要以引於前，疑者缺之。

一、兵防，前列歷代兵制，撮其大略，至國朝則詳核現行軍職、兵額、兵船、軍防，各別其目，重今制也。又狼猺諸種，似宜別編一册。然前曾籍之爲兵，責以守禦，今照舊志附於兵防，以見異類歸化之盛。

一、職官，舊志歷代至本朝，皆以州縣官職相附分類，但歷代州縣分合不常，官職名目各異，强爲相附，必至混淆。今遵通志例，以朝代分晰，其同代者始以官職相附，庶幾眉目清楚。

一、名宦，義關風勵，其實有惠政及民者，雖微員必録，否則歷官顯要亦所不載。又甘棠遺愛，出於去後追思，其現任官員及尚在仕路者，統俟後纂。

一、選舉，溯歷朝，備各目，兼及封蔭，耀兹僻土。

一、人物，期垂久遠，若稍冒濫，則與者不榮。志中所入，寧嚴無恕。其人物中忠烈、孝義、文苑、隱德、列女各爲分目，以統於綱，仙釋附焉。

一、高力士、楊思勖，雖屬宦官，然力士以忠謹著，思勖以武功顯，舊志編入雜録，類不相屬，兹於人物志仙釋之後，附録其本末焉。

一、藝文，舊志但詳茂名，諸縣多從缺略，今檢州縣各志并聞見，蒐羅其有名賢鉅製，關係地方得失、名勝者，擇增於册，又或文未可傳，而事宜所繫，亦間登一二焉。

一、雜録，雖似不經，然如金龍勝迹，祈雨響應，固有不可没者，今爲蒐核編載，亦等於存而不論之意云。

一、信宜新割四都，從各類分别編入其人物、藝文。在未撥信屬之前者，應歸西寧，不敢混載。

一、現任事迹，有關地方利弊，如書院膏火、水火積貯之類，若不紀諸志乘，或致後來侵漁湮没之患，故亦詳其原委，俾無廢墜焉。

續修姓氏

總修

廣東分巡高廉兵備道王槩諸城歲貢

同修

高州府知府于殿琰正紅旗繙譯舉人

高州府通判胡之楚貴州進士

協修

茂名縣知縣調署廣州府新會縣吴爲墉横州進士

署茂名縣知縣劉鵬虞城舉人

電白縣知縣劉繼樂平舉人

信宜縣知縣何在勇廣昌進士

化州知州王以夔清苑舉人

署化州知州吴川縣知縣楊士璣婁縣進士

署吴川縣知縣朱朝棟元和縣人

石城縣知縣顔煌萍鄉拔貢

纂輯

信宜拔貢、合浦縣學教諭李東紹

茂名進士、原任江西宜黄縣知縣梁聯德
茂名進士、原任國子監監丞黄如栻

校對

茂名生員黄嶷、梁康國、黎明堂、張浩、黎尹
信宜生員李宜騶
吴川生員楊宗洛
石城生員鄒宗泗

謄録

茂名童生朱文玉、陳耀昌、賴鳳翔、蘇坤震、鄭義、何宗柳、江元輔

卷之一

星野志

天人之際微矣哉！在天成象，在地成形。形象之符，分野見焉。粤稽《堯典》，羲叔『平秩南訛』，而説者以爲化州。大聖仰觀俯則，不遐荒陬，古而有然矣。必謂蕞爾觀天，事同坐井，是蒼蒼者有所擇而覆也。夫萬里之析不過彈丸，保章氏之職又將焉屬？南陲有耀，感應昭然，其敢略而弗紀與？志星野。

《通志》：自南斗十二度至須女七度是爲星紀。於辰在丑，吴越之分野。

《前漢書·地理志》：粤地，牽牛、婺女之分野也。今之蒼梧、鬱林、合浦、交趾、九真、南海、日南，皆粤分也。

《唐書·地理志》：嶺南，古揚州之南境。韶、廣、康、端、封、梧、藤、羅、雷、崖以東，爲星紀分。

《明統志》：粤廣州，牛女分野。南雄、韶州、肇慶、高州、雷州、瓊州，同惠州、潮州，牽牛。

郭棐云：《天官書》獨主南斗，語稍闊略。明諸臣之作《一統志》也，始考鏡於班固與僧一行之説，以廣州九郡並屬牛女，而旁蠡翼軫爲廉州。

高州府蔣志：分野不見於經，而昉於保章，詳於歷代之史，故粤占牛女，由來久矣。夫揚在往古，九州之一耳。今則南紀半附於揚，而揚之有廣，廣之有高，彈丸黑子，舍牛女將安麗之？然五星聚東井而應於粤，熒惑守南斗而亦應於粤。考諸《星經》，並以南粤當南斗分，分數不同，其應懸遠。倘所謂有分星，無分野，是耶？非耶？

按：南粤之地，自遷、固以來，皆以爲屬星紀牛女之分。惟《唐書·天文志》謂翼軫逾南紀，盡鬱林、合浦之地。《地理志》謂自韶、廣、康、端、封、梧、藤、羅、雷、崖，循北以東，爲星紀之分。自桂、鬱、富、昭、象、龔、繡、容、白、廉，循北以西，爲鶉尾之分。蓋以東界北接吴者，屬星紀牛女分野，西界北抵楚者，屬鶉尾、翼軫分野也。歷數諸郡，而高州無明文，以開後人游移之説。又翼軫既盡合浦，而高州於漢實合浦郡地。於是《吴川志·星野》遂謂當屬翼軫爲荆州之南徼，省乘所載《雷州府志》，亦謂嶺以外要以上下流别之，自雄、韶、肇、高，皆直翼軫。然考高州於漢爲合浦郡地，而《前漢書·地理志》則固以合浦屬牛女矣，至唐始以合浦屬翼軫，而高郡於唐不隸合浦，則知渾高州以言合浦，則有屬牛女者，析高州以言合浦，始專屬翼軫耳。又宋熙寧八年十月，彗星見軫。未幾，交趾陷欽、廉、邕，而高州不與焉，則高州之不在軫也，明矣。

卷之二

輿圖志

《周禮》大司徒掌建邦之土地之圖，以佐王安擾邦國。圖之所係綦重哉！高爲粵遠郡，叢山瀕海，袤廣千里。其間川原繚繞，都邑繡錯，固天開圖畫也。兹自府縣全境，城池、海疆及名山勝景，嘉祥靈芝、瑞蓮之屬，共繪圖二十有九，並繫以說，疏其大凡。匪特阨塞夷險，披卷瞭然，即搜奇選勝者，目運神馳，未必不如興公之游天台也。志輿圖。

高凉錯山海而郡，群峰絡繹，百水交環。六屬如犬牙之相錯，自廣、韶達雷、廉，中處之，扼咽喉焉，嶺南重地也。其郡治北負茂、信諸山，南臨三面，東西指顧，俯視仰承，有居高馭下之勢。順勢而施之，稱其物宜，通其畛域，則五百里中，險夷肥瘠，啼笑悲歡，皆歸懷抱之内矣。寧徒以『鑄山煮海』誇東南之美利也哉。繪高州府全境。

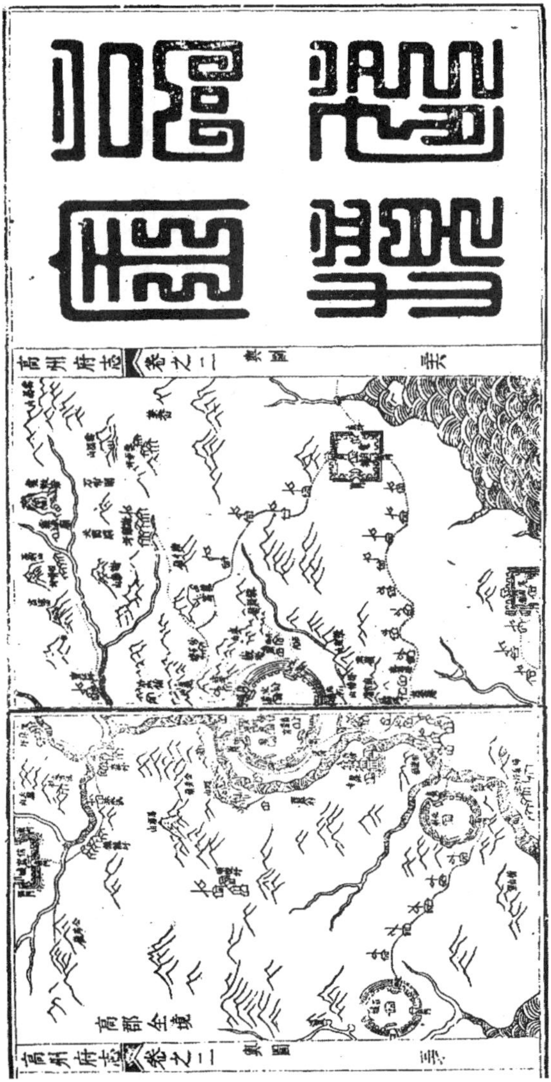

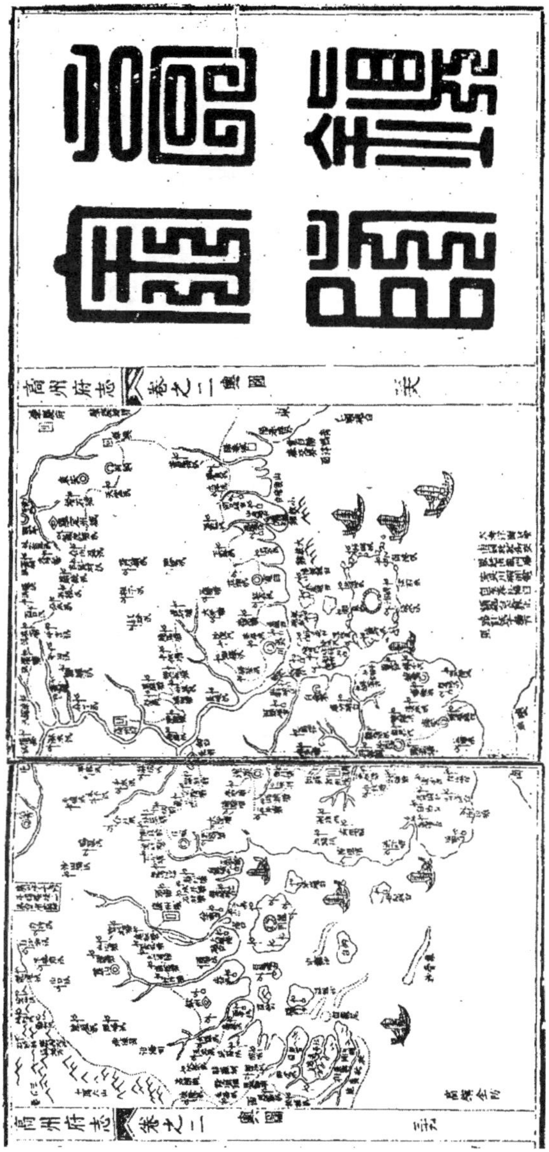

統雷、廉、羅，以合鎮於高，意必有依脣齒，接呼吸，如脉絡之交會於所總者，斯制之閫也。是鎮也，北接廣、肇，南距交趾，分營十七，帶甲一萬有餘，烽烟斥候深入狼猺溪洞之間，曲折迴環，肩背相望，以達於大海。浮蒙艟，踞島嶼，以與龍門、硇州相犄角，千里如一身焉，豈非金湯之固哉？國家舉邊，方重寄付之。元戎比年一巡，震耀威武，防微杜漸之意，至深且遠矣。繪高、雷、廉、羅全鎮。

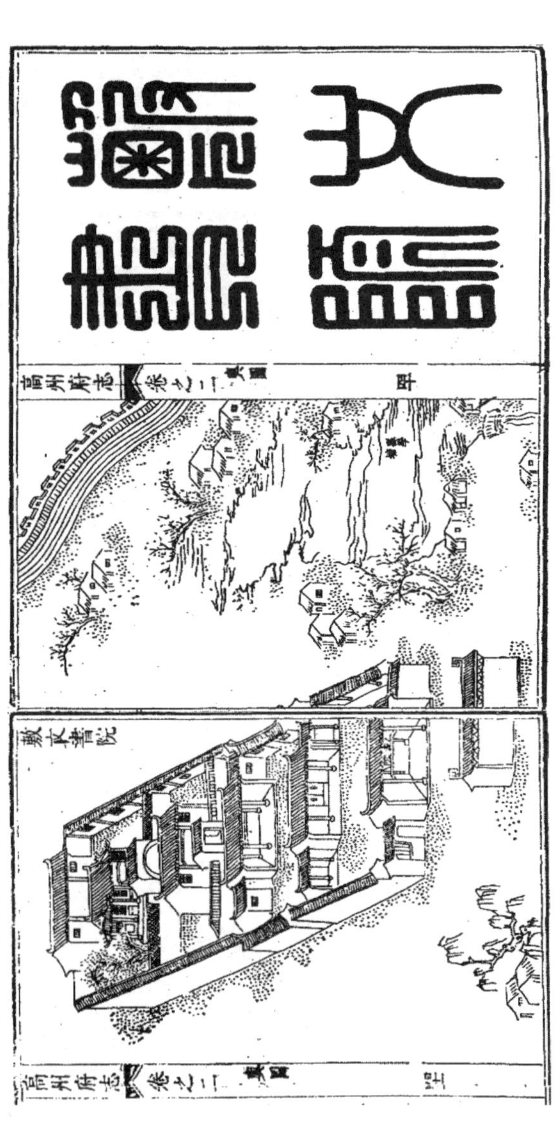

高凉山川靈淑，鍾爲英異，玉而琢之，金而冶之，是在上之教之者。昔之茂山、四水諸社學，半屬荒烟野草間矣，所存敷文書院，五建其棟，兩翼其廊，中構奇亭，以增景色，諸君子先後營之，以育士類，甚盛典也。年積而漸頹，力絀而將落，予兹懼焉。嘉與賢士大夫共圖久遠，廣兹雨露，厚植菁莪，庶幾吾道可南，斯文不墜，毋使鹿洞、鵝湖獨美千古，則區區之心，所爲眷戀於筆山鑑水間爾。繪敷文書院。

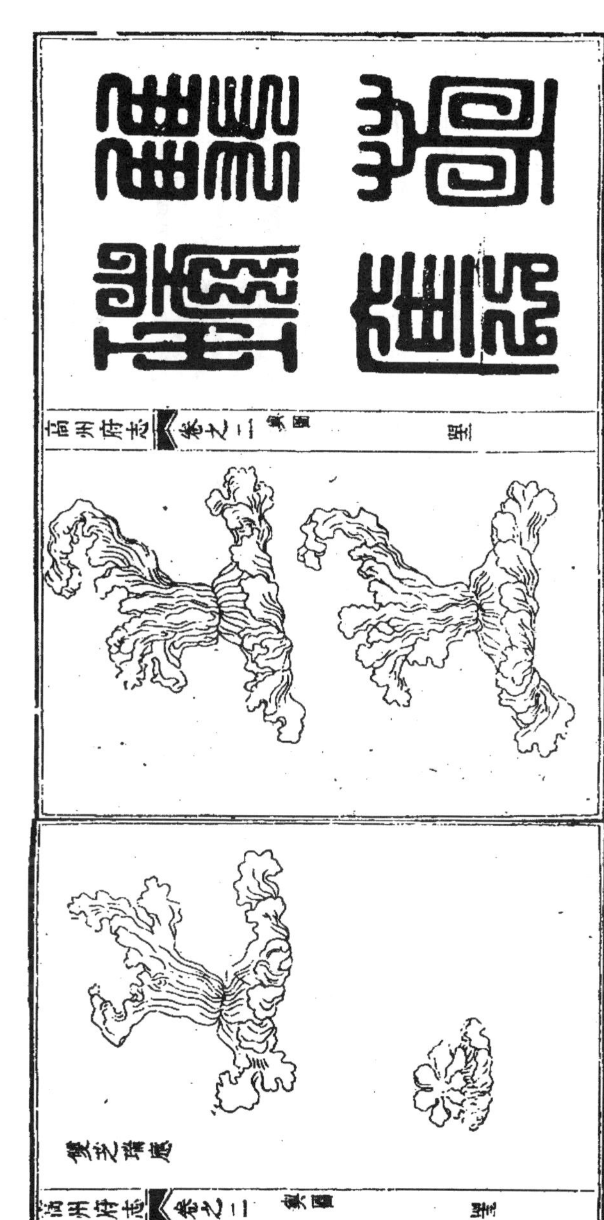

昔楊文襄相國誕於化州，州之學實産靈芝焉。歲在甲戌，二月既望，使者之廨有九，其莖三其秀者，産兩柱間，東西相峙，交映門楣。識者曰此靈芝也，其地脉鍾靈之所發耶！夫符瑞之物，雖氣機之偶然，而詡之爲侈，藐之亦褻。恭逢聖朝太和翔洽，毓爲嘉祥，英才秀出，方與學士大夫敬迓天庥爾。繪靈芝。

乾隆甲戌，予幸睹靈芝之瑞。溯康熙之甲戌，鎮之池慶瑞蓮焉。十日，十二甲子相配，數窮六十，地之運固周而轉也。夫蓮稱君子，時而並其蒂、聯其輝，意者君子道長歟。累之年而彌盛，其拔茅彙征之吉歟。介胄戈戟之叢，雅植園亭，優游觴咏，當必有得於雅歌、投壺之遺意也者，宜乎嘉卉之樂，發其祥也。繪瑞蓮。

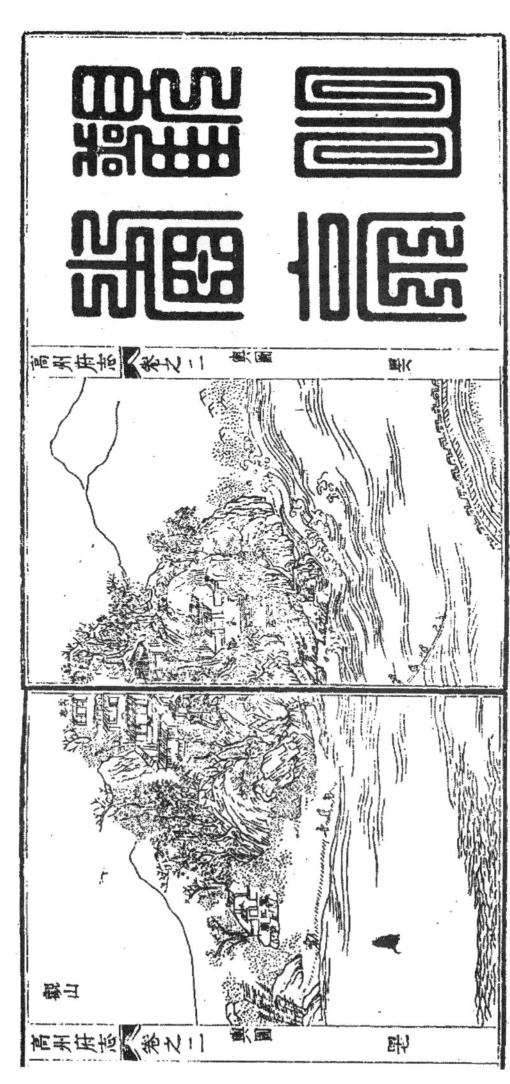

城之西，蔚然臨於鑑水之上者，曰觀山。山之形，纖悉水中，鑑而觀之矣。世傳潘茂名飛升於此，有金、玉二井云。今其茂樹菁葱，亭館綉錯，籠以烟霞，閃爍隱顯，令人有蓬萊、瑶室之思焉。夫邇於郭而得山，山而又得其秀，豈不已翛然塵表哉？况乎有仙則名也。予於政務之暇，間一登臨，步山之極而異之，因構新亭，以攬全勝。覺山之溶漾波間者，皆可玩之几席之上。鑑於水，觀於山，仁乎？智乎？用自省矣。顔曰『省亭』，以志警也。繪觀山。

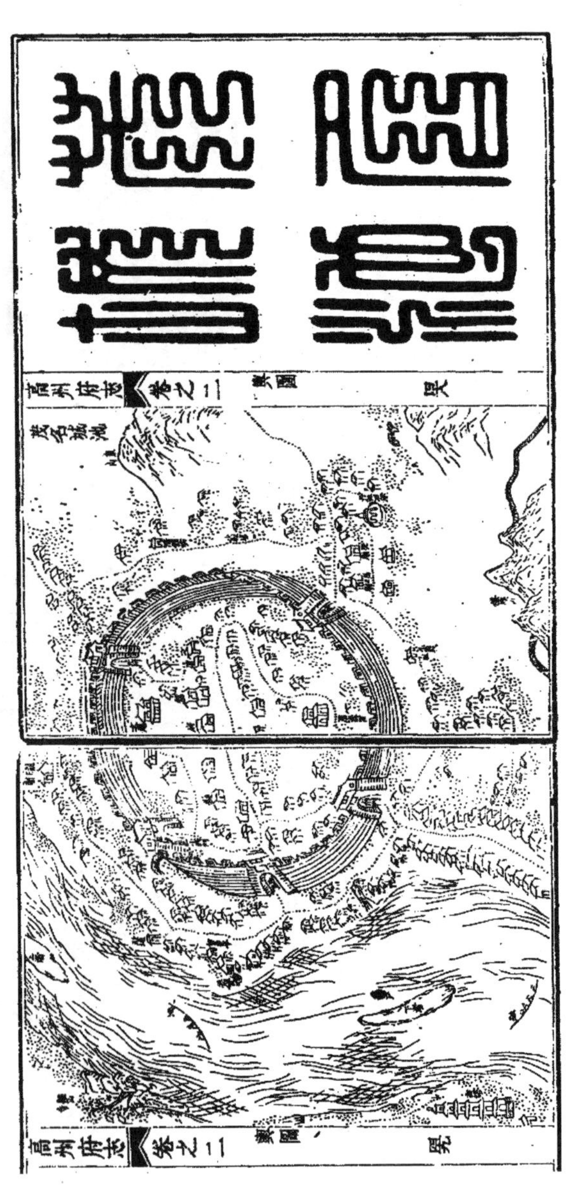

茂名附府而郭，城池、樓堞、山川、形勝，縣不得而私焉。然數高州之縣，必首及於茂名。六封吏士，輻輳於是都。適館授餐，惟縣東道主焉。民之投牒奔訴於庭者，幾不憶其爲郡治，則府以府詳，縣自以縣著也。密邇上官，率先群牧，其規模氣象，措置區分，必有可以冠乎六城之首者，豈不鄭重分明彰彰可按哉？繪茂名城池。

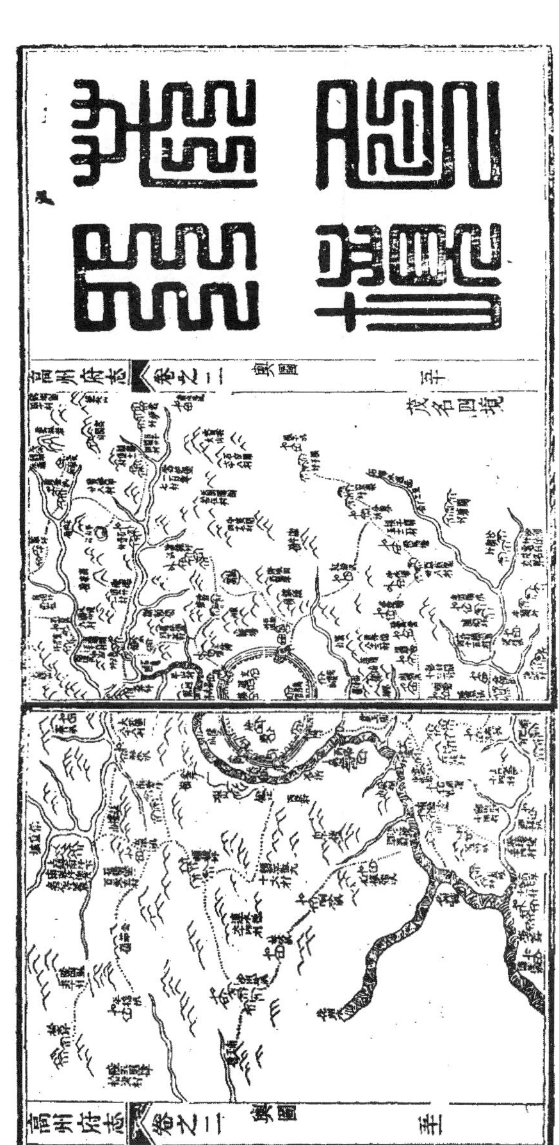

茂之境，較諸屬爲廓，隨所界以習其風氣。城之上下，其險夷、肥瘠、水旱、豐歉，若對待焉。書聲琴韻，多出茅簷蔀屋中，錯諸華堂，大厦交處，而勢不相涉，殊途優絀，責望怨尤，有不兩滋於訐者乎？紛而不尋其緒，則無以通其隔而補其偏，激而棄之與概而施之皆非，所以因俗成化也。不然山有太、應之蓄，海有博、茂之饒，民多務本，里有弦歌，又何以日形其况瘁哉？繪茂名四境。

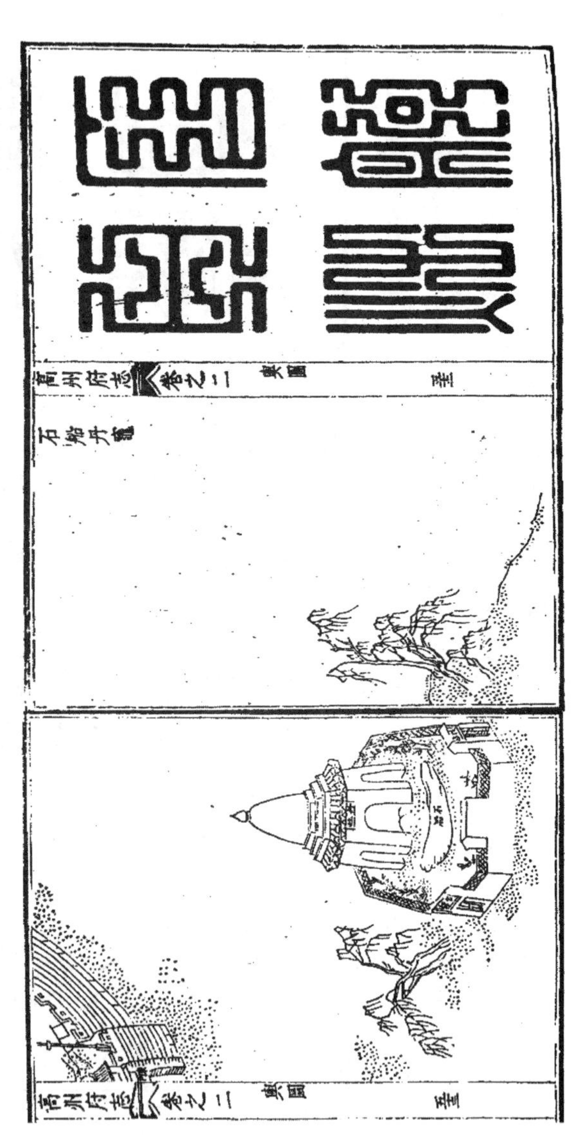

泉乾矣而船則在，丹成矣而竈仍留，徒令人低徊於苔蘚坡草間。顧仙終不可得見，其若近而若遠者，亦猶海上神山之意耶。世人孟浪，動詆爲附會。塊石耳，何船？土窟耳，何竈？審爾則古之乘仙槎、服雲母者，盡屬荒唐歟。姓以州，名以縣者，又豈漫無所據歟？東山筆架之傍，正恐日招孔公之駕，而苦於覿面之難識也。爰繞以垣，以顏其迹，覺片石冷灰中，仙意躍躍矣。繪石船丹竈。

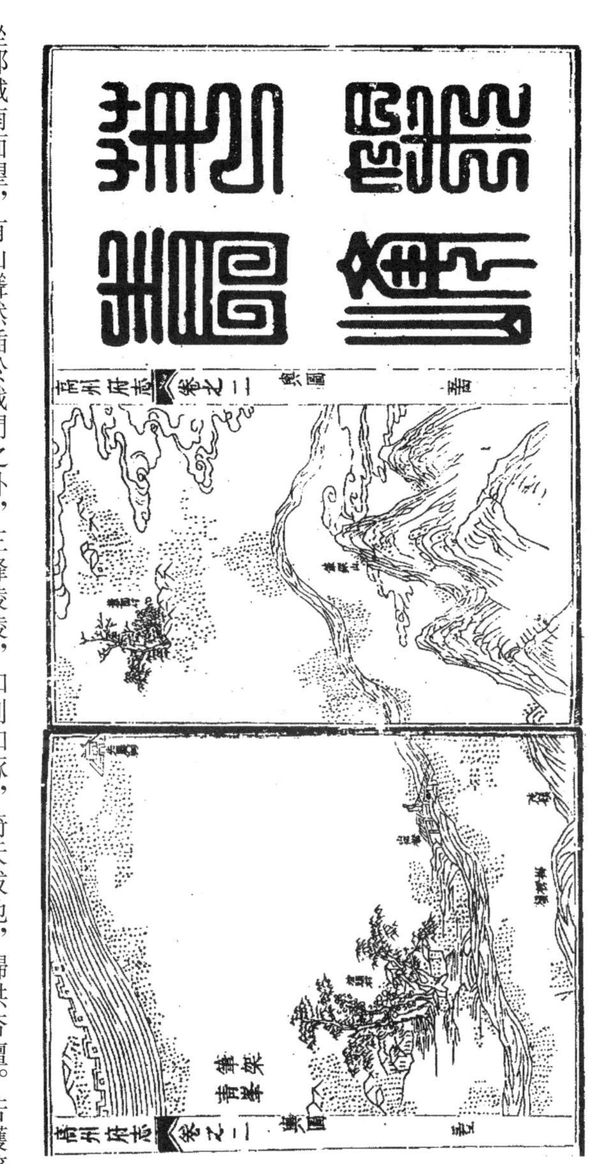

坐郡城南面望，有山聳然插於戟門之外，三峰棱棱，如削如琢，倚天拔地，歸拱杏壇。若護筆削之宗，以爲几案之用。名之『筆架』，肖以形也。其間烟雲變態，龍蛇萬狀，類飛舞於毫端以出者。外之江山景物，間厠旋繞，又若牙籤錦軸，交映於筆架之傍也。豈巨靈之巧斫其奇，以泄此邦之秀耶？知必有賦五指，如邱文莊者伸臂寫天，用以自仿夫。繪筆架山。

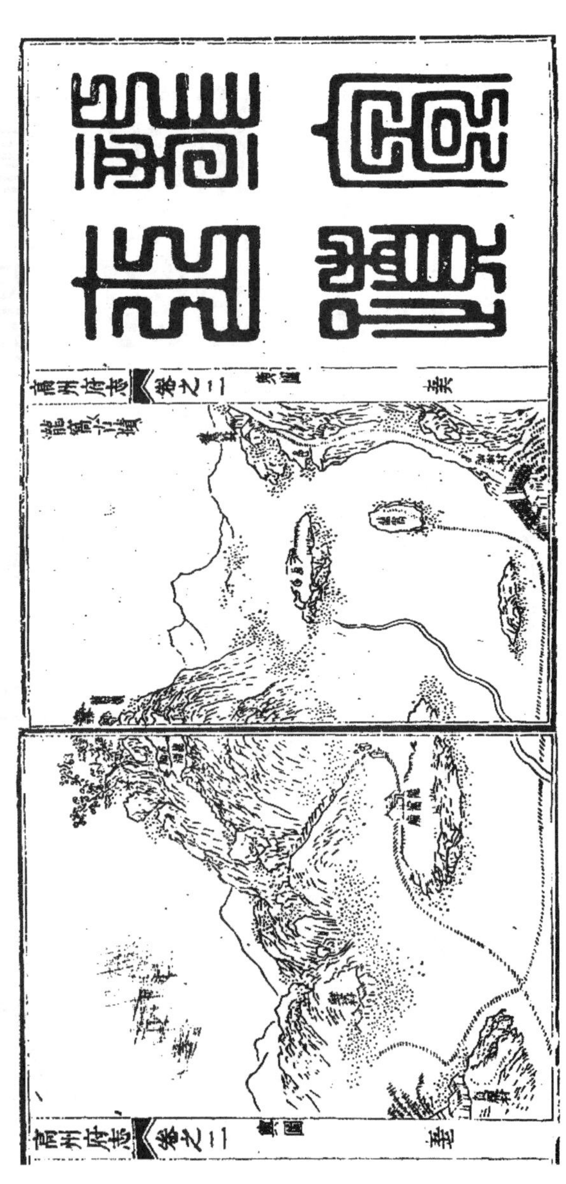

窩龍之所宅也，區區窩耳。以龍之靈，而諸峰之錯於前後者，若適以助窩之勝概，故龍窩著焉。龍之迹，謂出明守潘公。稽於明，無潘守者，意者其潘仙之訛耶？龍之神明變化，仙固可困之窩中，以長澤此鄉里耶。抑水土之靈，實有爲龍所默眷者，而仙因以合之也。審是則金龍之迹，若神之有主焉，以爲靈爽之所憑，祠而禱之，響而應焉，道固非幻矣。吾聞禱之虔，則雨加沛。龍之靈，豈不昭昭也哉？繪龍窩。

靈湫巖，臨於龍泉之上。泉之水與竅之龍相資，以神其變化。祠而禱之，雨應如響，是則巖之靈於龍也，故亦曰『龍湫』。是巖也，兆响於風，徵潤於雨，瑩膩其質，透邃其竅。一若輩瓊瑤，倩鬼工，雕鏤鐫琢，以構此玉局洞天也。廠然以開，門若啓戟，層而上者爲樓，歷而下者爲階，廓而堂，奧而室，外之天光雲影，透於户牖之間以入者，恍與壁上之紋相縮錯然。何造物者之巧，設其奇一至此耶？豈龍之變態萬狀者，固將譜於巖以肖之耶？繪靈湫巖。

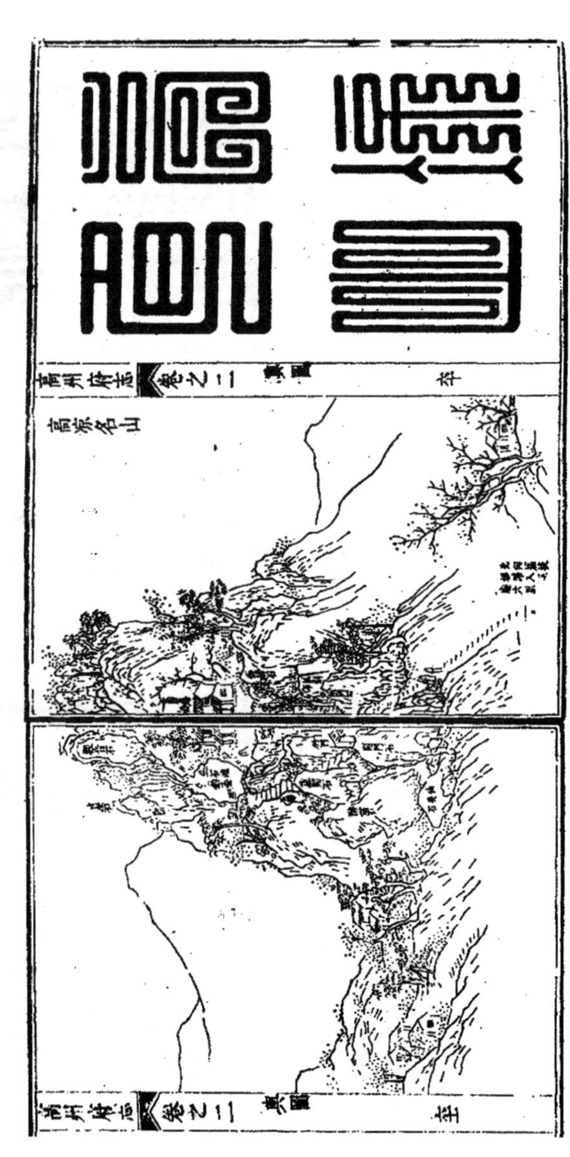

高涼山，郡之所取名也。海國炎蒸，而山獨以涼著，何哉？所處高而所蔭大也。是山端然冒乎諸岡之上，峭壁璘珣，緊於茂林蓊鬱間，奇勢迭出。峙而爲門，鎖而爲隘，梯石磴繞，松陰一徑，透迤以達於小橋。橋之下，水潺潺然迸於石之罅以出。溪澗激越，匯而爲池。上構數楹，山僧榻焉。雖垣宇蕭條，而花塢梅嶼，別具一天矣。是山也，惜不令謝安石諸人見之。繪高涼山。

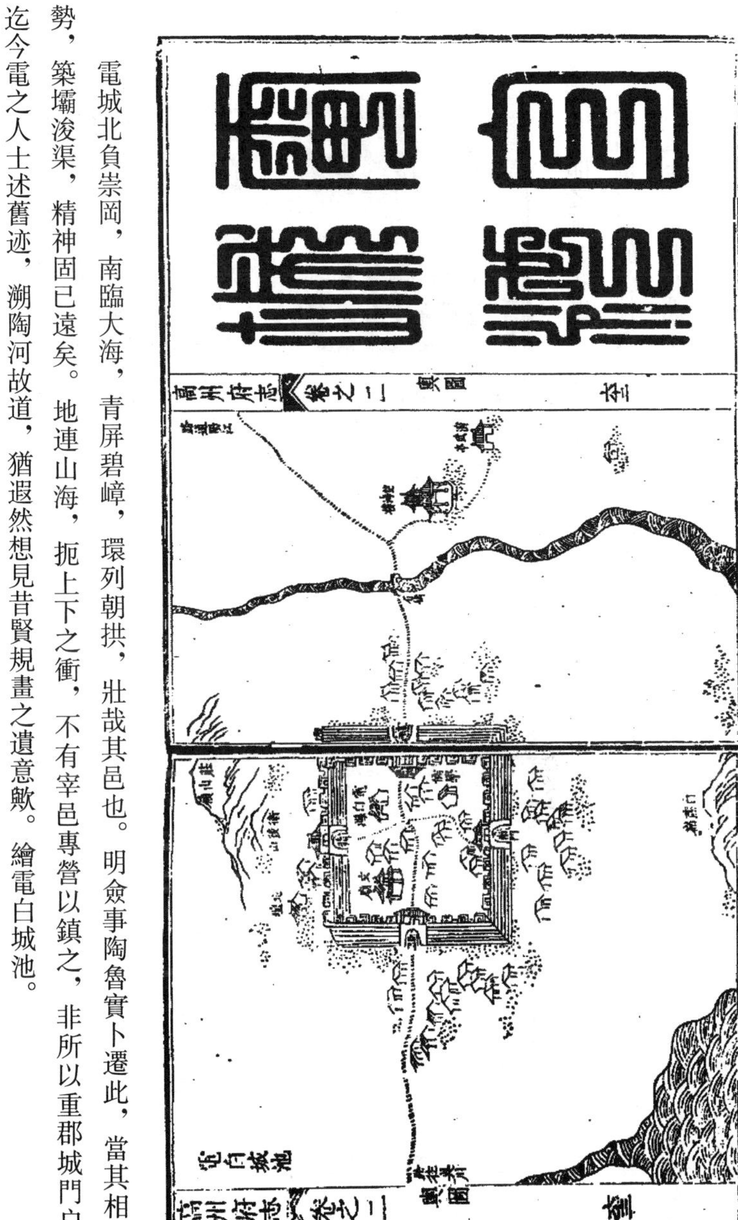

電城北負崇岡，南臨大海，青屏碧嶂，環列朝拱，壯哉其邑也。明僉事陶魯實卜遷此，當其相形度勢，築壩浚渠，精神固已遠矣。地連山海，扼上下之衝，不有宰邑專營以鎮之，非所以重郡城門户也。迄今電之人士述舊迹，溯陶河故道，猶遐然想見昔賢規畫之遺意歟。繪電白城池。

電白，山海之區各半。山居之民，藉陂池之蓄，有常蔭矣。而魚鹽蛤蜃之利，不得與濱海者爭，故雖無大歉而不甚饒。依險阻零星散處，富室與齊民式均，不若擅濱海之利者。居四達之衢，視物價之低昂，以厚其植。素封巨室，樓臺相望，小民錯處其間，仰而食之，受其庇矣。繪電白四境。

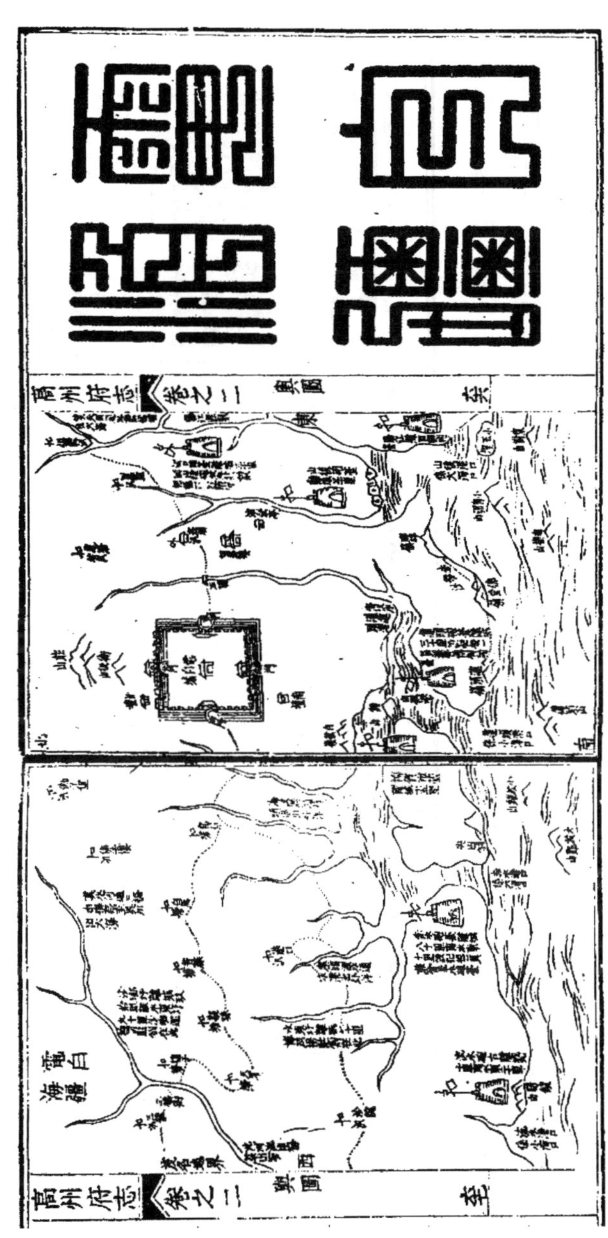

予嘗以生鹽之役至電白，歷觀海上，固洋洋乎巨浸哉。當明之世，海寇之犯電白者屢矣，而不至盤踞積毀如吴川者，海道不通内河，寇舍舟從陸，失其所長，勢固不能久也。然無怪石激湍可以衝遏舟船，所恃扼咽喉、稽出入者，五六炮臺耳。慎哉！其無負國家設險衛民之意也可。繪電海疆炮臺。

六屬温泉以十數，而電之熱水獨著，至有比之驪山、湯谷者。雖其澄清溶漾，質有自殊，亦地與人助之勝也。適當仕宦之所經，繞以名峰，錯以奇石，貴游佳興，攬轡流連，於是池以蓄之，渠以泄之，蠲其穢而殺其沸，雕欄曲榭，與四圍山色掩映水中，令浴者顧盼流光，身心俱適，宜兹泉之獨擅其勝也。天下事，幸不幸，類如斯耶！繪熱水。

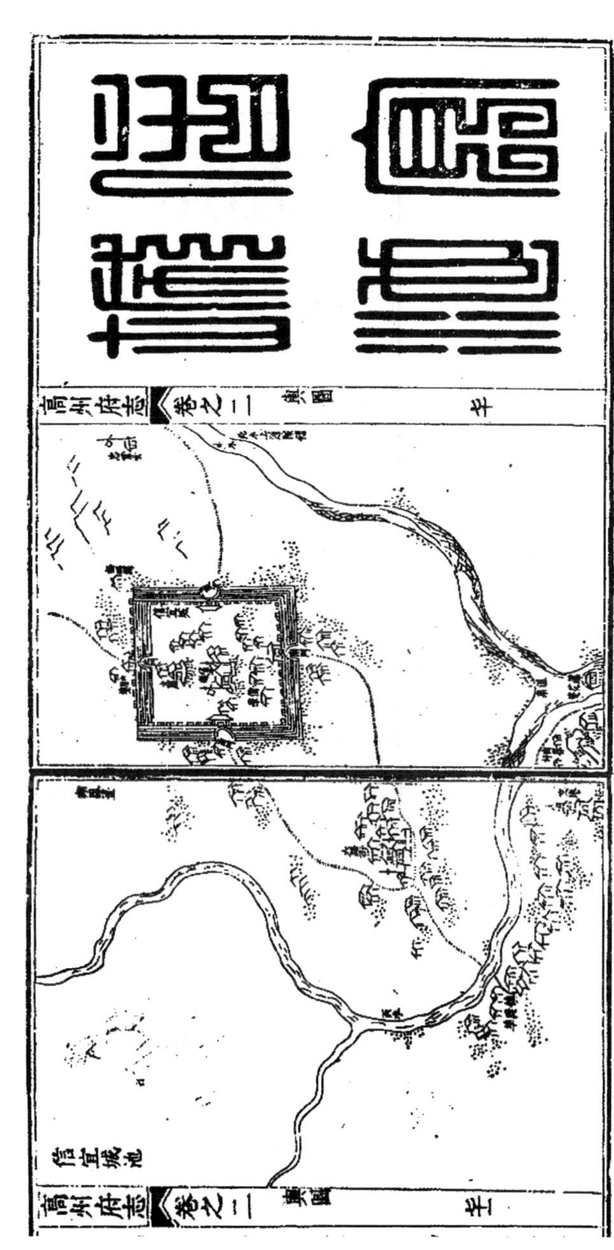

信宜邑治踞兩水之間，東襟西帶，鳳舞龍蟠，蔚然山水之觀也。而城市荒凉，街衢冷落，若處林壑之間，何哉？豈地靈之不薈耶？意者民淳俗朴，訐訟少開，固無以資商賈之輻輳也。不然，彈琴鼓瑟聲遍交關之外矣，而獨以囂塵所寂形其颯颯歟。繪信宜城池。

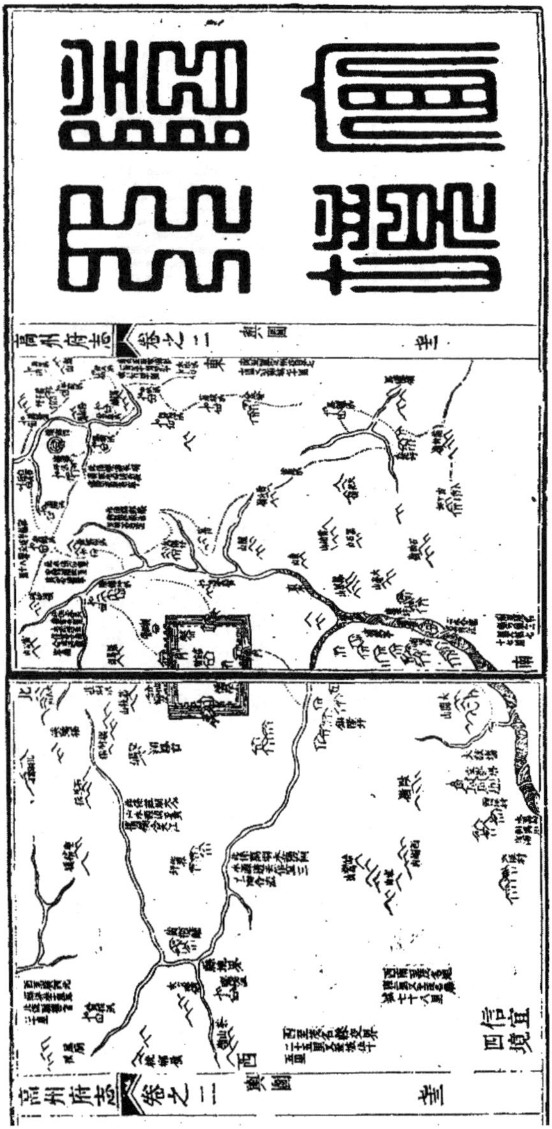

信宜處萬山之中，隨所至而山環焉。環之中，廣者不過一二里，或半里止矣。民居村落錯於諸山之隙，順其隙之欹側而構之，鮮可以比屋居者。茅舍蕭條，狼猺錯處，自非太平無事，不凛凛於守望之無助耶。通有無以易於市，非負擔則無以達。沙河淺涸，舟藉潦通。同縣也而載粟以濟，猶且艱焉，况異地乎？至於懷鄉之墟，四都之麓，更在懸崖陡壁之間矣。繪信宜四境。

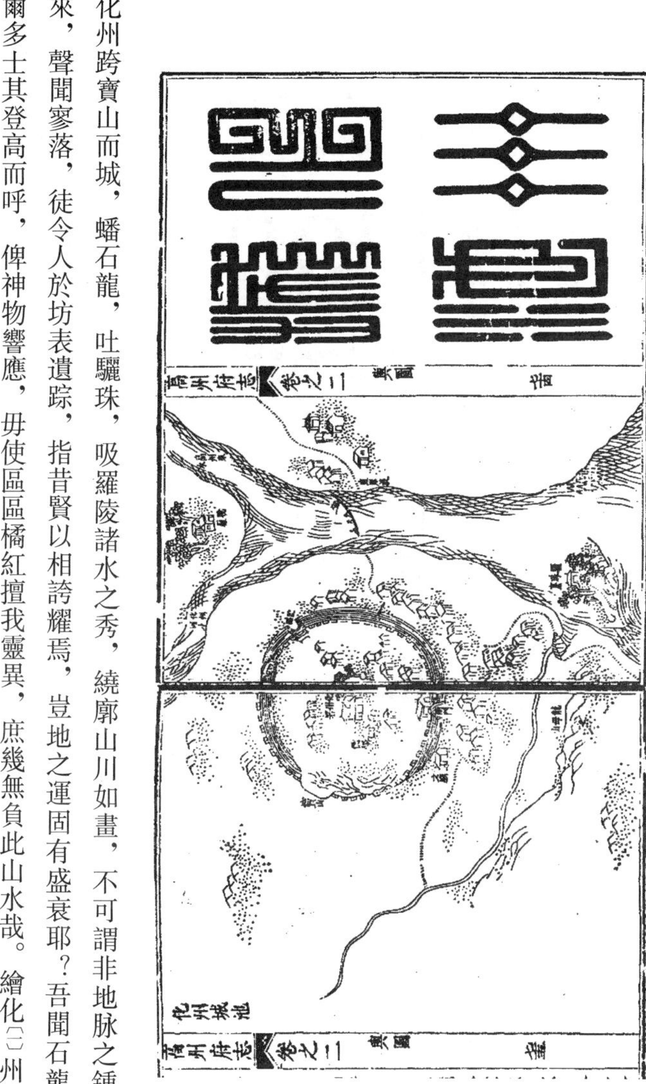

化州跨寶山而城，蟠石龍，吐驪珠，吸羅陵諸水之秀，繞廓山川如畫，不可謂非地脈之鍾也。而數十年來，聲聞寥落，徒令人於坊表遺踪，指昔賢以相誇耀焉，豈地之運固有盛衰耶？吾聞石龍鳴則士氣發，爾多士其登高而呼，俾神物響應，毋使區區橘紅擅我靈異，庶幾無負此山水哉。繪化〔二〕州城池。

〔二〕原書此處脱一『化』字，徑補。

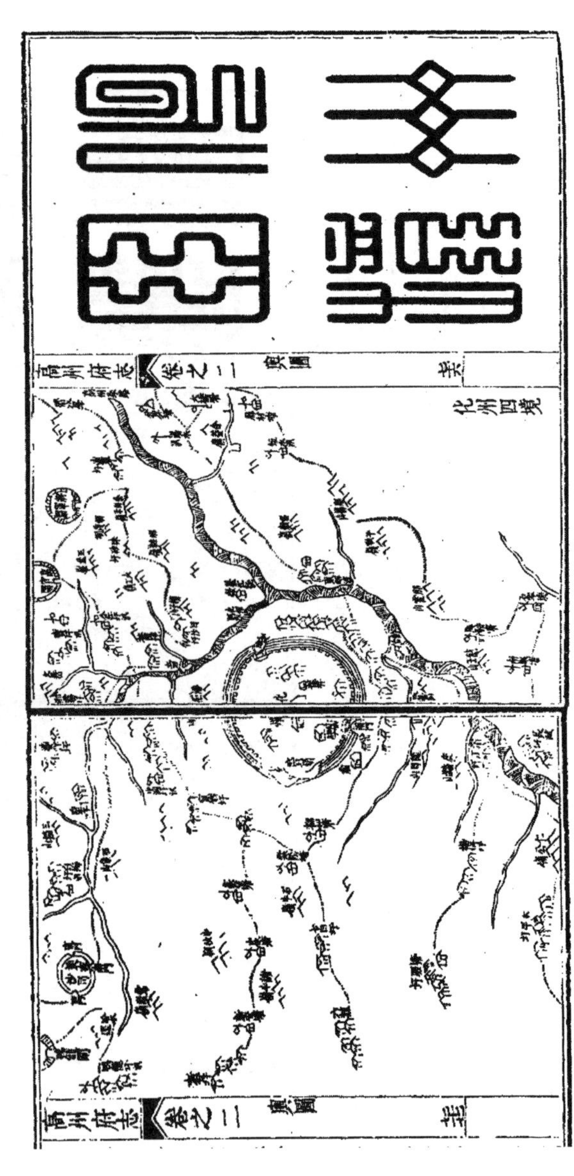

明之世，衣冠文物盛於化州之下江。今雖往矣，而流風餘韻有未盡泯者。鄉閭村落之間，聚族而處，設祠而祭，飲食儀節猶有昔賢之遺意焉。而地磽植薄，黽勉飾觀，有徒循其末者矣。溯江而上，界於廣西，其民僻處沃壤，服勤力作。衣食足、禮義興，豈必終阻風氣哉？交相勖、無相競也，顧不美歟？繪化州四境。

橘之産不一，而化之橘紅獨著。化之橘紅亦不一，而老樹蘇澤堂之産爲尤著，去痰稱聖藥焉，豈非以石龍之故哉？龍曳尾江中，注首於龍井。老樹蘇澤堂者，適當其腹，精華所萃，非偶然也。予巡海上，經化州，尋老樹之迹，則已就枯矣。距老根之二尺許，復産一樹，不華不實者竟十八年。懼石龍之異將湮，思所以迎機而導也，爰命守土者綵其樹祭之。越明年，結子纍纍，味仿老樹，洵哉龍之發而爲續者也。物之靈，類有神焉！繪橘紅。

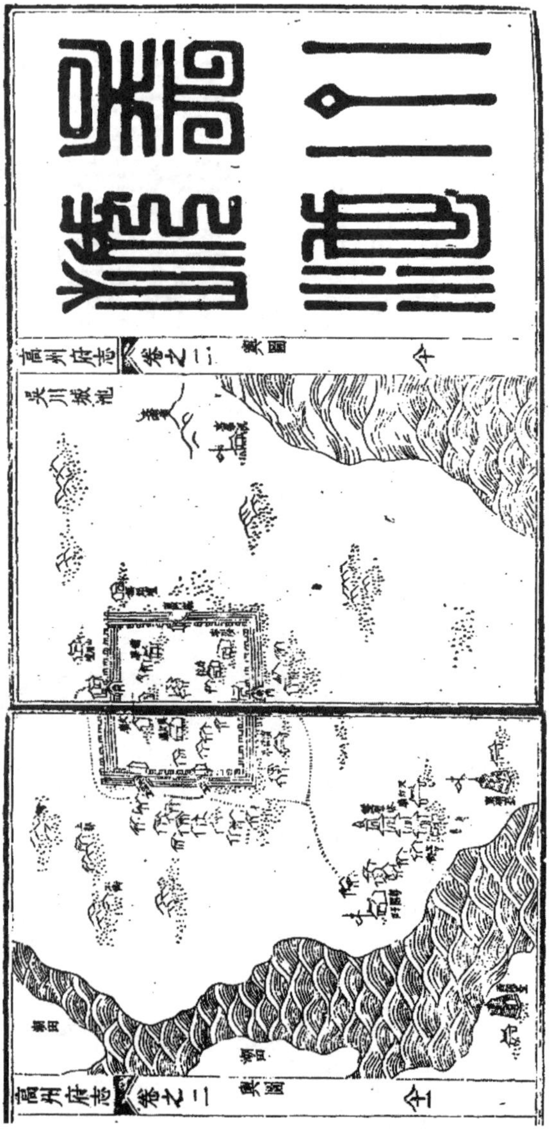

吴川迫大海而城，而颶風泛漲之禍不與焉。鐵檻橫於後，限門鎖其前，民居吏舍泰然寢息於洪濤鯨浪之側。有海之利而無其患，何哉？其坤靈之巧設於斯治也。吾觀前明之季，海氛不静，樓堞之燬者累累矣，地又顧可盡恃耶？今吏民幸生無事之時，高城深池，恬熙游息，而不知爲誰之功也！嗚呼，豈不盛哉！繪吴川城池。

吴地廣袤不過百里，而賦税之入，有邑遼闊而反遜之者。市集人烟輻輳，鄉閭井畝之間，室屋華麗，間以祠宇，蓋窮簷消索之象僅焉，豈海氣潮蒸有以釀此沃土耶？抑魚鹽饒蓄，資以閩商海賈之貿易，出入轉輸可以坐收其利耶？吾聞之，利者害之所伏，海船奸商，宵小叵測，毋爲所誘而可哉。繪吴川四境。

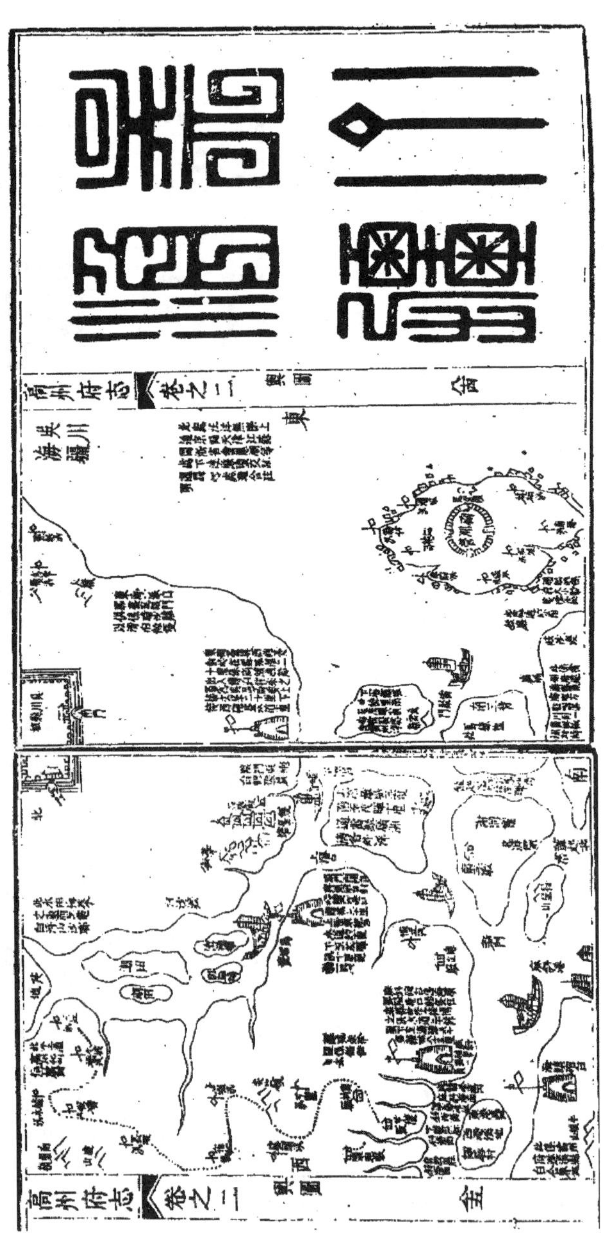

吴川納三江之水，以注於限門。沙磧曲折，怪石交牙，如劍如戟，衝波激浪，響應如雷。東西砲臺，據險守固，儼然一夫當關之勢矣。外望博立諸墩，星羅棋布，有艍槳以爲之聲援，麻斜守禦，復與雷汛相夾峙，慎重海防之意，可不謂周密乎？毋恃險而肆，毋恃安而玩，兵之要也。繪吴川海疆砲臺。

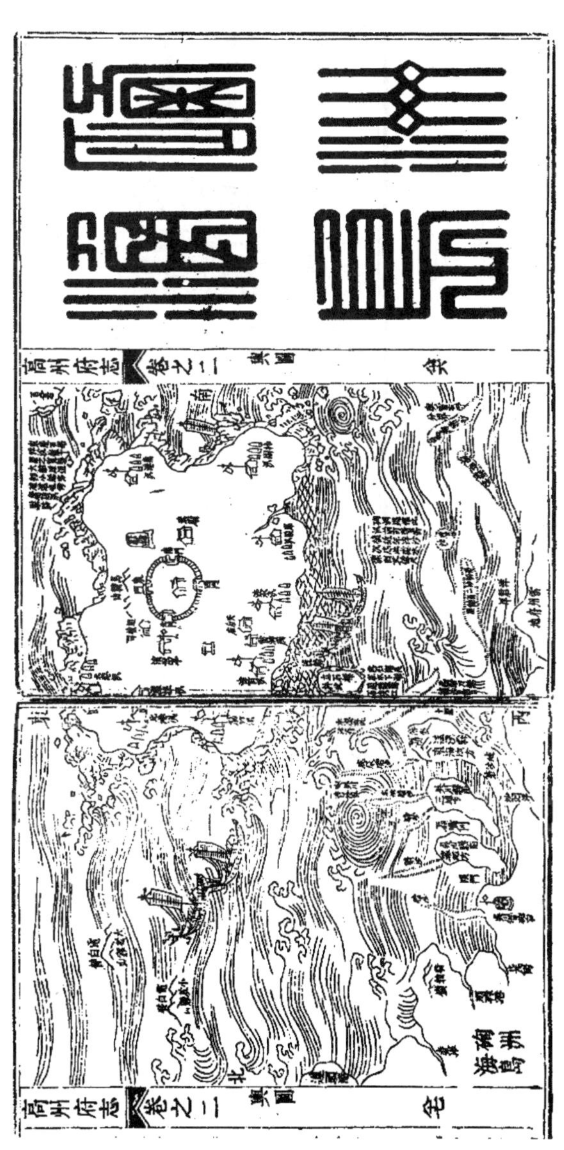

硇洲孤懸海中，寬廣百里，桑麻井閭自成一區，仿佛南溟奇甸。周環怪石，激湍衝遏，舟舶獨開一面以通往來，亦天設之險也。在宋諸臣，間關險阻，萬死一生，以翼幼主於此，寧謂草樹行朝，冀茲島之或有可守乎？我國家因地設防，專營控制，哨船艍槳與限門諸口聲勢相通，雖縹緲濤間，而儼如接壤矣。繪硇洲。

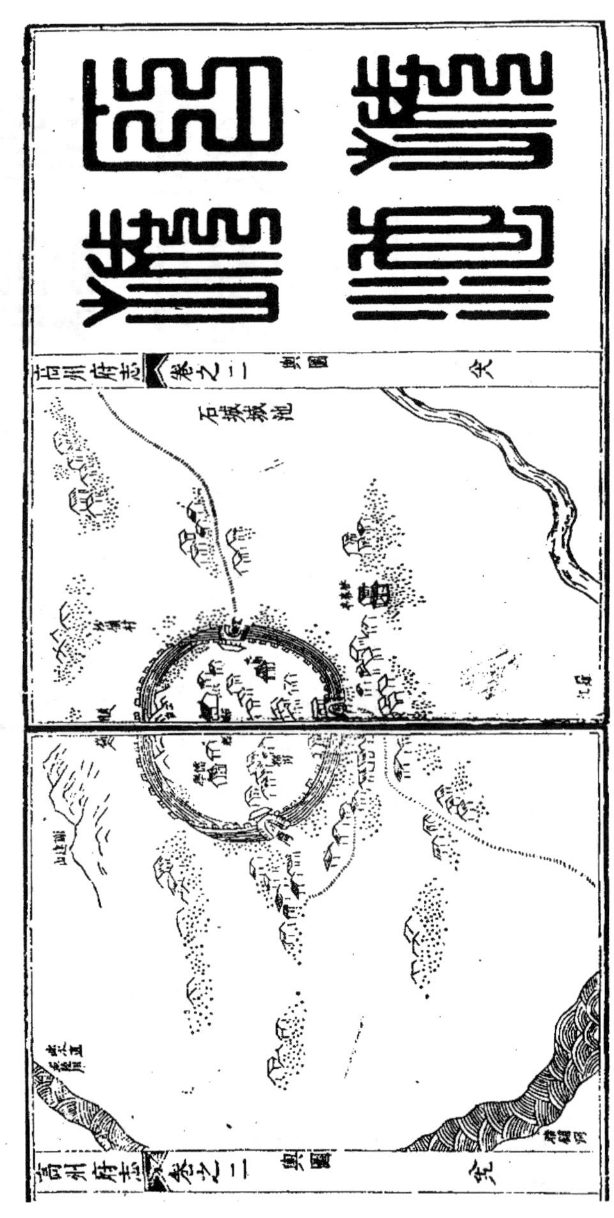

石自唐宋以來，廢置變遷，不知幾易而宅茲土矣。今治北跨三臺，東連白霧，西接龍嶺，五峰絡繹，列若屏幛，洵哉天設之局也！彈丸黑子，適當三郡之衝，控扼咽喉，得地可守，形勢亦綦重矣。度土者寧徒以侈山水之觀夫。繪石城城池。

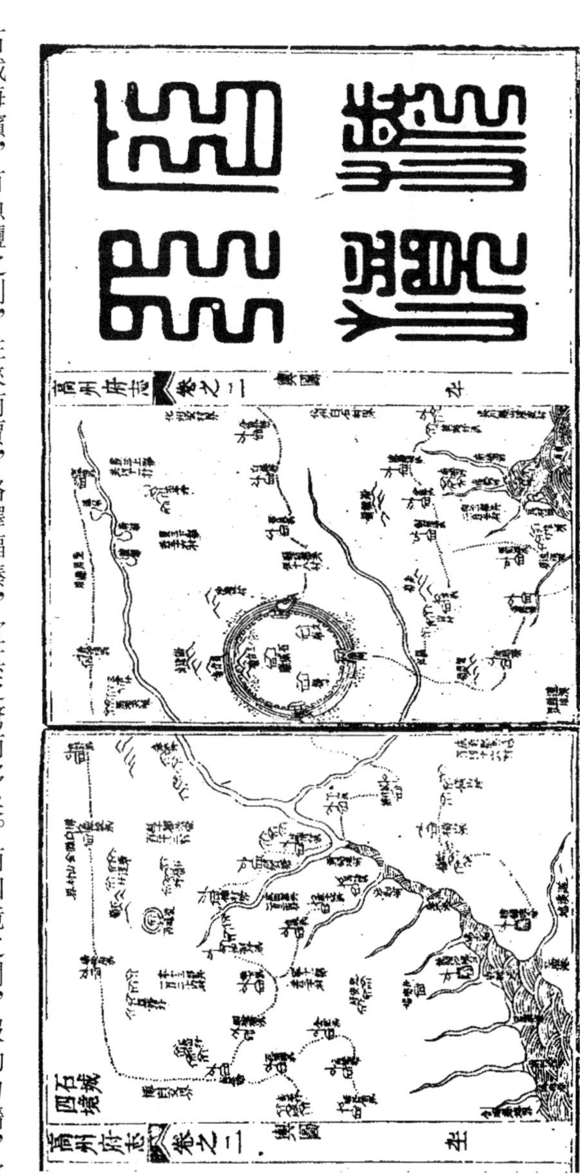

石城海濱，有魚鹽之利，往來商賈，絡繹輻輳，宜其泛鶩而侈矣。而四境之間，服勤力穡，宮室祠宇，規模僅具；衣布素，跣足以涉於途者，未必非巨富家兒也，蓋依稀唐魏之遺意焉。夫質勝則野，敬極而鬼，獞猺馴習，女巫狎邪，其流弊何可勝言哉。爾多士其務修禮興學，以風化閭閻，庶幾松明餘韻，猶在建山羅水之間也夫。繪石城四境。

石之海利遜於雹，而禍少於吴，故防差緩焉。雖然，惠、韶之舟叢於兩家灘，暗鋪一口，復爲雷、瓊商船所輻輳，保無有掠賣子女、私販米穀者乎？漁船小艇久爲巨船奸商所役，其暗載於小港以輸焉，亦事之所時有。稽出入、杜奸宄，砲臺營汛職也，慎哉毋恕！繪石城海疆砲臺。

卷之三

沿革建置志

高自漢元鼎以來，已齒中邦。桓靈之間，遂列諸郡，由來舊矣。歷晉、宋、隋、唐，分併損益，因革不一。城郭都邑，廢興乘除其間。按遺文，考故迹，往往感慨係之。今我朝太平百有餘載，百度具舉，制作大備矣。志沿革建置。

沿革表

高州府

唐虞，南交。

三代，《禹貢》：『荆揚之南裔。』商，南越；周，南海；周末，百粤。

秦，象郡，兼南海之地。

漢，合浦郡之高凉縣，兼南海、蒼梧二郡地。建和元年，置高興郡；建寧元年，改高凉郡，旋廢；建安二十五年，孫權復置高梁郡，即今高州，以高凉山故名；至晉，仍改高凉。

三國，吴赤烏五年，復析置高興郡，即今化州。

晉，太康元年，以高凉、高興二郡屬廣州，後廢高興，併入高凉；太和中，置新安郡於廢高興之地。

宋，元嘉初，征南將軍檀道濟築城於陵羅江口，因置羅州；九年，廢新安郡，併入高凉，析置宋康郡，又復置高興郡，旋廢；十六年，析新會郡，置海昌郡；十八年，析蒼梧，置宋熙郡。

齊，高凉、宋康、宋熙、海昌，皆仍宋制；改『宋熙』曰『宋隆』，屬廣州；又置高興郡，屬越州。

梁，大通中，以高凉、宋康置高州，以海昌置電白郡，改羅州縣爲羅州，又置南巴、連江二郡，以宋熙置瀧州，又置梁德郡、梁德縣。

陳，高州、羅州及電白、南巴、連江、梁德諸郡，皆仍梁制；增置蒼德縣，屬瀧州。

隋，開皇九年，置高凉郡爲高凉縣，高州如故；廢電白、海昌二郡，置電白縣；廢高興郡，仍置石龍、吴川、茂名三縣；廢南巴郡爲南巴縣；廢連江郡爲連江縣，以屬高州；廢梁德郡，改『梁德』曰『懷德』；改『務德』曰『良德』，以屬瀧州；大業初，廢羅州，併入高州；三年，廢高州，改爲高凉郡，領縣九，内有高凉、電白、石龍、吴川、茂名、連江，係高州所屬之地。

唐，武德四年，廢高凉郡地，入廣州；六年，析置高州，以良德來屬，領三縣：電白、良德、連江；置羅州，領縣五：石城、吴川、零緑、南河、招義；置南宕州，後改潘州，領三縣：茂名、南巴、潘水；置南扶州，後改竇州，領縣四：信義、懷德、譚峨、特亮；置辨州，領縣三：石龍、陵羅、龍化；貞觀元年，屬嶺南道；開元五年，改『連江』曰『保安』，至德二載，又改『保寧』；大曆八年，以南河屬之。

五代、南漢，改茂名爲越裳縣，餘皆仍唐制。

宋，開寶五年，廢潘州，以茂名來屬，省良德、保寧二縣，又廢羅州，以吴川屬辨州；太平興國五年，改辨州爲化州；景德元年，廢高州，併入竇州；三年，復置熙寧；四年，廢竇州爲信宜縣，併入高州，領縣三：電白、信宜、茂名；化州領縣二：石龍、吴川；紹興中，復置石城縣，屬廣南西路。

元，至元十七年，改爲高州路、化州路，屬海北道宣慰廉訪司，後隸廣西中書行省。高州路領縣三，化州路領縣三，仍宋制。大德八年，徙高州治於茂名，以舊郡址爲電白城；至正間，改置高州路，復治電白。

明，洪武元年，改高州路爲高州，治茂名，屬廣東，領縣三：慈石、電白、信宜；改化州路爲化州府，亦屬廣東，領縣三：石龍、吴川、石城；八年，改化州府爲州，省石龍，併入；九年，改爲化縣，屬高州；十四年，改高州爲府，化縣爲州，屬嶺南西道。高州府領一州五縣。

國朝因之。

茂名縣

唐虞，南交。

三代，荆揚之南裔。

秦，象郡。

漢，合浦郡之高凉縣；建和元年，置高興郡；建寧元年，改高凉郡，旋廢；漢末，復置。

三國，高凉縣，屬高凉郡；赤烏五年，析置高興郡。

晋，太康元年，以高凉、高興二郡屬廣州。按：諸志皆云，晋置茂名縣，屬高興郡，然考《晋書·地理志》，並無此縣。

宋，高凉、合浦二郡地。未有茂名縣。

齊，高凉、合浦二郡地。未有茂名縣。按：越州所屬定川郡，唐置南宕州，後徙治茂名，改爲潘州，是定川與茂名無涉，第潘州托始耳。

梁，大通中，置高、羅二州，屬縣無考。

陳，高、羅二州，屬縣無考。

隋，《隋書·地理志》始有茂名縣，係於舊置羅州高興郡石龍、吴川〔一〕二縣之下，當屬羅州，而不注

〔一〕『吴川』，原誤作『吴州』，據前後文改。

置立，亦非隋縣，大抵梁、陳所置。大業中，屬高凉郡。

唐，武德四年，以合浦郡之南昌、定川置南宕州，本治南昌；貞觀元年，徙治定川；八年，徙治茂名，更名潘州，領縣三：茂名、南巴、潘水；天寶元年，改爲南潘郡；乾元元年，復爲潘州。

五代、南漢，改茂名爲越裳縣，仍屬潘州。

宋，開寶五年，廢潘州省南巴、潘水二縣，併入茂名；改屬高州；景德元年，廢高州，改屬竇州；三年，復置高州，茂名還屬。

元，茂名縣屬高州路。大德八年，高州徙治茂名路；至正間，復治電白。

明，茂名縣。洪武元年屬高州，徙州治於茂名；十四年，陞州爲府。

國朝因之。

電白縣

唐虞，南交。

三代，荆揚之南裔。

秦，象郡。

漢，合浦郡之高凉、臨允。

三國，高凉、臨允二縣地。

晋，太康五年，析臨允、高凉，置盆允縣；元熙元年，析盆允，置新會郡。

宋，元嘉十六年，析新會郡，置海昌郡。

齊，海昌郡，仍宋制。

梁，大通中，既置高州，又析海昌，置電白郡，兼置南巴、連江二郡。

陳，電白、南巴、連江三郡皆仍梁制；又置務德郡，屬瀧州。

隋，開皇九年，省電白、海昌二郡，置電白縣；廢南巴郡爲南巴縣；廢連江郡爲連江縣；改務德縣爲良德縣；大業二年，省南巴，入連江；三年，廢高州，以高凉、電白、連江俱屬高凉郡，良德屬永熙郡。

唐，武德四年，廢高凉郡，以電白、連江屬廣州；六年，復置高州，電白、連江、良德屬焉；又析連江，置南巴縣，以屬潘州；至德二載，改『連江』曰『保寧』。

五代，電白、良德、保寧三縣俱屬高州。

宋，開寶五年，省良德、保寧二縣，併入電白；景德元年，廢高州，以電白屬竇州；三年，復置高州，電白還屬熙寧；四年，高州治電白。

元，電白縣屬高州路。

明，電白縣屬高州府；成化四年，徙治神電衛。

國朝因之。

信宜縣

唐虞，南交。

三代，荆揚之南裔。

秦，南海郡地。

漢，蒼梧郡地。

三國，蒼梧郡。

晋，蒼梧郡。

宋，蒼梧郡。元嘉十八年，析置宋熙郡。

齊，宋熙郡改『宋隆』。

梁，大通中，以宋熙郡置瀧州，又置梁德郡梁德縣。

陳，梁德縣屬梁德郡，隸瀧州。

隋，開皇九年，省梁德郡，仍置梁德縣；十八年，改名『懷德』；大業三年，屬永熙郡。

唐，武德四年，以懷德置南扶州，析置信義、譚峨二縣；五年，又置特亮縣；貞觀初，廢南扶州，以縣屬瀧州；八年，復置，改爲竇州，領縣四：信義、懷德、譚峨、特亮；天寶元年，改爲懷德郡；乾元元年，復爲竇州。

五代、南漢，竇州領縣四，仍唐制。

宋，開寶五年，廢譚峨、特亮、懷德三縣，併入信義，屬竇州；太平興國元年，改爲信宜；景德元年，廢高州，併入竇州；三年，復置高州；熙寧四年，廢竇州，以信宜屬高州。

元，信宜縣屬高州路。

明，信宜縣屬高州府。

國朝因之。

化州

唐虞，『羲叔宅南交，平秩南訛』，『訛』，化也。化州以此命名。

三代，荆揚之南裔。

秦，象郡。

漢，合浦郡之高凉縣。建和元年，置高興郡；建寧元年，改高凉郡，旋廢；建安二十五年，復置。

三國，高凉郡屬廣州。吴赤烏五年，復析置高興郡，治廣化縣，即今化州之地。

晋，太康元年，以高凉、高興屬廣州，後省高興，入高凉；太和中，置新安郡於廢高興之地。

宋，元嘉九年，廢新安郡，併入高凉，復置高興郡，尋廢，入高凉；又築城陵羅江口，名曰羅州，而置令焉，屬高凉郡。

齊，高凉郡、羅州仍宋制；復置高興郡，屬越州。

梁，大通中，置羅州與高興郡。

陳，羅州、高興郡仍梁制。

隋，開皇九年，省高興郡爲石龍縣，以屬羅州；大業二年，廢羅州，入高州；三年，石龍縣屬高凉郡。

唐，武德四年，廢高凉郡；五年，析石龍、吴川爲十縣，置羅州；六年，又析羅州之石龍、陵羅、龍化、羅辨、慈廉、羅肥六縣，置南石州；貞觀元年，省慈廉、羅肥入石龍，省羅辨入陵羅，更名辨州，領縣三：石龍、陵羅、龍化；天寶元年，改爲陵水郡；乾元元年，復爲辨州；大曆八年，以龍化屬順州。

五代、南漢，辨州領縣三，仍唐制。

宋，開寶五年，省陵羅，入石龍縣，又廢羅州，以吴川來屬；太平興國五年，改爲化州，領縣二：石龍、吴川；至道三年，屬廣南西路；紹興五年，復置石城縣。

元，化州路，至元十七年置，仍領三縣，屬廣西道。

明，洪武十年，改化州路爲化州府，屬廣東；八年，改爲州，省石龍縣，併入；九年，改爲化縣，屬高州；十四年，復爲州，領縣二：吴川、石城，屬高州府。

國朝因之。

吴川縣

唐虞，南交。

三代，荆揚之南裔。

秦，象郡。

漢，合浦郡之高凉。東漢，置高興郡，改爲高凉，旋廢。

三國，吴赤烏五年，復置高興郡。

晋，太康中，廢高興，併入高凉。

宋，元嘉初，置羅州於陵羅江口；九年，復置高興郡，羅州屬焉，又析置平定縣，尋廢高興郡，併屬高凉。按：《宋書·州郡志》有平定縣，遺迹今在吴川。

齊，羅州、平定縣俱屬高凉郡，復置高興郡。

梁，大通中，置羅州於高興郡，併置石龍、吴川二縣。按：舊志謂梁置吴川縣，緣《隋書》不注置立故也。〇平定縣以後無考。

陳，羅州，吴川縣。

隋，開皇九年，省高興郡，仍置羅州；大業三年，州廢，以吴川屬高凉郡。

唐，武德四年，廢高凉郡；五年，置羅州，析石龍、吴川，置十縣；六年，又析置南石州、羅州，領縣五：石城、吴川、招義、零緑、南河；天寶元年，改爲招義郡，改石城爲廉江，招義爲幹水；乾元元年，復爲羅州；大曆八年，以南河屬羅州。

五代、南漢，羅州領縣四，仍唐制。

宋，開寶五年，廢羅州，併省廉江、零緑、幹水爲吴川一縣，以屬辨州；太平興國五年，屬化州；

紹興五年，復析置石城縣。

元，吴川縣。屬化州路。

明，吴川縣。洪武元年，屬化州府；八年，屬化州；九年，屬高州；十四年，屬化州，仍隸高州府。

國朝因之。

石城縣

唐虞，南交。

三代，荆揚之南裔。

秦，象郡。

漢，合浦郡之高凉縣。東漢，置高興郡，改爲高凉，旋廢。

三國，吴赤烏五年，復置高興。

晋，太康中，廢高興，併入高凉。

宋，元嘉九年，置羅州，屬高興郡，尋廢。高興併屬高凉。

齊，羅州屬高凉郡，復置高興郡。

梁，大通中，置羅州於高興郡。

陳，羅州、高興郡仍梁制。

隋，開皇九年，省高興郡；大業三年，廢羅州，以石龍、吴川二縣屬高凉郡。

唐，武德五年，復置羅州，析置石城縣；天寶元年，改爲廉江。

五代，廉江縣，屬羅州。

宋，開寶五年，省廉江，入吴川，改屬辨州；紹興五年，復置石城縣，屬化州。

元，石城縣，屬化州。

明，石城縣。洪武元年，屬化州府；八年，屬化州；九年，屬高州；十四年，屬化州，仍隸高州府。

國朝因之。

城池

高州府，唐時始築土城。宋元因之。周圍三百八十六丈，高六尺。

洪武十四年，千户陳富於舊城之外重築新城，以木栅包繞。

三十一年，千户張真加甃以磚，周六百一十四丈，計三里一百八十四步，高一丈四尺。門五，上有樓，東曰『迎陽』，南曰『廣濟』，西曰『通川』，北曰『北門』，又曰『小西門』。

成化元年，東、南、北三門毁於寇；三年，知府孔鏞、守備指揮歐磐復建；四年，指揮李信又砌城，增高四尺；千户潘英創串樓六百有奇。

嘉靖四年，知府莊科始廓城東，包邑庠入城中，周圍砌築子城；十一年，署府事肇慶府同知林春澤塞小西門；十三年，僉事黄澄廢子城爲敵樓二十七所；是年，郡伯石簡塞舊南門，作新南門，號曰『高明』，由壕岸西行轉南，合舊門通衢；十五年，知府鄭炯闢南街，直行稍轉而西接通衢，建門曰『履坦』；二十五年，知府歐陽烈復啓小西門，扁曰『高辛』；次年，大水，南隍岸崩及城西，南樓基浸塌，遂自大西門至舊南門埠頭，叢椿實土填築隍岸，修整南樓。

萬曆間，知府熊廷相開舊南門，塞新門，於小西門外建樓一座，加門一重；三十七年，知府李甫文復改如石簡制；三十九年，知府蔣希禹復開塞如熊廷相時，而基址猶存；四十二年，知府曹志遇將新南門遺址鏟去，悉復舊制。

天啓間，參議蘇宇庶以古東門利於離明，新北門傷於龍背，遂復舊東門，塞新東門，尋以擢行，古北門之役未暇，而形家更謂郡治主山較弱，宜竪層樓以壯郡脉云。

國朝康熙十七年，將軍舒恕會同高雷廉總兵馬靈程修整四城樓櫓，於城脚環樹排栅，池深一丈二尺，闊加八尺，東、南、北及小西門俱如之，獨大西門以長江爲濠塹。

成化三年，知府孔鏞、守備指揮歐磐復濬之，廣三丈，深一丈六尺。

茂名縣附郭。

電白縣舊城即古高凉郡土城。元大德八年，郡徙茂名，而以此爲縣城。歲久圮廢。

洪武二十七年，都指揮花茂奏築神電衛城，委惠州指揮王虎、千户張貞築土爲之。

永樂七年，指揮俞林甃以磚，計六百四十步，周圍一千一百丈，高一丈二尺，堞高五寸，共高一丈七尺，爲東、西、南、北四門，上各爲樓，堞上敵樓四十，角樓四，窩鋪三十有二。

正統間，燬於猺寇。知縣吴鏐因舊址重築。

成化四年，僉事陶魯奏遷縣治於衛左，今之縣城即衛城也。

萬曆三年，知縣王許之以城垣徑直，難以制外，於四城之外建敵樓十二座以拒敵，開四孔，以通鳥銃；萬曆七年，知縣張希皋以城卑難守，增高三尺，城面馬路甃爲陽橋三尺五寸。

國朝順治九年，城守游擊江宗宏建瞭樓，每城一面一十二座；十四年，城頹樓圮，知縣相斗南重修城垣四𨈬，易磚以石。東西瞭樓重新鼎建，池周圍一千一百六十四丈，闊三丈，深一丈七尺。

天啓□〔一〕年，知縣翟拱辰因城壞，重修，復浚濠，池之深闊倍於舊。

信宜縣舊無城，止築土牆，周圍一百八十五步。明永樂間，知縣姚原立仍舊址修之。

正統五年，六豪猺亂。副使賀敬、都指揮張演築砌磚城，周圍二百五十五丈，高一丈八尺。

天順三年，創串樓五百四十八。

正德五年，千户丁川於城外築子城。

嘉靖間，僉事黄澄設敵樓一十三，知縣陶弼、周夢斗、周世臣相繼增修。

國朝順治十三年，知縣徐鳴佩、城守管登魁修復四門城樓、窩鋪、角樓、垛口，砌以磚石，池周圍

〔一〕「□」，原缺，光緒《志》作「三」。

四百一十四丈，深一丈三尺。

化州城，宋紹興三十一年創。甃以磚石，北際江流，東、西、南各環以池。門四：東曰『開泰』，西曰『羅山』，南曰『南薰』，俱通陸路；北曰『臨江』，通水路。各有樓。

元末，兵燹毁壞。正統十三年，廣西流賊犯境，知縣鄧敏增砌磚城，周圍八百七十丈，高一丈六尺，沿城開築壕塹。

成化四年，按察僉事陳貴、知府孔鏞、守備指揮董翔復增高之。十年，又改砌入内，跨寶山，周圍五百六十三丈，高一丈九尺。止開二門，東曰『賓陽』，南曰『南薰』，各建樓，窩鋪三十，敵樓、角樓各四，清風樓一。

嘉靖間，州同周光禮築南門月城；四十四年，知州張冕築東門月城。

萬曆二十六年，城壞，濠淤，知州沈水修葺。

國朝知州邱宗文重建東南門樓二座。雍正八年，知州孔傳祖遍修城垣門樓，池深六尺，闊一丈八尺。

萬曆二十六年，知州沈水濬之。〔一〕

吴川縣原無城池，洪武二十七年，都指揮花茂具奏欽差永定侯經畫，乃立寧川守禦所。命千户徐本築土城。

〔一〕『萬曆二十六年，知州沈水濬之』與前文重複，且時序錯亂，光緒《志》無之，當爲衍文。

永樂元年，千户李忠甃以磚石。

成化十四年，分巡僉事陶魯督用巨磚繕完，爲門四：東曰『鎮海』，西曰『通州』，南曰『永和』，北曰『朝天』，上有樓，窩鋪一十有六，瞭樓四，大小水關五。周圍五百八十丈，高一丈八尺。

崇禎初，四樓就壞；十年，知縣童兆登重修，又於女牆二垛子下加一磚堆，堆上加一板，永可爲城守。池深一丈五尺，廣如之。

成化三年，指揮俞鑑開濠。

石城縣舊無城池。洪武二年，縣丞倪望築土牆。

正統五年，通判馬文饒甃以磚石，周圍五百二十七丈，高二丈一尺，厚半之。闢門三：東曰『望恩』，西曰『鎮彝』，南曰『威武』。門上建樓，角樓三，敵樓倍之，窩鋪又倍之，中軍窩鋪一。

隆慶六年，寇燹城圮，知縣章俊民修之，增高三尺。

萬曆三十三年，又於原增處隨設陽橋、女橋、垜子、敵樓。

崇禎十三年，三門增修甕城。

國朝順治十三年，增高一尺五寸，易以平頭。重建二大銃臺於東西之北隅，池深數尺，廣一丈，惟北嶺無濠。

國朝順治十三年，開深濠塹，深一丈五尺，廣二丈五尺，併鑿後嶺。

公署

分巡高廉道，雍正八年建，在府城東。外爲東西轅門、大門、儀門，入爲大堂，右設廣濟庫，傍列吏舍，入内爲二堂。後堂西爲何遠堂、雙芝瑞應堂。

高州府，即古潘州舊址，明洪武三年建。國朝順治十一年，改爲總兵府。今以舊分巡道爲府署，在城中。外爲大門、儀門，入爲大堂，東西設永平庫，傍列吏舍。入内爲二堂、三堂，堂後衙東爲敬簡堂。

海防廳，原在府署内，後改建於府前街，今裁。

督糧廳，在舊府署内，久裁。

督捕廳，在府前街，今移駐梅菉，此爲行署。

理刑廳，今裁。

經歷司，舊在南門外，今在督捕廳左。

照磨所，在舊府署内，久裁。

教授訓導，在學宫内。

司獄司，舊在府署内，今遷於茂名縣署西。

永安倉大使，在城東。

總兵府，即舊府署，在府東。

左營游擊署，在府西。

右營督司署，在縣西。

左營守備署，在城北。

右營守備署，在城南。

行署

萬壽宫，在城内南街。雍正十一年，茂名縣知縣虞金銘建，議叙州同陳式詔督修。

督學考院，在分巡道右。乾隆十年，知府劉重選修。

察院，在府西，廢。

按察分司，在西府，廢。

嶺西道，在府東，廢。

雜所

永安倉，在城東。

附郭**茂名縣署**，在府署西。明洪武十四年，知縣尹賢建；宣德七年，知縣曾濟修葺；成化四年，燬於寇；五年，知縣曾英復建；正德八年，知縣林渠，嘉靖以後，知縣易本仁、鄭豸、張爵、余天爵、錢守愚、吴國楊，各因其時繕修。

縣丞，在縣堂右，今裁。

教諭、訓導，在學宫内。

典史，在縣堂左。

博茂鹽場課司，在縣治西，今裁。

平山巡檢司，在平山汛。

赤水巡檢司，在梅菉墟。

大陵驛，今裁。

雜所

常平倉，在學宫左。

社倉

普濟堂，在北門外。茂名縣知縣虞金銘建，議叙州同陳式韶捐銀三百兩督修。

教場，古營地直九十四丈，横九十五丈，地租供關帝廟香燈。

電白縣署，舊在府城東北四十里。元大德間，遷於高州府舊署。明萬曆元年，徙于神電衛旁。明季燬。國朝順治十七年，知縣相斗南重建。

教諭、訓導，在學宫内。
典史，在縣署東南。
雷茂場鹽課司，在城内。
博茂場鹽課司，在水東。
游擊署，在城隍廟東。
守備署，立石驛舊址。
神電衛，在縣治西，今裁。

行署

察院，在縣西，今廢。
布政分司，在察院西，今廢。
按察分司，在布政分司西，今廢。

雜所

常平倉，承恩街南。
教場，東郊一里。

社倉

養濟院，在北門外。

信宜縣署，明洪武二年知縣蹇誠建。永樂後，知縣姚原立、郭暹、李時敏、廖琳、刑國賓先後修繕。嘉靖四十五年燬於寇，知縣陶弼重修。萬曆二十七年，知縣周世臣再修。國朝順治十一年燬於寇。康熙三年，知縣羅士毅重修。

教諭、訓導，在學宮内。

典史，在南門大街東。

懷鄉巡檢司，在懷鄉墟。

竇江驛，久裁。

行署

布政分司，在縣東，久廢。

按察分司，在縣東，久廢。

公館，即竇江驛舊址，今圮。

雜所

常平倉，在縣署西。

社倉

教場，在鎮隆墟東。

養濟院，在教場尾。

化州州署，即石龍舊址。明洪武十六年，知州楊倫建。宣德間，知州田庸修。正統後，知州茅自得、州同曹慶、知州李時敏、黄萬碩、楊薰、湯克寬、傅昂先後重修。國朝康熙五年，知州邱崇文重修。

學正、訓導，在學宫内。

吏目，在州東。

梁家沙巡檢司，在進二都。

陵水驛，在寶山前，今裁。

行署

察院，在州東，今廢。

布政分司，在州東，今廢。

按察分司，在州東，今廢。

嶺西道，在州東，今廢。

雜所

常平倉。

社倉

養濟院，在南門外，龍山側。

教場。

吴川縣署，在城西隅。洪武二年，知縣乞住建。十四年後，縣丞汪季清、徐崇善，典史馮完修。成化間，寇燹，知縣鄧宣重建。嘉靖間，知縣胡大華、鄧希智、王一俞增修。崇禎間，知縣金揚華、知縣朱宏、董成繼修。國朝乾隆二十二年，知縣楊士璣重建。

縣丞，在縣署内，今裁。

教諭、訓導，在學宫内。

典史，在縣署左。

茂暉場鹽課司，在南二都，今移城内。

硇洲巡檢司，在硇洲。

寧川巡檢司，在芷蓼，久裁。

游擊署，在城南。

守備署，在城南。

硇洲守備署，在硇洲。

行署

布政分司，在府館右，今改建學宫。

嶺西道，在布政分司右，今圮。

府館，在布政分司左，今圮。

海防公署，在城隍廟西，今圮。

雜所

常平倉，在縣署內。

社倉

教場，在城南二里。

養濟院，在城南一百里。

石城縣署，舊在縣東。元大曆中，遷新和驛地。明洪武二年，縣丞倪望復建。宣德二年，縣丞夏仲謙，成化間知縣陳綱，正德間知縣楊維甫，嘉靖間知縣楊浩、劉嶅、鄒伯貞，萬曆間知縣謝璿前後重修。

教諭、訓導，在城東。

典史，在城南。

丹兜場鹽課司，在下洋。

凌禄巡檢司，在縣西一百二十里凌禄村。

化石守備署，在城南。

行署

察院，在北街東嶺下，今圮。

布政分司，在察院東，今圮。

按察分司，在察院西，今圮。
府館，在北街東。

雜所

常平倉。

社倉

教場。
養濟院，在羅官堂東。

壇祠

社稷壇，在城西門外。
風雲雷雨山川壇，在城南門外。
先農壇，在城東。
厲壇，在城北門外。
關帝廟，在城中。萬曆十八年，知府張邦伊建。天啓元年，知縣謝周昊建牌坊一座，詔加封三代。今廟遷城西。

洗太夫人廟，一在舊電白寶山下，一在府治東門外。有城壕、教場兩處開墾田租及馬踏石墟租，供電白古廟祀典，有謝料等垌田米七斗五升，收租二十二石，在朗韶李春户。原係觀山寺田，内抽撥東門外新廟香燈並廟祝月糧。每年春祭，支茂名縣均平銀四兩四錢，製鍍金花二枝，重三錢五分，辦物品供祭。誕辰亦支均平銀五兩陸錢，製鍍金花二枝，耳環、衣裳並品物，仲冬二十四祭。

火神廟，在城南門外。順治間，知府蕭嘉熙建。雍正七年，城中火灾，總鎮陳倫、知府張兆鳳率文武僚屬捐修。

城隍廟，在城中。

靈湫廟，在電白縣東二十里。一名龍湫，中有龍井，世傳龍伏焉。遇旱，禱雨輒應。有祀典。

表忠廟，在府東。萬曆四十三年，知府曹志遇建，祀明臣陳思賢。

孔公祠，在山川壇左。歲抽太平關下至南橋頭止，共民房八十六間，每間地税四分。貯府庫支銀三兩，辦豬羊各二隻，共重一百零五斤，給林符子孫收領，兼辦品物，以十月十五日致祭明知府孔鏞。

義壯祠，附孔公祠之東。歲抽母鷄嶺等垌免差穀大斗三十石。清明日祭林雄、符瓊二墓。外本府歲徵石鼓墟地租錢一千文，給林、符子孫辦豬羊品物，以十一月二日祭。

吴公祠，祀明知府吴國倫，萬曆四十三年，知府曹志遇建。置觀橋等垌田米六斗一升五合九勺，租穀二十三石一斗三升，内支入石守祠，外支辦豬羊品物致祭。

歐陽公祠，在城南門外。祀明知府歐陽烈，有没官絶户軍産土名細垌田米二石五斗六升一合六勺六抄一撮，在隆四六甲承佃，排年鍾德敬遞年止。納租銀二兩，以爲春秋二祭。

三賢祠，在郡治南橋邊。祀明知府楊逢時、俞嘉言，署府事同知林春澤。萬曆四十三年，知府曹志遇重修，今圮。

江公祠，在南門外。爲同知江龍。今廢。

仰德祠，在河西岸。祀明參政朱東光，參議徐大任，知府李熙、張邦基。

曹公祠，在城西。祀明知府曹志遇。有尚書徐兆魁記。萬曆四十六年，公置管橋、黄禁等垌田米八斗，遞年止。給官斗租三十一石，歲供祀典並修葺之需。僉議輪流收管，向爲禮書余茂岳收割。在延四三甲茂岳户内計管業，一十九年後清出，輪管辦祭修祀。歲造册，送府治稽查。

蘇公祠，在城南十里。祀明參政蘇宇庶。

陳公祠，在太平關内。祀明推官陳立本。天啓二年，里長陳子旦、老人侯鳳、吴彦信、莫汝謙將公助銀二十四兩，買梁仕可、任玉西坑埇田米四斗二升，納大斗租二十四石，糧歸子旦户内。每歲十二月十三日誕期，支租利銀二兩，辦豬羊供祭，餘銀貯爲輪糧，修祠守祠之需。歲終，造清册，送刑館稽查。

張公祠，祀明參政張茂頤。

崇德祠，在梅菉鄉約所前。祀明同知廖轂。

報德祠，在城東冼廟左。祀明知府申用嘉。

懷陸祠，在甘雨亭魁星閣右。祀明通判陸鼅蒙。

天后宫，在鑑江東。萬曆間，鄉人吴文魁捐獨樹等垌田米陸斗，收租十五石，贍廟祝并香燈。知府吴國倫有詩。

馬王廟，在東門外。順治間，總鎮栗養志捐建。

忠義孝弟祠、節孝祠，雍正三年奉旨建。

勸農祠，在城南十里。

汪公祠，在南宫嶺。祀明知府汪道洋。

茂名縣

附郭首邑，各壇俱從府祭。

文昌閣，在府學左。康熙二十年，教諭黎起鳳捐俸，買受丹章、長唐等垌田米五石三斗八升九合，税收入上三道户，每年收租供祭。

黄公祠，在南宫嶺。爲知府黄檝建。有櫪木等處田米四斗五升，租十六石，向爲茶亭僧所有。崇禎十年，知府姚繼、知縣尹奇逢查清出歸祠，以供香燈祭品。仲冬七日祭。

胥公祠，一在學宫右邊，一在郡治之南十里。爲知縣胥學韶。天啓七年，紳士里民捐貲買受香皮等處田米五斗，租穀三十一石，又買垌田米二斗三升，租穀十七石，歲支穀十五石，守祠十五石，輸糧外支銀二兩辦祭。六月十五日祝壽送胙。本縣餘貯陳子旦等收支造册，呈縣稽查。

去思祠，在縣學大門左。爲教諭黄槐建。

南洲雙美祠，在郡南五十里南盛墟旁。爲推官萬上烈、知縣胥學韶建，士民公助銀二十二兩。買遵四四甲梁正楊等垌田米八斗四升，租二十石，歲供香燈。祭祀用餘糧米，歸遵三八甲馮連、周户、首事何龍收管。

張公祠，在郡治南橋右，爲知縣張復義建。

義冢，在廣仁庵後。

伍張二公祠，在五里亭。祀明知縣伍大成、張揆。歲收左右地租供祭。今圮。

五錢高三公祠，爲知縣王原、錢以塏、高遐昌。

電白縣

社稷壇，在城西門外。

風雲雷雨山川壇，在城南。

先農壇，在城東。

厲壇，在城北。

關帝廟，在衙東。

冼太夫人廟，在城北長樂街西巷中。又有山兜娘娘廟，即夫人所生之地。

文昌閣，城南鼓樓上，知縣郭指南率通學重建。

天后廟，縣南門。

城隍廟，在縣治西。

旗纛廟，在縣北。

忠烈黄侯祠，縣治北。神名十九，元末死國難。

遺愛祠，在縣治東南。爲知縣王許之、張希臯建。

王公祠，在望海樓北。爲嶺西道王民順建。

盛公祠，在城迎恩街。爲嶺西道盛萬年建。

林公祠，在西郊浴龍河東。爲知縣林夢琦建。

二張公祠，一在按察司南爲參將張傍建，一在城東爲參將可大建。

張公祠，在城中。爲參政張茂頤建。

忠義孝弟祠、節孝祠，俱雍正二年奉旨建。

信宜縣

社稷壇，城外西北一里。

風雲雷雨山川壇，在城西南一里。

先農壇、厲壇，城外北。

關帝廟，在千户所左。

城隍廟，在縣治東北。

冼太夫人廟，在城南。
旗纛廟，在千户所左。
沈公祠，爲知縣沈宏遇建。
廖公祠，城東北。爲知縣廖㲄建。
顧公祠，爲知縣顧斌建。
李公祠，爲知縣李廷槌建。
忠義孝弟祠、節孝祠，俱在城中，雍正二年奉旨建。

義冢

化州

社稷壇，在城東。
風雲雷雨山川壇，在城南。
先農壇，在城東。
厲壇，在城南。
關帝廟，在州治東。明末圮，知州邱崇文重建。

洗太夫人廟，在州治左。
天后廟，在龍母山。
城隍廟，在州治東。明末圮，知州邱崇文重建。
四賢祠，在寶山下。祀宋明臣范祖禹、梁燾、龔夬、莫伋。
忠義孝弟祠、節孝祠，俱在城中。

吴川縣

社稷壇，在城北。
風雲雷雨山川壇，在城南門外。
先農壇，在城東。
厲壇，在城東。
關帝廟，在城隍廟左。
洗太夫人廟，在郡治右。
天后宫，在寧川所東。
城隍廟，在城中。
去思碑，在城東，祀明知縣李友蘭。
忠義孝弟祠、節孝祠，俱在城中。

文昌閣，在城中。

石城縣

社稷壇。

風雲雷雨山川壇，在城東。

先農壇，在城東。

厲壇，在城西。

關帝廟，在東嶺上。

冼太夫人廟，在城東。

城隍廟，在南門。

鄒公祠、忠義孝弟祠、節孝祠，俱在城中。

坊表

附府**茂名縣**

翰林坊，簡討李冠禄。

天官坊，吏部郎中李邦直府前。

春官坊，禮部郎中李一迪，歐公祠街。
雙桂坊，舉人鄭侃、鄭備。
都諫坊，吏科都給事李學曾，在十字街。
進士坊，崔浩、陳珪、李學曾。
少卿坊，太僕寺李邦直。
詞林獨步，爲庶吉士姚岳祥。一題『亞魁聚美』，爲李學曾、陳可立。
王相坊，左長史梁踞。
凌雲坊，舉人周敞，北門外。
大方伯坊，左布政陳珪府前。
經魁坊，爲成化丁酉周冕立。
三楚遺愛坊，爲知府吴國倫、曹志遇，在興文橋。

電白縣

金榜題名，吴守貞。
父子登雲，任紀、任良翰。
叔姪繼美，黄金實、黄廷圭。
龍門一躍，黎磐。

飛黄坊，張濬。
貞烈，鄭氏。
興賢坊。
鳳騫坊。
龍奮坊。

信宜縣

招揚武威坊，五軍副使黄子壽。
興賢坊，署正周瑜。
文明坊。
聚奎坊。
魁耀坊，副使梁成。
昇平坊。
拱辰坊。
古寶州坊。
高士坊，高士李期然。

化州

翰林坊，庶吉士姚岳祥。
聯桂坊，舉人，李琹、李瑄。
大方伯坊，左布政陳珪。
秋官坊，刑部主事陳珪。
世科坊，舉人凌士顔。
三秀坊，余宗器，余宗珏，余聰。

吴川縣

恩榮坊，進士蕭惟昌。
魁英坊，舉人林廷章。
先朝遺直，宋進士鞠杲。
進士坊，林廷瓛。
登科坊，舉人吴獻立。
賓賢坊，舉人梁守正。
步雲坊，舉人陳榮。
一門雙節，林彦翰妻李氏、室女林玉愛。

石城縣

聚英坊，又名六桂坊，編修楊欽、侍御黄克、郎中李澤及六舉人。

興賢坊。

育才坊。

貞節坊，正德間知縣黄誥爲節婦黄氏立。氏，遂溪邁合人，今坊立其處，後知縣凌位請給官銀修之。

寺觀

茂名縣

發祥寺，西岸寶光塔側。

迴龍庵，北江。

三元宫，北門外。

觀山寺，西河岸。

玉泉庵，觀山寺之右。

觀音閣，城外西北隅。

高昇寺，在城北五十里，山上有宋太宗御書藏焉，今圮。

十王殿，南門外。

白蓮寺，城東三十里。

佛祖庵，西河十里。

五顯廟，城西。

靈銕大王廟，城南。

廣利王廟，北門。

臨水廟，南街。

上帝樓，北門外。

康王廟，南門外。

潘仙廟，右有石船丹竈。

復龍庵，南門外。

慈雲庵，城南五里。

金華庵，城内。

益壽庵，北門外。

廣仁庵，城南五里。

永福寺，城南五里。

電白縣

真武廟，縣北。
山兜娘娘廟，丁村。
雨香庵，武安街。
三官堂，雨香庵右。
水月觀音庵，在三橋。
定安寺，望海樓西。
净土寺，莊山一〔一〕下。
化成庵，虎騰。
茶亭，化成庵内。
觀音堂，熱水。
文昌閣，熱水。
瑞龍寺。
碧湫寺，紅花。

〔一〕「一」，道光《志》、光緒《志》無，當爲衍文。

浮山寺，三橋。
佛子樓，縣北。
佛子庵，得善鄉。
尖山寺。
太平寺，獅子堡。

信宜縣

觀音堂，北門外。
蓮花庵，城南。
甘羅廟，懷鄉。
太傅廟，懷鄉。
大人廟，北橋。
登高亭，城北。
觀瀾寺，城南。
華嚴寺，懷安墟。
定康寺。
鎮江寺，白石墟。

寶珠寺。

吐珠寺，林魚岡。

寶筏庵。

金蓮寺。

古定庵。

馬鞍庵。

石水庵，在萬安。

中宫寺。

龍蛇庵，在石根。

尖山寺。

青蓮庵。

化州

真武廟，隔江。

華光廟，龍母山。

康王廟，州西。

火帝廟，天妃廟西。

龍母廟，龍母山。

光孝寺，在州城南，宋紹興中建。

三皇廟，龍母山。

東嶽行祠，龍母山。

雷廟，南門内。

昌化寺，龍母山。

觀音堂。

水月寺，東岸。

大石庵，西大路三十里。

琉璃庵，西大路五十里。

三官堂，州署西。

南山寺，城西。

元妙觀，州治南。宋時建，明洪武二十年重修。

文昌祠，儒學左。

吴川縣

文昌閣，縣治東。

觀音廟，北門外。
龍母廟，縣北。
茶亭大士庵，縣東。
天后宫。
五岳廟，南門外。
東岳廟，五岳廟右。
真武廟，南門外。
觀音廟，真武廟右。
都會廟，關帝廟左。
金蓮庵，下街。
真如庵，金蓮巷左。
興龍寺，真如庵左。
三官堂，梅菉。

石城縣

文昌閣，西墟。
奎星樓，城東南。

東岳廟，城西。
元壇廟，城東。
金花廟，城内。
東聖禪林，城東。
玉泉殿，東林右。
西華禪林，西門外。
甘露寺，豐二都。
風門庵，豐三下都。
岑溪庵，豐三下都。
青平庵，寧十一都。
凌雲庵，純八都。
護國寺，純十都。
普渡庵，方都塘。
南橋庵，城南。
鎮龍寺，在西門迴龍嶺下。

卷之四

地理志

地有理，猶天有文，順其理而利導之。辨土之宜，因俗成化，五行所以不汩也。夫殊途同歸，如出一轍，而荆、揚之化，不施函、秦。説若相左，道適相資矣。而或者不察其理，强其剛柔、燥濕、風尚、物産之性，以就吾一成之局。稍有不適，則歸怨於此邦之難治。嗚呼！其果難治乎哉？志地理。

疆域

高州府至省城一千零一十里，其地廣五百一十里，袤三百一十五里。東至肇慶府陽江縣界一百九十里，西至廉州府合浦縣界三百二十里，南至吴川縣限門海一百十五里，北至廣西容縣界二百里，東北至羅定州界一百二十里，西南至雷州府遂溪縣二百里，西北至廣西博白縣界一百二十里，東南至肇慶府陽江縣界一百九十里，上至京師八千六百四十七里。

茂名縣附郭首邑，其地廣百一十五里，袤一百七十里。東至電白縣界五十里，西至化州界六十五里，南至吴川縣界一百里，北至信宜縣界七十里，東北至羅定州界一百二十里，西南至化州界五十里，西北至信宜縣界九十五里，東南至電白縣界一百二十里。

電白縣在府城東南一百六十里，其地廣一百四十里，袤一百一十六里。東至肇慶府陽江縣界三十里，西至茂名縣界一百一十里，南至海濱六里，北至陽春縣界一百一十里，東北至陽江縣七十里，西南至吴川縣界一百一十里，西北至茂名縣界一百里，東南至陽江縣界三十里。

信宜縣在府城東北八十里，其地廣七十里，袤一百二十五里。東至茂名縣界二十里，西至茂名縣界五十里，南至茂名縣界五里，北至廣西容縣界一百二十里，東北至羅定州西寧縣界一百里，西南至茂名縣界二里，西北至廣西北流縣界一百里，東南至茂名縣界三里。乾隆二十二年，割西寧、信豐、感化、從善、定康等都，改隸信宜，南北一百二十里，東西一百八十里。於是信宜地東北至茂名界七十里，至羅定西寧東安界俱一百六十里，西北至岑溪界一百二十里。

化州在府城西南九十里，其地廣九十五里，袤二百里。東至茂名縣界二十五里，西至石城縣界七十里，南至吴川縣界四十里，北至廣西北流縣界一百六十里，東北至茂名縣界四十里，西南至吴川縣界六十里，西北至廣西陸川縣界一百六十里，東南至吴川縣界六十里。

吴川縣在府城南一百二十里，其地廣六十五里，袤五十里。東至海岸五里，西至化州界六十里，南至限門海二十五里，北至茂名縣界二十五里，東北至茂名縣界二十里，西南至雷州府遂溪縣界八十里，西北至化州界五十里，東南至海岸七里。

石城縣在府城西南一百九十里，其地廣一百六十里，袤一百五十里。東至化州界三十里，西至廉州府合浦縣界一百三十里，南至雷州府遂溪縣界三十里，北至廣西博白縣界一百二十里，東北至廣西陸川縣界一百二十里，西南至遂溪縣界七十里，西北至廣西博白縣界一百五十里，東南至吳川縣界六十里。

形勝

高郡襟巨海而帶三江，接雷廉而引潯梧。附郭之邑爲茂名，茂嶺聳於前，鑑江擁於後。信宜在郡東北，雲岫崔嵬而蔽日，竇江淼浩而浮空。化州在郡西南，麗山、龍山競秀；陵水、羅水交流。而來安一徑，尤稱斗峻。又西爲石城，望恩、謝建峙南北之峰；零禄、九洲接東西之海。南曰吳川，東南曰電白，兩邑臨海，巨浸重洋，限門之險，實爲天池。闔郡形勢，當群山羅列之間，畫千里封疆之界，重兵設鎮，扼險防要，蓋屹然金湯之固也。

關隘

茂名縣，桃洞。

電白縣，獅子堡、立石關、蕉林、陀涌、三叉。

化州，石灘。

石城縣，錢石、龍頭沙、和尚嶺、青陰橋、鷄籠山、白藤山、仙人嶂、佛子港、凌禄港。

編户

茂名縣，編户三十六里。

電白縣，編户十四里。

信宜縣，編户十一里。

化州，編户二十三里。

吴川縣，編户十六里。

石城縣，編户十一里。

茂名縣

東山，去城東一里，亦名潘山，郡邑主山也。舊有東山寺，今圮。前有潘仙坡，世傳潘茂名煉丹於此，石船、丹竈猶存。知府孔鏞建潘仙亭，有《仙坡記》。天啓間，知縣胥學韶建仙迹亭。崇禎十年，知府姚繼舜擴其亭，闢其坡。瞰坡而據其上者，爲冼太夫人廟。左後有潘仙祠，前爲知府申用嘉祠，廟右爲東高社學，爲射圃，俱姚公建。

石龜山，去城東十里，高三十丈。

射牛山，去城東二十里，朝聳而秀，俗呼石牛，上有二潭。

銅魚山，去城東四十里，形如游魚，昔有賴仙解風土歌曰：『一條丁水銅魚褁，三十年來舊相識。』山下有石井，井内生花，其年士子必有登科第者。

靈湫山，去城東五十里，高六十餘丈。雲爐堡，舊電白後〔一〕東有大小二巖，亦曰『龍湫』，中有龍井，禱雨輒應。參政張茂頤、知府陳儀曾作信宿游，構亭，今圮。巖前石壁有宋人鐫記云：『高凉郡東三

〔一〕『後』，疑爲『城』字之誤。

十里，有洞曲折數百步，嶄絶異態，其下有泉，曰龍湫，交流石間，籟發如涌雲之狀。巖木蓊鬱，殆非人境。時廬陵劉伯秋、洪都徐某、沈季文、舂陵歐陽伯全、齊右祖雲翼、古絳侯元義，每來娑娑竟日。紹興己卯〔一〕首夏上浣日識。』中數字蝌蚪不可辨。郡守姚公命梓之圖，構僧舍於巖之右，今圮。

雲爐山，去城東三十里，凡遇天陰則雲起，如烟出於爐。

雲間山，去城東北四十里，高二百丈，常有白雲繚繞。遠望僧舍，依稀明滅間。

謝賴山，去城東四十里，高一百餘丈。

石狗山，以形似名。上有庵。

覩山，去城西半里，隔鑑水。西晋永嘉間潘茂名飛昇處。一名仙山，又名昇真岡。岡頂舊有昇真觀。石香爐在焉，觀廢。萬曆間，知府張邦伊復創覩山寺。世傳有金、玉二井，久堙。崇禎二年，邑人李爲相濬復玉井，構亭於山右。説者謂金井爲僧舍所壓。山上有曠怡亭，下臨水，石壁刻有『川上』二字。右有玉泉庵，庵有吕潘二仙祠。山之對曰下宫灣，有石脊穿城，突露江干。上有天妃宫。傍有鑑江亭，知府吴國倫建，久廢。崇禎十年，知府姚繼舜修復舊亭，即亭之後創關西社學。

仙井嶺，去城西二里，高二十餘丈，旁有井。世傳潘仙煉丹仙坡，烟從井出，故名。

馬鞍山，去城西二里，高十五丈。

〔一〕『娑竟日紹興己卯』七字原缺損，據《（道光）廣東通志》卷二一〇《金石略十二》補。

觀山嶺，去城西稍北二里。

佛子山，去城西十五里，高四十餘丈，有佛祖庵，故名。

南宫嶺，去城南一里，高十五丈，爲郡南水口砥柱。山巔有知府吴國倫、曹志遇祠。山之左有參政張茂頤、知縣汪道洋祠，俱圮。祠後爲福龍庵、元真觀。明崇禎十七年，知縣尹奇逢捐俸修庵砥柱水口。

茂嶺，去城南二里。世傳潘茂名煉丹於此，草木鬱茂，四時不凋。下有南洲，相傳唐天寶中，大風雷雨忽作，河中涌出一洲，因建亭於上，名小瀛洲。今亭廢。

筆架山，去城南十里。三峰高聳，形如筆架，又名文筆山。對山之北有拔池山，山之影嘗相映池中，今爲北城所壓。

黄花石嶺，去城南二十里，高二十餘丈。

王嶺，在城南一百二十里，高三十餘丈。四水環流，台峰獨秀。曹志云：『世傳宋末有藩王居此。』姚志云：『唐西平王李晟之裔自吉水遷居於此。』

赤嶺，去城南一百二十里，高三十餘丈。

小華山，去城北二里，高二十餘丈。

淋水嶺，去城北五十里，高五十丈，界連信宜縣。

寶山，去城北四十五里。形如圓珠，下有送龍岡。去二里即舊電白縣城，今圮。宋紹興間，郡守趙興創登高亭，植松於上，爲一郡登臨之勝。亭廢。下有電白縣學舊址。經云：『山上有鹿，則赦書至。』

高凉山，去城北五十里，高百餘丈。本名『高梁』，以群峰高聳，盛暑如秋，故更名『高凉』，郡名本此。《南越志》：『高凉本合浦縣。建安十六年，衡毅、錢博拒步騭於要峽，毅投水没，博與其屬亡於高凉。吕岱爲刺史，博既請降，制以博爲高凉都尉，於是置郡。』

鑑山，去城東北四十里，其下有溪，澄清如鏡，名曰鑑水。

大應山，去城東北五十里，高八十餘丈，延袤連接信宜縣界。

謝狼山，去城東北四十里，高四十餘丈。

白水嶺，去城東北八十里，高百餘丈。飛泉直瀉，白水分明。

那石山，去城西南三十五里，高八十餘丈。

鼉山，去城南三十五里，即那石山之左。以形似名之，今亦呼爲商王山，與那石山横鎮水口。

石鼓嶺，去城西南四十五里，上有大石，圓如鼓。

百禄山，去城東南十五里，高二十餘丈。

尖岡，在城南稍東二十里。

公茄嶺，去城東南五十里，高三十餘丈。

石湫嶺，去城東南二十五里。

商王山，去城東南七十里，高九十餘丈，綿延接化州界。

鼓樓嶺，去城西北四十里，高三十餘丈。

白藤嶺，去城東北一百二十里，高廣連綿，界連西寧縣。

横岡山，去城南九十里，高六十丈，峰巒〔一〕秀麗如畫，上有贈君墓。

西河山，去城東南一百四十里，高二十餘丈。

上宫灣，去城北二里。深廣莫測，水與府治後石井相通，名爲龍眼井。灣上崖石高峻，爲郡北路咽喉。明知府吴國倫建小函谷關，以扼其要。崇禎間，參政王際逵重修，有記。

下宫灣，在城西門觀山之對，自上宫灣沿流至此二里。

新河水，去城東南一里。發源射牛山，繞城西流，合鑑江，又名東河。

浮來水，去城一百二十里。東有思乾井，相傳潘茂名煉丹於此，水味香美。

蒲牌水，去城三里，舊屬電白。

鑑江，源出鑑山，西流合竇江，縈繞郡後。西南流至城西，支分一渚。西岸有寶光塔，其水至化州合羅江，出吴川限門入於海。

鹿嬌墩、潭渠墩、那菉臺，去城東南一百〔二〕一十五里，皆海口也。

海，去城東南一百一十五里。

〔一〕『巒』，原誤作『蠻』，據道光《志》、光緒《志》改。

〔二〕『百』，原誤作『石』，據道光《志》改。

電白縣

莊峒山，去城東十里，高一百餘丈。

朝烏山，去城東十里，爲邑左輔。

鸜鵒山、流桴山、黄埕山、印岡，俱去城東十里。

烏石山，去城西十里，其石皆黑，因名。

雙木山，去城西二十里，高一百餘丈。

員岡嶺，去城西十里，高二十餘丈。

熱水山，去城西三十里，高二百餘丈。秦始皇置爲温水郡，後廢之。山下有泉涌出如鼎沸，詳載圖説及記中。

碧山，去城西五十五里，高百餘丈。危如峭壁，不可以登。相連有奇碧山，綿亘二十餘里。

尖山，去城西北六十里，高五十餘丈。其形尖秀，山下有泉，又北爲鵝掌閘山。

龍山，去城西五十里。

蓮頭山，去城南十里，高八十餘丈。三峰並峙海中，若並頭蓮。邑之案山下有山磧，自東迤邐而西，控扼海門如帶。

莊山，去城北二里，爲邑主山，高五十餘丈。盤礴十餘里，自北迤南，蜿蜒而來，擁爲叠嶂。山畔有泉，清凉可玩，知府孔鏞有詩。

馬鞍山，去城北十里，其形如鞍。

龍陣山，即龍潭山，去城北十五里，高五十丈。山麓有石巖，中涌清泉，其下爲潭，石有龍脊。

題字嶺，去城北三十里，高百餘丈。上多巨石，高者卓立如碑，字迹隱然成列。旁有馬蹄痕，土人呼爲『馬踏石』，相傳仙人乘馬經此，題詩於上。東連鹹水山。

簕勾山，去城北四十里，横亘連綿，高二百餘丈。有閘以扼北來諸路之衝，邑之屏翰也。又名千歲山。

帽滂山，去城北十里，高十丈。遇旱，山有雲如帽，即雨。又名虎牢山。

佛子山，去城北五十里，其上有樓。

石龜山，去城北七十里。

丫髻山，去城八十里。

望夫山，去城北七十里。界連陽江，雄峙東北，旁有兩峰，峭拔雲外，翠如雙環。

花山，一名雙甑山，在城北五十里，高二百餘丈。又北爲要龍山。

界山，去城北七十里。陽江界，接連太平。

大汾洲、小汾洲山，俱去西南二十里。烟嵐靉靆，特峙水中。

放鷄山，去城三十里。縹緲濤中，上有神廟，航海者皆祀以鷄。

晏鏡山，去城西南九十里，高八十餘丈。又南五里臨海爲晏鏡嶺，又西南海中爲石狗山。

緑豆山，去城東南十里。

赤山，去城東南十五里。外即大洋。

山厚山，去城東南三十里。聳立海旁，圓正而秀。

大青峙山，去城東南二十里。挺拔海中，爲邑捍衛。

輔弼山，去城東北五里，高十餘丈。又東北十里爲緑嶺，高二十餘丈。

清湖山，去城東北四十里，高一百二十餘丈。清湖在其下。

蕉林鬧山，去城西北九十里，高一百餘丈。又西爲陀埇鬧山，又北爲緑叚山、那霍鬧山、東瓜鬧山，相連綿亘數十里。

瑚山，去城西北七十里，即浮山。高三百餘丈，周圍三十里。《寰宇記》載：『堯時洪水，此山高出若浮，民居其上，故名。』

羅浮山，去城西北一百里，高一百餘丈。世傳仙人牧羊所化。

雙劍山，去城西北十里。

石定山，去城西北二十里。

石洒山，去城西北三十里。

獅子山，去城西北八十里。

王嶺，去城西北百里。諸山盤繞，爲邑藩垣。

登高嶺，去城西南十五里。

文字嶺，去城西南二十里。山岐交加，若文字然。

象嶺，去城西南四十里。

鷄籠山，去城西南十里，高二十餘丈。

安樂山，去城西南六十里，高百餘丈。接脉瑚山，自北而來蜿蜒四十里，南至海濱，雄峙一方，右有象頭環抱。

白蕉嶺，去城西南三里，高四十餘丈。又西南爲烟樓山。

小青峙山，去城東南二十里。

進湖河，去城東南半里。

麻西河，去城東十里。自帽澇山發源，上爲齷齪河，即射合水，南流由山厚港入海。

五籃河，去城東三十五里，南流於海，有官渡，邑之東封疆也。

五村河。

望夫河，去城北七十里。東流合蓋頭，達五籃入海。

浴龍河，去城西二里，從西北繞城，會東北入海。

大橋河，去城西五里。南與潮接，又名崩河。

熱水河，去城西三十里。甃石爲池，其上有亭，自熱水山温泉發源，通潮水入海。又西十五里爲寨頭河，自安樂山發源，通潮入海。

三橋河，去城西七十里。自蕉林閘發源，西流由吳川界入海。

禄斷河。

龍珠河，去城西北九十里。自羅浮山發源，西南流由吳川縣入海。

泉水小河，去城東二里。發源莊山之東，俗呼東河。

石塔河，去城西六十里。自田頭泉發源，由赤水港入海。

北額港。

蓮頭港，去城南十里。納泉水、浴龍諸水入海。

那黎港。

赤水港，去城西南一百里。

山厚港，去城東南四十五里。納麻西水入海。

豸頭港。

青湖，在山巔。清映雲漢，撓之不濁。

鹹水湖，在城北三十五里。諸水皆淡，此湖獨鹹。

信宜縣

東山，去城東二十餘步。上有木，身生竹葉，俗呼神仙竹。

宜山，去城東二十里。

龍山，去城東三十里，高三百餘丈。相傳有龍伏此。南有石孔，約深五丈，謂之『風窖』，將風則響；北有石孔，其深莫測，謂之『雨窖』，將雨則潤。綿亘數十里，接茂名、西寧二邑界。

雲岫山，去城西三十里，高數百丈，雲霞常蓋其上。

宋山，去城西七十里，有福正侯廟。

歐嶺，去城西八十里。一峰特起，高十餘丈。元末有歐姓居此，界接北流縣。

龐瀑山，去城北二十五里，高三十丈。頂上有石臺，可坐數十人。洪崖陡起，飛泉下注，今名東坑山。

登高山，去城北半里。上有翔鳳臺、喜雨亭，今圮。九日士庶登高於此，今名太平山。

趙山，去城北三十里，元有趙姓，依山而居。

鳳凰山，去城東南一里，高十餘丈。形如飛鳳，投飲於江。

古樓山，去城南七十里，高二百餘丈。上有三峰，重疊如樓。

六毫山，去城東北五十里。通羅定州界，猺人所居。

大間山，去城西北二十里，高千丈。在信宜、茂名界。中有石室、石牀、丹竈、巨人迹。世傳有二叟，偉服綸巾，出化於此。

雷公嶺，去城東北一百四十里，高二百餘丈，雷鳴則澗響應。

硃砂嶺，去城東北一百里，高三百餘丈。上有三峰，石多赤色，古名胭脂山。

馬鞍山，又名營屯山，去城東北五十里，高三十餘丈。上有兩峰，高聳如鞍。

皓鸞山。

西峒。

二台山，在城東五十里，高二百餘丈。三峰鼎峙，諸山朝拱，上有高士李期然墓。

窖杯嶺，在函口所，高數百丈。上有茶亭，下臨函谷要關，自小窖杯至大窖杯，紆迴十里。

大帽山，在信豐都，高數百丈，其上平坦，約三十丈。中有池，世傳爲仙人塘。又有大小風門，時時有風從門中出。

石鷹山，在信豐都，霧罩則雨，開則止。上有仙人坪，右有巖，中生石花三朵。自下視之，白如銀，謂之『仙人杯』。對河有石峒，龍龕一孔，直透至河。昔有捉石燕者，曾於石孔下聞水聲，世傳龍藏於此。

石根山，在感化都，界於岑溪，山石尖秀似筆。

貴子嶺，在函口所，高一百餘丈。

平民山，在從善都，山上有石龍屋，可坐十數人。中有小河，水左通平民，右通茶山。

黄蜂石，在佛水尾，中多蜂蜜，至暑，蜜糖在石孔流出，故名。

雲黑嶺，在木滂甲，與虎跳相對，高百餘丈，上有陳太保馬路。若遇陰雨，聞炮响與鼓樂，是年必豐。

白馬山，在從善都，高二百六十丈。相傳有白馬隱見其上，鄉人以爲神，遂立白馬廟于錢排。石崖中產七根毛茶，相連有獅子山，上產黃蓮。

雲罩山，在從善都，山巔石崖似龍，產龍鬚草，謂之龍鬚頂。

大水嶺，在定康都，自掘垌逕前去，不甚高，自合水仰望，高接天。嶺上有泉，出水大若河，故名。

白鷄嶺，在感化都，明季有白鷄出鳴嶺上，故名。山寇張如龍、陳明泮、文思賢、謝上陞、劉庚龍等聚猺黨於落龍十里山，築圍刼掠。康熙二十二年，陳龍啓被害，其子陳經策請師平之，今遺址尚存。

東川，自感化流繞城南，合西水入竇江。

西川，自譚峨[一]流至城南，合東水。

竇江，合東西二水會城南，曰竇江。水口巨石屹立，鎖東西二水，曰三丫水。又旁有石，曰羅竇洞，亦在水中。石筍聳起，形如小舸，又名小瀛洲。竇江水流至茂名合鑑江。

麗水。

譚峨水。

特亮水。

[一]「峨」，原誤作「莪」，據道光《志》改。下同。

温泉，一在譚峨，一在城南。

古塘洲。

雙床水，即羅定州瀧水，源出本縣四都。大小雲罩諸山，流至州，繞州城北，由南江口入西江。

喜泉井，在懷鄉司城内。舊載有碑，闕數行。

龍灣，在信豐扶龍。灣上浮一圓墩，水深十餘丈。世傳穀價低則浮，昂則沉，屢屢是如云。

穿筒水，又名禹門水，在信豐扶龍。巨石横江，中一大孔，冬日水自孔流，石上無水，孔下有鏡面石，水又由底下流，故名穿筒。孔中多鯉魚，故名禹門。

沛雨潭，信豐貴子一甲。遇旱，藥魚，雨輒應。

石人江，在信豐都。時旱，藥河即雨。石壁灘高，流至渡船頭，合懷鄉水，經新墟，通舟楫，至廣西繫龍洲，達省城。此水總名黄華江。

雲哲水，在貴子三甲。水中有石屋，高一百丈，叠三層。中有窗户，透日光。

冷水，在定康都。發源大水嶺，至羅定大平，合雙牀水，通舟楫，由羅定江口會大江。

吐珠江，源發大帽山，上有吐珠寺。水中石檻層叠而下，瀑布可觀。又有銅鐘灣，水底有石如鐘。

魚梁灣，在懷鄉墟。背石檻，横江流，聲如鑼。

老虎跳，在羅馬。四水交匯，而石壁狹穿，虎可跳越，故名。

馬登澗，在扶龍。發源舊嵓鐵尺山，上有深陂埇，瀑布飛泉百道，約流二里。

石印水，在林垌。石底過水，石上有寺觀。

鹹水湖，一在扶龍，一在白龍。四時出鹹水，牛至必飲。

熱水湖，在白龍。四時温泉涌出，至冬尤温。

獅子水，在牛飲。水中有石如獅，獅上有石如鎖，名『金鎖』。水東西有兩石孔，名『東西倉』，相傳東倉沙滿，則廣東豐，西倉沙滿，則廣西豐。崖上有仙人橋，有石穴，至冬衆猴咸聚此。

寶山，在城西南隅。城垣跨其巔，州堂面之。舊有覽勝亭，今圮。

千秋山，去城東二里，高三十餘丈。今名東山。

東勝嶺，去城東二里，高二十餘丈。與帽子嶺相對，而兹山尤佳，故名。

登高嶺，去城東二里，高二十餘丈。有亭。

潘照嶺，去城西五里，高二十餘丈。

豸山，去城西四十里，一名謝獲，山高百餘丈，形如豸，故名。

帽子嶺，去城西十里，高二十餘丈。

馬瀑嶺，去城西一百二十里，有瀑從石噴出。

石牛嶺，去城西半里，高十丈。下有宋學士范祖禹墓。又西半里爲三水坡。

香積山，去城西二十里。

琉璃山，去城西四十里，高十五丈。上有庵，出名茶。

謝畔山，去城西五十里，高一百餘丈。綿亘接廣西陸川界。

石龍山，去城南三十里，高五百餘丈。

多穀嶺，去城南五里，高十丈。四畔皆田，登山環望，秋成多穀，故名。

那陽山。

鶯歌嶺，去城南二十里。

略嶺，去城南十五里。一名樂嶺，高二十餘丈。

銅岡嶺，去城北十里，高二十餘丈。

金蓋嶺，去城北五里。

冷水山，去城北五十里，高一百丈。山下有水常冷，路通西粤。

麗山，去城北三十里，高六十丈。山色秀麗，爲州之鎮，今〔一〕名尖岡。

浮梁山，去城西北十里。一名扶梁山，其形仿佛盧〔二〕山，屏風九叠，脊路如橋梁，浮半天中。

石城山，去城西北五十里。一名鼓城山，後峻前舒，登巔遠望，四山羅繞如城，故名。

龍王山，去城東北八十里。相傳羅辯騎白牛，化龍於高峰天池，隔水即化龍縣。有二十三峰，極峻

〔一〕「今」，原誤作「金」，據道光《志》改。

〔二〕「盧」，原誤作「盧」，據道光《志》改。

險，高插霄漢。西南惟一徑可登，昔人避兵之處，又名來安山。

烟霞洞，在龍王山之東。多巨石，有巖焉。下臨深澗，有浮板水面，入數百步至巖下，有試劍石，裂爲三。有將軍石，一大一小。

響泉峰，去城西北八十里。

官山，去城北六十里。山勢高聳，諸山環拱若揖。

鹿踏山〔一〕，去城西北九十里，高五十丈。

石碓〔二〕山，去城西北九十里，高十丈。上有石如碓者五六，相傳羅辯煉丹遺迹也。

龍母山，去城外東隅，一名南山。

石龜山，去城西南二十里，高八丈。

蟠鼊石，去城南十里羅口山池中，高十丈。形如鼊，故名。

畬禾嶺，去城西北一百五十里。猺人耕種於上。

南關嶺，在城外西南隅。係平岡舊城跨其上。

黄姜嶺，去城西南四十里，高十餘丈。又二十里爲塘壢嶺。

〔一〕『山』，原誤作『水』，據道光《志》改。

〔二〕『碓』，原誤作『堆』，據道光《志》改。下同。

鷄籠山，去城西北一百六十里，高一百餘丈。接廣西陸川界。

大石山，去城西二十五里，高十丈。

陵水，出廣西北流縣扶來山，即浮來水。合羅水至州城東，北入羅江。

羅江，即茂名水。自鑑江流至州城，會羅陵二水，合流爲羅江。南流十餘里爲平原江，至吴川入海。江中有洲，名驪珠臺，俗傳州爲龍而此其珠也。

鳳井，在城南一里。

高源水，源出北流縣，流合陵水。

皁陽水。

曬禾灘。

蕭坡小水。

楊梅浪。

平源江。

立石，州西北一里。江中突起，高二丈。夏水漲，尤覺露數尺。

横石，州西北十餘里。條石自西度東，横江而過。

五級灘，自温湯而上四十里。有鈎灘、篦灘、瀟灘、緱灘、望灘之奇險。

温湯，古温州，與温泉俱屬秦郡地。湯泉一泓，較温泉更熱。去州城一百三十里，羅水出焉。

龍泓，東十里，路旁有泉，孔約尺許闊，四時滚涌不竭。

平樂水，源出畬禾[一]嶺。東南流，合陵羅二水。

羅水，源出廣西北流縣峨石山下。流至州北，與陵水合。

吴川縣

文翁嶺，去城東三里，高三十丈。昔有文先生煉丹於此，故名。

水辰山，去城東五里。

雙嶺，去城東二里，高二十五丈。與文翁山並峙。又南爲白象山，高十五丈。

麗山，去城西四十里，高三十餘丈。

近信[二]山，去城西三十里。相傳有仙棋客游此。上有温庭閣。

高山，去城西二十五里，高二十餘丈。

特思山，去城西五十里，高百餘丈，一名文筆峰。

馬鞍山，去城南八十餘里。海中突起二峰，形如馬鞍，故名。

學案山，去城南一里。係平江小阜。

[一]『禾』，原誤作『千』，據道光《志》改。

[二]『信』，原誤作『義』，據道光《志》改。

飛雪山，在城南海中，高數十丈。下有沙，爲麻煉沙。

特呈山，去城西南十餘里。

蓬高山，在城内之北。小阜，高二丈。

南巢山，去城西北四十里，高二十餘丈。

三台山，去城西南五十里，高二十餘丈。三峰連峙，望之如寶蓋三台。

吴水，去城西一里。上接化州平源江，納羅江及鑑江、竇江、電白三橋河諸水流至縣，名吴水。繞縣南，至限門入海。

平城江，去城西三十里。來自化州，經林公渡入海。

零洞水。

龍母井，去城北二里。遇旱禱雨於此。

洞雷水，去城東五里。無水源，隨潮而下。

博掉水，又名東岸水，去城西四十里。發源麗山，下經限門入海。

限門港，去城南二十里。納竇江、鑑江、羅江諸水入於海。兩岸砂磧堅鋭逾〔一〕鐵，水道曲折而入，舟極難行，洵爲天塹。

〔一〕『逾』，原誤作『途』，據道光《志》改。

新場海，去城南四十里。

石門海，去城西南八十里。即石城縣石門，入海之水到此爲海濱大港，水闊二十餘里。

芷苧沙，在城西南十里。又西南爲南二都地方，東南爲南三都地方。

麻練沙，在城南十五里。

硇[一]州，去城南一百四十里大海之中。一島可居數千家，即舊翔龍縣，宋帝昺即位於此。舊有翔龍書院，久廢。

石城縣

三台山，在城中縣治後。三峰高九丈，北城跨其上。東連城外白霧嶺，高九丈；西連城外迴龍嶺，高八丈。五峰連絡如屏，爲縣之主山也。

紅頭嶺，去城西五里，高八十丈。

硃砂嶺，去城東半里，東十里爲白藤山。

那良山。

崎嶺，去城西一里，高十五丈。稍北有仙人竈石，相傳仙人煉丹處。

東勝山，去城西二十里，高五十餘丈。

〔一〕『硇』，原誤作『礀』，據道光《志》改。

音鋪山，去城南六里，高十餘丈。

謝鞋〔一〕山，去城南十里，高十餘丈。又東南四十里爲鷄山。

峽山，去城南七里，高二十餘丈。

望恩山，去城南十里，今名和尚嶺，高三十餘丈。

石門，去城南五十里。盤旋如城，中有一門，潮上，可通舟楫。

謝建山，去城北五里，高一百餘丈。層巒叠巘，烟晴萬狀。

萬峰山，去城北十里，高百餘丈。又名石城岡。

石屋山，去城北四十里，高二百餘丈。又東爲謝善山。

三峰山，去城北十二里，高三十餘丈。

石籬山，去城北四十里，高百餘丈，通博白地。其山三面峻壁，一面稍平，石形如籬。

牛槐嶺，去城東北四十里，高十餘丈。

文鳳嶺，去城西北六十里，高二百餘丈。

天堂山，去城東北一百二十里，高百餘丈。有水泉不涸，元末，民避難於此。

仙人嶂，去城北五十里，高二十餘丈。

〔一〕『鞋』，原誤作『鞋』，據道光《志》改。

那樓山，去城北三十里，高百餘丈。

丹兜洞，去城北八十里，今名仙人洞。

尖山，去城西北五十里，高百丈，最尖秀。

横山，去城西稍南六十里，高二百餘丈。

石洞山，去城東北八十里，高三十餘丈。

深田山，去城西北八十里，高二百餘丈。連綿百餘里，古木參天，千峰萬壑，人迹罕到。又西十里爲長臂山。

横石山，去城東北九十里，高二十餘丈。

六吉山，去城東一百一十里，高二十餘丈。

九洲江，去城北二十里。諸水皆匯於此，入西海。冬淺，沙渚露出有九。

温湯泉，去城北五十里，夏温冬熱。

東橋江，源出謝獲山，經遂溪，合石門入海。

南廉水，去城東四十里。

渡子江，今名沙鏟河，去城東十五里。源出廣西博白縣，南流合賀江、九洲江，入西海。

凌禄港，去城西百里。

佛子港，去城南十五里。

官寨港，去城南百里。

急水港。

合江，源出廣西陸川縣南，流合九洲江，入西海。

羅江，一名清溶水，又名幹流。出白藤山，西流繞縣城至九洲江，入西海。

賀江，源出尖山。南流，合九洲江，入西海。

龍灣，去城西三十里。相傳有二龍起於此。

清湖，去城東北三十里。通南廉江，周圍三里。

兩家灘，去城南五十里。源出遂溪縣，東流合東橋、南橋水，入東海。

東海，去城東南六十里。

西海，去城西南一百二十里。

高州府茂名縣八景

鑑江秋月、茂嶺晴嵐、石船苔蘚、筆架青峰、潘坡丹竈、觀山玉井、東山樵唱、雙渚漁歌。

電白縣八景

莊山碧障、蓮嶺青屏、龍潭映日、馬踏生風、石龜伏壑、放鷄回瀾、溫泉春浴、鹹水晴魚。

信宜縣八景

鳳岡春曉、龍窖晴烟、溫泉噴玉、龍瀑飛珠、趙山聳翠、馬嶺超驤、高源雲澗、石洞仙踪。

化州八景

寶山積翠、鑑水飛帆、立石中流、千秋夜月、登高野色、驪珠波光、龍岡盤石、鳳井名泉。

吴川八景

延華弄月、一覽凭高、極浦漁歸、麗山樵唱、文翁聳翠、通駟垂虹、限門飛雪、東海朝陽。

石城縣八景

石城環繞、崎嶺重關、謝建烟晴、望恩雨露、雙溪拖練、三合温泉、文峰聳翠、石屋堆瓊。

都市

茂名縣

都

地安、懷德、朗韶，俱鄉。

延一、延二、延三、延四、延五，俱延銘。

上一、上一二、上二、上三、上四，俱上博。

中一、中四、中四二、中五、中六，俱中博。

隆四、隆五，俱隆順。

銘一、銘三，俱銘信。

遵一、遵三、遵四，俱遵臺。

坊内、厢外，俱附城。

隆恩、隆德、隆盛、隆興、乾慶、太平、永寧、寧豐。

墟

梅菉、公館、沙坡、南盛、安樂、雲爐、石鼓、石彈、頓梭、沙尾、梖子、桃垌、崩塘、東岸、謝鷄、黄塘、大屯、灘頭、牛頭、石村、迷花、南山、大井、里麻、雲曇、松木、石碑、三乂、江口、祥岐、平棉、黄嶺、雲界、石骨、曹江、新墟。

電白縣

都

神電圖、鹽司上下里、下博一都、二都、三都、四都、五都、上保寧一圖、下保寧圖、二圖、三圖、四圖、五圖。

墟

南街、北街、十字街、晚市、莊垌、烏石、麻岡、赤嶺、大衙、蛋埸、水東、沙院、羊角、立石、觀珠、槿子、雲潭、沙塱、東嶺、佛子、籬竹、石龜、大平、大圖。

信宜縣

都

方郭、一都、三都、四都、五都、順鄉、懷鄉、感化，以上舊圖。

信豐、從善、定康、感化，以上新圖。

墟

東門新墟、鎮隆、大通、合水、潭濮、陳錦、河口、大村坡、永安、北界、興隆、偶然、安鵝、白石、貴子、函口。

化州

都

興賢坊、永平廂一都、二都、申一一都、申一二都、申一三都、申二一都、申二二都、申二三都、申三一都、申三二都、申三三都、申四都、申五都、申六都、吉一一都、吉一二都、吉一三都、吉三一都、吉三二都、吉三三都、進一都、進二都、博一都、博二都、進三都、建都。

墟

麗珠、濱江、黄江、黄村、七白、新安、漊許、平田、石坂、長岐、黄竹、中岡、尖岡、含牛、共話、白牛、婆陽、堡墟、官埠、調馬、平定、官橋。

吴川

都

南隅坊、北一都、北二、北三、北四、北五、北六、北七、上北八、下北八、北九、北十、北十一、南一都、南二、南三、南四、東隅都。

墟

南門、水街、白沙、玎璫、苧隴、乾塘、大園、山墟、川窖、黄坡、塘埪、蓼窄。

石城縣

都

縣坊、豐一都、豐二、豐三上、豐三下，俱永安鄉。

成四都、成七，俱永泰鄉。

純八都、純十，俱永平鄉。

寧十一都、寧十三，俱永寧鄉。

墟

四牌樓、東門、西門、南門、急水、江頭、合江、山口、横山、南橋、梁家灘、息安、五營、新墟、青平、花石、龜子、清水、龍灣石嶺、南新墟、良工、長山、三合、新村。

水利

茂名縣

堤 障水曰堤。

吴山、賣冠、上澗、地安、延銘、懷德、朗韶、隆順。

陂 畜水曰陂。

山河、賣冠、山澗水、地安、延銘、懷德、朗韶、隆順。

塘 注水曰塘。

長界、南蕪、獨樹、新田、蓮子、荔枝、烏魚、潭浮、蓮塘、平山、關塘、七里村、黎塘、張界外村、撻石、虚塘、梁粘、大坑、丁坑、彭塘下屋〔一〕、龍井、甘塘、山徑、屋面、菖蒲、簕菜、屋下。

電白縣

堤

丫髻。

〔一〕『彭塘下屋』，道光《志》作『彭塘　下屋』。

陂

九户、新坡、大坡、木帘、徐倫、通江、大洋。

塘

南山、中心、丹竹根、車田、甘村、驛塘、羅浮、清塘、丫髻、烏埿、潭坂、赤埿山口、鯉魚。

壩 閑水曰壩。

鹹水場、麻岡、大垻、木棢、那臺、渥足、車頭、五村、黄彊、水頭、東山、温水、木蘇、黄桐、石馬、大垌、唐村、山口、東埇、忠心、長湖、朝烏徑。

信宜縣

陂

聖峒、六場、陰沉、水榕、梧桐、六堰、張横、岑握、潘峒、兩雙。

塘

冷水、羅黄、大蓬、倒流、都窮、浪波、龍窖、粟水踏路、鷄抱塘。

化州

陂

長寧、陳村、石寧、油竹高嶺、盈河、新塘、平源、赤沙。

塘

學前、州後、賀村、職田、謝邏、平田、東岸、謝流、唐賴、津不棍、茅山、大浪、那長、陳東、山心、木威、狂肚、吴川廟背、彭公竹子。

吴川縣

陂

新村、窑頭、三百、溝三、深塘、吴屋、毛師塘、廟底、神塘、羅山村、那葛、古村、楊梅、歸尋、塘禄、楊架、黄屋、窑頭、多倫、白水、吴家。

石城縣

陂

牛頭、那送、板橋、長奇、黄鏊、梓木、長鞍、花石、瓦竈、楓木、榕木、周家、焊桐、那蓬、沙湖燕尾、慕院、高倉堌心。

塘

白甕、渡頭、長坡、山猪湖、黄泥灣、溢湖、龍村峒、横石峒、木院、火甲、籬根、白水、六格洞、凌村、水江渠、大灣、鶴塘、歐家洋、白泥垌、瓦塘、澄草、白塘、平坡、渡子江、牛角、蘆荻、文峰。

閘 隔水曰閘。

橋頭、老鴉山、鯉魚灣。

津梁

茂名縣

津

上鑑江，一里。

平山，二里。

仙槎，東北二十里。

白村，北十三里。

横石，東一十里。

南界，北七十里。

蓮塘，二十里。

馬卵，四十里。

合水，八十里。

塘北，一百二十里。

泰村。

林村。

清河。

下鑑江，城外。

梁

太平，關外。

南橋，郡南二里即太平通津故址，向構木梁，潦發病涉。崇禎五年，舉人卓錫、蔣國紳等倡，首甃以石；雍正八年，知府張兆鳳、知縣虞金銘捐俸重修。

甘竹，四十里。

龍塘，六十里。

秀村，九里。

雅德，二里。

皂黎，五十里。

流漩，十里。

仙覺，二十里。

霖水，五十里。

第二橋，五十里。

電白縣

津

協從，十里。

五藍，陽江縣界。

三橋，七十里。

五村，北三十里。

豸頭，六十里。

石塌，七十里。

那和，八十里。

赤水。

梁

迎恩。

東橋。

莊峒，八里。

下藍，二十里。

南橋。

北橋。

造吉，學古。

興賢。

大鞏，南街。

田坑，西街。

永寧，西小街。

飛鯉，新河上。

西橋，城外。

榕樹，十五里。

水窄，二十五里。

那下，七十里。

熱水，三十里。

黄竹，七十五里。

羅浮，九十里。

龍珠，九十五里。

白石，城西三十里。

永橋。

鹹水。

雙木石。

起鳳。

信宜縣

津

教場，茂名界。

大水坡。

平坡。

大坡。

牛下。

黄沙。

羅山。

梁

八栗，二里。

石頭，十五里。

栗水，二十五里。
大坡水。
馬流垌。
相思墟。
三踏徑。
寨面，六十里。
羅登，西北十里。
崩塘。
廟橋。
西橋。
南界。

化州

津

羅江，關外。
北津，一里。
南津，三里。

北青，十五里。

廿村，北四十里。

塘旺，北一里。

梁

柳公，州治前。

水口。

朝陽，州東。

龍文，州治西。

迎薰，小城内。

馬埒，三里。廂民黄肅修。

水竇，四里。

潦口，一十五里。廂民黄思謙修。

和尚，十里。

千秋，東二里。

大德，東八里。

裳陰，十里。

菉竹，四十里。
豸山，西四十里。

吴川縣

津

川滘，十里。
南巢，四十里。
白沙，二里。
調高，四十里。
麻練，六十里。
硇洲，九十里。
烏坭，十五里。
頓當，十里。
新場，四十里。
林公渡，四十里。
廣州灣。

梁

延華，縣前。

霆飛，西二里。

唐禄，十里。

官橋，二十里。

淺水，二十五里。

那疊，六十里。

通駟，北四十里。

蘆花，北二十里。

躍龍，在芷苧。

平定，西三十里。

石城縣

津

白石，二十里。

花石，三十里。

合江，三十里。

渡子，五十里。
賀江，六十里。
凌禄，一百五十里。
江頭，北三十里。
急水，北一百里。

梁

通駟，一里。
西園，二里。
那蔓，九十里。
高橋，一百二十里。
大橋，五里。
新石，東南三里。
清水，一十五里。
文昌橋，知縣倪〔一〕夢騮捐俸造，上有亭榭、碑記。

〔一〕『倪』，道光《志》作『倪』。下同。

鎮龍橋，知縣倪夢騮改築西路，移有通駟橋而更新之。

絶江。

駐馬。

郵遞

茂名縣

縣前、臨高、里麻、雙花、中伙、皂隸，電白界。

烏泥、石鼓、甘竹中伙、那射，化州界。

吉水、野橋、横山、冷水、仙覺、狂邏、石巷、欖水、白鋪，信宜界。

榕樹、蓮塘、山涤、楊梅、以上四鋪今廢。

古潘、赤坭。

電白縣

東門、五藍、夏藍、莊垌、烏石、東郊、熱水、龍門、烏坭、白馬、苦藤、覯珠、譚乍、三橋、槌子、新安、鎮平、羊角、那容、黄竹、興樂、羅浮、紅花、白石、那蓬、水東、觔竹、懷鄉、王村、山厚、那桴、蓮頭、白蕉、博賀、謝村、南海。

信宜縣

縣前、横茶、羅馬、西垌、大通、都營、潭濮、彭村、中道、石馬。

化州

州前、大橋、湯水、分界、短水、龐村、馬鞍、石寧、南安、都和、棠陰、龍山、菉竹、中伙、新安、豸山。

吳川縣

縣前、川滘、塘郊、樟木、南巢、羅山、頓當、塘欖、扶林、調高。

石城縣

那良、白藤、分界、老鴉、青陰、龍村、下山、樟村、那賀、沙劙、堡下、青平、金化、高橋、晒穀嶺、高峰、江頭、楊村。

塋墓

茂名縣

趙王墓，王嶺山。宋有趙王卒葬於此。

誠敬夫人冼氏墓，在縣境。或云在高凉嶺，或云在電白縣北山兜村娘娘廟後，迄無定所，今並存之，以俟有識之君子云。

越國公馮盎墓，在懷德鄉東五十里。有碑，鐫『馮府君之墓』。

翰林院簡討李冠禄墓，官坑山。

贈君李可宗墓，横岡山。

參議梁週墓，小梁村，以掾吏異才歷是官。

吏科都諫李學曾墓，赤嶺。

憲副李一迪墓，横岡後嶺。

司務馮名望墓，謝村。

節婦歐太宜人墓，在梅菉。

國子監學正梁雍郎墓，在板橋山。

電白縣

宋承務郎楊延裕墓，保寧鄉。

廉訪吏楊應宸墓，保寧鄉。

明山東道御史黄子平墓，保寧鄉。

知府嚴霜墓，下博鄉。

進士崔浩墓，下博鄉。

賜葬都指揮張演墓，馬場洞山。

敕贈昭勇將軍范旻墓，莊山。

知州黎磐墓，麻洋山。

參將董廷玉烈婦某氏合葬墓，蛟潭山。

主事吴思齊墓，題字嶺。

知縣張文耀墓，安樂山。

烈婦李氏墓，西山。

教授張濬墓，榕樹山。

知縣任紀墓，白石凹山。

知縣黄廷圭墓，東莊垌。

參軍董正墓，雙木山。

指揮李讓墓，東莊山。

參軍董氏墓，西熱岡。

指揮李儲芳墓，東教場。

參議吴守貞墓，牛眠山。

參將范德榮墓，牛眠山。

吏部郎中黎日昇墓。

大名縣知縣黎式儀墓，平斜山。

信宜縣

徐氏墓，鳳皇嶺。閩人林芝〔一〕妻也，隨芝司訓信陽。卒葬此山。氏子廷玉尚幼，後登進士，提學廣東，祭墓，有詩。

副使梁成墓，高山村。

御史陳佐墓，獅子岡。

署正周瑜墓，歐村。

知縣李京墓，歐村。

高士李期然墓，三台山。御史李星巖表其阡曰『高士墓』。

州同張文資墓，南臻山。

户部主事李麟祥墓，上坡山。

訓導李乾德墓，麓村垌。邑令傅鑒表其阡。

烈婦韋氏墓，在西崗。與夫生員王永衡合葬。

化州

宋學士范祖禹墓，城南二里石牛嶺。墓傍有祠，明永樂中建。

〔一〕『芝』，原誤作『芳』，據道光《志》及下文改。

明義士楊暢、陳時墓，南關外養濟院左偏。

黎内使墓，黄姜山。

陳布政父陳禧墓，科白山。

吴川縣

唐羅州刺史馮士翽墓，特恩山。妻吴川郡夫人合葬。

宋知高州府黄朝奉墓，北五都。

宋進士光禄寺卿吴頤墓，城東。

明進士山西道御史鄭鎔墓，南一都。

明進士蘇州府同知林廷瓛墓，西山蔴皮嶺。

明進士户部主事蕭惟昌墓，北二都〔一〕。

明進士兩淮運使吴鼎泰墓，石埠塘草。

烈女林玉愛墓，城北。

石城縣

廣州總管羅郭佐墓。

〔一〕「都」，原誤作「郡」，據道光《志》改。

編修楊欽墓。

中書高魁墓。

户部員外黎正墓。

古迹

高州府茂名縣

潘州故址，唐初置南巖州，治南巴縣。貞觀中改潘州，徙治茂名。宋開寶中廢，入茂名。

南巴縣故址，在縣治北。入茂名縣。

潘水縣故址，在縣南一百里博鋪鄉塘。并入茂名縣。

良德縣故址，在縣治北七十里懷德鄉。

舊電白縣城，在縣治東北四十餘里。明成化四年，遷於神電衛。

小瀛洲，在南宫嶺下。

龍井，舊府治内。

小函谷關，在北關外諸出峒北道。知府吴國倫建。

小函谷亭，城北三里。明知府俞嘉言建。

上宫灣石壁，在北關外，小函谷關右。吴川樓太守題詩石上。

石船，在東門外，丹竈前。

丹竈，在石船後，潘茂名煉丹處也。今覆以亭，名爲『潘坡丹竈』，八景之一。

龍窩，去城五十里。

高力士宅，在縣治西。

馮家村，在電白堡。

潘仙亭，在郡城外東門百步許，晋潘茂名煉丹於此，故建。

靖遠亭，在府北一里許，明僉事陶魯建。

海國遐觀亭，在太平橋南宫嶺巔，下瞰鑑江。明知府鄭綱建，後知府歐陽烈於亭前建小醉亭。

溪山清趣亭，在鑑江之滸。知府孔鏞建。

會心亭，在鑑江西岸觀山寺前。知府陳嘉表創建，今改爲曠怡亭。

甘雨亭，在城南一里。郡人爲知府張邦伊建。

五里亭，明隆慶壬申，知府吴國倫統兵抵里蔴等處平倭寇，保全三城，爲立碑於此。

十里亭，城南。

日新亭，在熱水鋪。

釣魚臺，在府城東北二里。

寶光塔，在西岸發祥寺側。邑人李鎧建，鄧檢討記。

觀善閣，在城西北隅。明正統間毀於寇。成化間，潘春、林瓊修。正德間，邑人李健重修，王納言記。

電白縣

觀海樓，在城南上當道，望洋登之。

信宜縣

翔鳳臺，在城外。

竇州故址，城南二里，廢。

譚峨縣故址，城西二十里，廢。

懷德縣故址，城化鄉，廢，入信宜。

特亮縣故址，特縣鄉，廢，入信宜。

小瀛洲，城南，江中。謫官程文德有記。

化州

陵羅縣故址，在陵羅鄉，廢，入州。

羅辯縣故址，羅水旁。

龍化縣故址，羅水旁。

石龍，州治後有石潛江中，謂之龍尾；州庭左偏有石微露，謂之龍首。州人神之，圍以欄杆，不敢褻。有時鳴吼，或於其處，或於空中。聲類鵝而大。景泰七年，鳴三日，州同楊景生子一清於公署，後爲宰相。是年，李澈亦中式。

陵水亭，在州治内。

羅川亭。

觀蘭亭，城外半里，廢。

歸鴻亭。

登高亭。

亞沂亭。

清水樓，州治。

平準亭，南門外。

驪珠臺，州治東南，江心。高數十丈，形如珠，因龍母，故名。

天南酒樓，名士陳鑑讀書處。

吴川縣

極浦亭，城南河畔。邑人李凌雲建。宋相陳宜中過此，有詩。

雙峰塔，限門内。

石塔，硇洲〔一〕。

一覽亭，明倫堂後。

文明亭，縣前。

凝道亭。

石城縣

知稼亭，縣北僉事。

啓春亭，在城東〔二〕一里，明知縣鄭伯正建，以迎春。

平倭亭，東門，城内。明分守道李才臨縣平倭建。

遺愛亭，縣門左。爲明知縣謝璿建。

風俗

「九疑、蒼梧以南至儋耳者，與江南大同俗。」《史記》

〔一〕「硇洲」，原誤作「硇州」，據光緒《志》改。

〔二〕「東」，原無，據道光《志》補。

『楊越之地少陰多陽，其人疏理，鳥獸希毛，其性耐暑。』《前漢書》

『宅土熇暑，封疆瘴癘。』左思《吴都賦》

『冬寒不嚴地恒泄。』韓愈詩

『嶺南氣候不常，菊花開時即重陽，凉天佳月即中秋，不須以日月爲斷也。』又云：『四時皆是夏，一雨便成秋。』又云：『嶺南萬户皆春色。』蘇軾詩

『人物粤産，古不多見，見必奇傑。』楊萬里《二公祠記》

『海濱遐陬，冠、婚、喪、祭，悉遵典禮，藹然無異於中州。』《明統志》

『瘴烟大豁，險隘盡平，山川踈暢，中州清淑之氣，數道相通。』《通志》

『三日一墟人不斷，雙流繞郭海相通。』吕沈《化州清風堂詩》

『高凉俗猶近，古風亦漸開。』姚繼舜《學記》

『高凉靈氣英英，襲人眉睫間。自昔科第蟬聯，上者躋木天，排鎖闥，典銓曹，陟孤卿，次不失爲藩臬郎牧，冠蓋烏奕相望。』黄儒炳《學記》

『高凉僻在庾嶺之西，濱海依山，與西廣接壤。天順間，西寇犯境，士喪其業，農失其耕，民力疲竭。』孔鏞《城隍廟記》

『吴川錯大海而縣，爲五嶺咽喉。』李元暢《演武亭記》

『高在粤東，稍稱僻遠，鮮嗜學。今士衿皆含精茹粹，如懸黎結緣。』姚岳祥《吴川樓記》

『嶺西諸郡邑，第一稱高凉。人文蔚然起，餘者難絜〔一〕量。』錢以塏《筆山書院詩》

『海濱學者，翕然以正誼明道爲心。』王安國《古堂遺傳》

『高凉山水鍾靈，名賢世出，髮髮乎海濱有鄒魯風。』張兆鳳《書院記》

歲時，迎春日，競看土牛，奪牛腹中稻草，云『養豕肥』。

元日，禮神賀節，不殺牲，不市。有素食者，其農民或以二日、三日禮神，謂之『燒紙』。

上元觀燈，或作百戲。十六夜，婦女走百病，擷取園中生菜，曰『採青』。取葱以食小兒，曰『聰明』。

二月，祭社，分肉入社後，田功畢作。自十二月至於是月，鄉人儺，沿門逐鬼，唱土歌，謂之『年例』。

十五日花朝至三月上巳，祓禊。

清明，插柳於門。其前十日後十日掃墓、郊行，謂之『踏青』，亦曰『剷草』，俗曰『掛紙』，以楮置墳上也。《嶺南雜記》云：『宗孫盛者，堆如積雪。』

四月八日，浮屠浴佛節。

五月朔日，試解粽，初擘荔。五日，祀祖先、飲蒲酒、饟角黍、鏤艾虎、書朱符，以紗縫硫黄，爲

〔一〕『絜』，道光《志》作『結』。

兒女佩。採蓮、競渡，俗曰『扒龍船』。七月七日，曝衣書。家汲井華水貯之，以備酒漿，曰『聖水』。小兒女亦以花果作供乞巧。十四日，浮屠盂蘭盆會。剪紙爲衣，以祀其先。

八月望夜賞月，尚剥芋擘柚，小兒積片瓦爲小塔焚之，沃以膏。重陽，有祭墓者，亦曰『登高』，細民放風鳶。

自十月朔至於歲暮，有醮禳灾者，冬至作冬糍祀祖。

臘月念四爲小年夜，祀竈，用爆竹、餹丸。除夕祀祖，家人聚飲，曰『團年』，亦曰『圍爐』。有坐達旦者，曰『守歲』。以錢結小兒衣帶中，曰『壓歲』。易桃符，放爆竹。

冠婚喪祭

古冠禮中州少行，高凉縉紳之族猶採典禮，遵用三加，大抵臨娶始冠，具文而已。

婚之六禮，併而爲四，雖物儀式備，而必用檳榔。親迎，唯士大夫行之。娶必以二十前後爲率。細民下户間有童昏而少嫁者，長始合卺，俗謂之『鷄對』。又或以女庚帖委媒氏索宜配者，往往落奸人套中。

喪禮，昔有用樂如蘇軾所譏『鐘鼓不分哀樂事』者，諸屬暴富家或沿未變。近來士夫悉遵邱濬儀節矣。俗祭用七至四十九日而止，其子孫朝夕臨則百日，親戚誄奠，主人報禮。《元志》所謂『喪葬必盛餚饌以待送客』，是也。俗尚佛事，雖有識者，間不爲之，而俗不以爲是。

祭禮，舊四代神主設於正寢，今多立祠堂，置祭田。春秋二分及冬至廟祭，一遵朱子《家禮》。窮鄉僻壤，數家村落，亦有祖廳祀事，四時薦新。惟清明則設墓祭，間有行之重九者。

方言

古稱鴃舌者，爲『南蠻』『岐猺』諸種是也。若必充類言之，則吴、越無不是也。高凉自馮氏浮海北來，世捍南服，馳聲上國，風氣日開。南渡以後，中州士大夫僑居嶺表，占籍各郡，鄉音參合，言語隨方可辨而悉矣。高郡方言，大概與會城相仿，但音稍重而節略促。吴川較清婉而過於柔，石城則參以廉州，惟電白大異，與福建、潮州同，俗謂之『海話』。諸縣中，間有一二鄉落與嘉應語音類者，謂『我』爲『哎』，俗謂之『哎子』。其餘則彼此相通矣。謂『父』曰『爸』，曰『官』，亦曰『爹』；『母』曰『媽』，亦曰『娜』；姑之長於父者曰『婅奶』，姊亦曰『婅』，乳母則曰『䎬』，音拿上聲。謂子曰『仔』，凡物之小者亦曰『仔』，良家子曰『亞官仔』，無賴曰『爛仔』。子之少者曰『儂』，其最小者曰『細儂』，凡人之小者亦曰『細儂』。『儂』，吴語也，而不以自稱。至奴僕，亦曰『儂兒』，間有呼爲『賴』者，言其主所賴也。僕婦則曰『儂兒婆』，婢曰『妹兒』，謂平人謂『獠嶺』，北人曰『外江獠』，美人之貌曰『威』，言之過甚者曰『威迷』，游戲則曰『蕩』，蕩之無理者曰『浪蕩』，亦有曰『了』、曰『覽』者，各屬不同而無不可曉也。取物曰『邏』，相候曰『騰』、曰『就』。謂欺曰『洗』、曰『探贊』，以欺者曰『高帽笠』，乘不備以欺者曰『粧禽宿』、曰『粧背躬』。數物之束者，曰『一子』『二子』；事之屢見者，曰『一夥』『二夥』；狀物之盛者，曰『烘烘』。聲語之低者，曰『颯颯』；聲愧無言者，曰『凹凹』；聲行之疾者，曰『瀑瀑』；聲其他有意象聲音，而無字可肖者，類亦多矣。至於字之所異，而音之所同，於聲韻之學頗有礙焉。如『將』與『張』、『秦』與『陳』、『酒』與『走』、『狗』與『九』、『靡』與『匪』、『二』與『義』、『分』與『昏』、『昆』與『君』之類，不一而足。至有平仄相反者，士大夫不域方隅，無膠喉舌，庶幾鳴聲和盛，鼓吹休明，以爲鄉里導乎先路，豈不美哉。

物産

穀之屬

粘、糯、粳、秎、黍、粟、麥、豆、芝、稻。

木之屬

樟、桂、梓、鐵力、赤黎、土檀今無、黄桐、松、柏、楓、桄榔、獺尾、木綿、紅羅、槐、楠、柯、羅練、相思、水沙、石門、柳、橋、沙、苦練、土杉、白花、黄牙、桑、椿、槁、車、香、酸橡、紫荊。

果之屬

桃、梅、橄欖、荔枝、菱角、佛手柑、李、柿、栗、鍾桃、買麻、臙脂子、柚、柑、錐子、羊桃、菩提、馬牯棗、橙、橘、産化州者最異，皮爲橘紅，去痰聖藥。黏子、香橼、芭蕉、蘿旺子、藕、棗、甘樜、羊棗、烏棗、秋楓子、梨、柰、龍眼、蓮房、石榴、波蘿密、緬茄。種來自外國，惟西岸老樹，結子最佳。

瓜之屬

西瓜、金瓜、香瓜、黄瓜、冬瓜、水瓜、一名絲瓜。土瓜、苦瓜、匏瓜、甜瓜、葫蘆。

菜之屬

芥、芹、蕨、茼蒿、莙薘、莴渠、蘿蔔、莧、芋、葱、菠菱、芫荽、紫菜、芥籃、筍、茭、薯、鹿角、苦蕒、白菜、蒜、甕、茄、薑、韭、瑞蓮菜。出王嶺。

竹之屬

瑞竹、竻竹、楠竹、桃竹、蒲竹、刺竹、筋竹、單竹、石竹、班竹、胡竹、觀音竹、凹竹、甜竹、點竹、汎竹、麗竹、大頭竹。

藥之屬

益母、山藥、紫蘇、艸麻、蜂房、天南星、麥冬、陳皮、宿沙、益智、三蘈、香附子、桑皮、橘紅、丁黄、鬱金、荳蔻、車前子、石决、蒼耳、葛根、茴香、桑寄、高良薑、木鱉、枳實、皂角、茅根、薯良、穀精子、茱萸、牽牛、斑猫、山栀、白芨、何首烏、桐皮、半夏、薏苡、蓬术、天門冬。

花之屬

薔薇、茉莉、月季、素馨、木蘭、狀元紅、建蘭、鷄冠、海棠、鹿葱、满天星、夜合、木樨、山茶、紅花、白禪、剪春羅、蓮花、鷹爪、玉簪、鐵樹、指甲、百日紅、梅花、紫荆、木槿、鳳仙、含笑、芙蓉、滴滴金、牡丹、米碎、寶珠、金錢、萱化、七里香、菊花。

草之屬

蒲、艾、蘆、龍鬚、鳳尾、宜男、接骨、茅、藍、葦、牛筋、錢串、馬鞭、菖蒲、蘋、蓼、黃蜂、長命、斷腸草。一名胡蔓藥，能毒人。以生羊血灌之則愈，一云香油入糞，灌之可愈。

鳥之屬

雁、黃栗留、水鴨、青鷄、杜鵑、孔雀、今無。鶴、斑鳩、鵓鴿、鶺鴒、拖毬、鴟鴞、雀、鷓鴣、山鵬、山冠、鷯歌、啄木、鴨、鸛、鵜鴣、伯勞、鵁鶄、白面鷄、鷂、鶯、田鴣、白鷴、喜鵲、白頭翁、燕、鴉、畫眉、翡翠、鷺鷥、錦錢鷄、相思、鵝、鷄、雉鷄、鴛鴦、布穀。

獸之屬

牛、馬、鹿、麂、石羊、山猪、山馬、狗、虎、豹、狸、藤鼠、木狗、竹鼠、豺、茅鼠、猿、猴、猫、鼠、水獺、龍狗、猪、到掛狸、羊、熊。

鱗之屬

鯉、鯇、鯽、鱸、馬鮫、條花、鰽、鰂、赤斑、烏賊、海鯉、竹、鰊、鮑、鱅、唐虱、沙鉤、鮎、銀、堅、帶、七星、黃尾、刀、鰣、鰡、魴、骨邊、比目、臘、燕、鱆、鰻、鎖管、馬母、鰱、鰠、鱔、赤饑、羊尾。

介之屬

龜、鱉、沙螺、龍蝦、田螺、青蜞、鱟、鰄、石螺、螳螂、螃蟹、穿山甲、蠔、蜆、螃蜞。

蟲之屬

蟻、蝦蟇、牡厲、禾蟲、蠹魚、瓦路螺、蜂、龍虱、蚺蛇、螟蛉、海膽、南風螺。

貨之屬

茶、油、青麻、桐油、牛皮、狐狸皮、糖、麵、熊膽、麂皮、葛麻、蚺蛇膽、蜜、香、綿花、黄臘、虎皮、山馬皮。

卷之五

事紀志

志之體，雖有取於分門析類，而年經月緯，義有可推。前事不忘，後事師焉。高凉自馮氏世障嶺南，績著列史，自時厥後，世殊事異，中間多故矣。何以戡禍亂？何以撫凋殘？何以興教化？從流溯源，因端竟委，條理昭然，休徵叠應，豈不可以考得失、垂法戒哉？志事紀。

歷朝紀

東漢 桓帝建和元年，置高興郡。靈帝改爲高凉。

梁 武帝大同元年，乙卯，夏，六月，立高州于高凉郡，以孫冏爲高州刺史，高州之始。

簡文帝大寶元年，庚午，夏，五月，高州刺史李遷仕反，高凉太守馮寶妻冼氏襲擊，大破之。

《通鑑》：初，燕王馮宏奔高麗，使其族人馮業以三百人浮海奔宋，因留新會。自業至孫融，世爲羅州刺史，融子寶爲高凉太守。高凉冼氏有女，多籌略，善用兵，諸洞皆服其信義。融聘以爲寶婦。高州刺史李遷仕據太皐口，遣使召寶，寶欲往，冼氏止之曰：『刺史無故不應召太守，必欲詐君，與共反耳。願且無往，以觀其變。』數日，遷仕果反，遣主帥杜平虜〔一〕將兵入灨石，城魚梁，以逼南康。陳霸先使周文育擊之。冼氏謂寶曰：『平虜驍將也，今入灨石，與官軍相拒，勢未得還，遷仕在州，無能爲也。』襲擊，大破之，遷仕走保寧都。文育亦擊走平虜，據其城。冼氏見霸先於灨石，還謂寶曰：『陳都督非常人也，甚得衆心，必能平賊，君宜厚資之。』秋，七月，陳霸先遣杜僧明等擊李遷仕，擒之。

陳 宣帝大建元年，己卯，冬，十月，廣州刺史歐陽紇反，陽春太守馮僕以兵拒之。僕，寶之子也。紇舉兵誘僕同反，其母冼氏怒絶之。遂發兵拒境，帥百粵君長，迎章昭達，擒歐陽紇，送建康，誅之。廣州平。封馮僕爲信都侯，其母冼氏爲石龍郡太夫人。

《通鑑》：馮僕以其母功封信都侯，遷石龍郡太守，遣使持節册，命冼氏爲石龍郡太夫人，賜繡幰油絡駟馬安車一乘，給鼓吹一部。

〔一〕『虜』，原作『鹵』，據光緒《志》改，下同。

後主正明三月〔一〕己酉，春，正月，衡州刺史王勇襲廣州。高涼郡夫人冼氏以兵迎隋將韋洸入廣州，王勇降于隋。

隋 文帝開皇九年，己酉，春，平陳。省高興郡，置電白、石龍、吴川、海安四縣。巡撫嶺南侍郎裴矩會馮盎兵討俚帥王仲宣，平之。盎，僕之子也。以馮盎爲高州刺史，進封冼氏爲譙國夫人。《通鑑》：論平廣州功，拜馮盎爲高州刺史，追贈寶爲廣州總管譙國公，册冼氏爲譙國夫人。

煬帝大業十二年，丙子，秋，七月，高涼通首冼寶徹兵起嶺南，溪洞多應之。十三年丁丑，林士宏略地，至番禺，授冼寶徹官爵。

恭帝義寧二年，左武衛大將軍馮盎討冼寶徹，擒之。嶺表悉附。冼寶徹、高法澄等劫殺官吏，盎率兵破之。寶徹兄子智臣，複聚衆拒戰。盎進討，兵始合，釋胄大呼曰：『若等識我耶？』賊衆委戈，肉袒而拜，遂擒寶徹、智臣等，盡有番禺、蒼松、珠崖之地。

唐 高祖武德五年，秋，七月，馮盎降，以爲高州總管。《通鑑》：馮盎承李靖檄帥所部降，以其地爲高、羅、春、白、厓、儋、林、振八州，以盎爲高州總管，封耿國公。

太宗貞觀五年，辛卯，春，正月，馮盎入朝。

〔一〕『月』，當爲『年』之誤。

《通鑑》：時羅竇諸峒獠反，敕崟率所部二萬爲諸軍前鋒，獠皆走，因縱兵斬首千餘級，太宗美其功，厚加賞賚。

後梁　太祖乾化三年，癸酉，劉巖擊取高州，唐刺史劉昌魯死之。《五代史》：巖悉平諸寨，殺昌魯等，更置刺史。

宋　哲宗紹聖四年，丁丑，春，二月，貶蘇轍化州别駕，安置劉安世於高州。

元符元年，戊寅，秋，七月，編管范祖禹於化州。

孝宗隆興二年，甲申，春，三月，減高、雷二州罪囚夏、秋二季税賦。《宋史》：以廣西賊平故。

理宗景定三年，壬戌，秋，八月，高州刺史汪立信上新城圖。《宋史》：詔獎論之。

端宗景炎二年，丁丑，元將劉深追帝于井澳，吴川進士陳惟中會司户何時及力戰，却之。三年，戊寅，春，二月，帝舟次於硇洲，夏四月，崩。衛王昺即位，黄龍見，改元『祥興』，升硇洲爲祥龍縣。知高州李象祖叛，降元，茂名令潘惟賢死之。時元兵猖獗，人争降附，惟賢奉命守禦白沙寨，有勸之送款者，惟賢憤然厲聲曰：『忠臣不事二君，我爲宋臣，當爲宋鬼耳！』及被執，駡敵不屈，竟爲所害。其子斗輔以救父故，亦赴敵，死。

元　仁宗皇慶元年，冬，旌表高州民蕭艾妻貞節，仍免其家科差。

順帝至正十年，海寇麥福破郡城，進攻信宜。邑人黄子壽力戰，退之。以子壽爲高州路同知。

明　太祖洪武元年，戊申，元都元帥羅福，以高、雷二州歸附。

順帝十五年，山海賊麥福、黄應賓、潘龍等聚徒據雷州路。福以化州路樞密院同僉領兵擊之，諸賊敗走，以功陞本州都元帥。元末兵起，嶺表騷然，福遂專制其地，至是承征南將軍檄，以高、雷二州降，改化州路爲府。八年復爲州，九年降爲縣，十四年仍改爲州。

二十四年辛未，夏，五月，設神電等衛所城池。指揮同知花茂奏添設沿海、依山、碙石、神電等二十四衛所城池，收禁〔一〕海民隱料無籍等軍守禦，仍於要害、山口、海汊立堡，撥軍屯守，從之。

成祖永樂四年，春，高州府信宜縣，六豪垌，下水山，猺首盤貴等來朝。帝嘉其向化，賜賫遣還，仍令有司免其賦役。是年，諸峒來朝者三。

英宗正統十四年，己巳，化、吴、石大水。

景帝景泰七年，丙子，化州石龍鳴。

天順三年，秋，廣西猺賊攻圍化州，知州吴春督兵破之。四年春，廣西蠻賊陷信宜縣。鎮守廣東太監阮隨等奏嶺西蠻賊八百餘徒，流刦信宜鄉村，攻破縣城，守禦千户杜英等委城逃走。都指揮孫旺、署守備石鏋號令不嚴所致，請治其罪。上令殺賊以贖。

憲宗成化元年，乙酉，廣西大藤峽賊寇肇、高等府，都御史韓雍討平之。

二年，丙戌，石城地大震。

〔一〕考《（萬曆）廣東通志》卷六《事紀五》，『禁』當爲『集』之誤。

茅峒流賊鄧公長犯高州，知府孔鏞單車造壘，降之。茅峒去府城十里，公長于諸賊中最稱勇悍，有平吞府城之氣。郡中人情洶洶，鏞鎮之以静。一日，令四疲卒舁肩輿，直抵賊寨，賊驚喜迎之。鏞爲陳禍禍，賊大感悟，泣下，遂釋甲降。

賊梁定犯化州，知府孔鏞、都指揮滕漢破之于畬禾嶺，斬定，餘黨悉平。定寇化州，勢甚猖獗。鏞與漢屯兵于畬禾嶺，與賊相值。鏞謂漢曰：『賊憑高據險，鋒不可當。宜分其勢，乃可取勝。』於是兵分兩翼而進，賊亦分哨迎敵。鏞率所部衝其中堅，賊遂大敗。梁定先走，爲官軍所殺，餘黨悉平。

知府孔鏞率義壯林雄、符瓊、蒙浩剿諸山賊。馮曉、鄧辛酉、侯大六等悉破，平之。林雄、符瓊以戰死。曉善爲間諜，官軍動息必知，鏞詭言集兵備他盜，潛引軍突至曉寨，與浩前後舉火，相應夾攻，大破之。擒其妻子，厚撫之，以招曉，曉降。尋與僉事陶魯搗鄧辛酉之魚游寨，使林雄排栅先登，大呼陷陣，諸軍繼進，賊遂披靡破散。雄亦戰死，都御使韓雍親爲文祭之。繼聞大六將攻府城，鏞帥師禦之於信宜界，符瓊建策，率百人夜襲賊營，所殺傷以千計，賊遂大潰，瓊死亂軍中。

四年，戊子，電白縣遷於神電衛城。

五年，己丑，巡道陶魯濬電白渠。

七年，辛卯，山寇陷電白，指揮馬常、范忠棄城走。

雲爐山賊公反，遱雲公蕩率黨將劫電城。偵事走報，馬、范俱不信，故不設備。其夜，賊陷城，大掠而去。馬常、范忠皆以棄城充軍。

十二年，巡道陶魯帥師討電白山寇，平之。

十年，甲午，秋，府學文廟産芝三莖。

二十三年，丁未，春，正月，元旦，吴川白氣如練，漸升漸消，有聲如雷。秋，八月，地大震。

武宗正德三年，戊辰，星殞電白。

世宗嘉靖四年，乙酉，吴川赤氣經天。

十年，辛卯，陽春猺賊陷高州。

二十七年，戊申，秋，七月，電白海大漲，吴川疫，大水傷稼，茂名大水崩城。九月，繁霜，不實。

二十八年，己酉，廣西龍山賊潛入化州，劫庫而去。

三十六年，丁巳，冬，十月，電白黑青見。

四十二年，癸亥，化州瑞穀生，一稃二米。

四十三年甲子，冬，廣西八寨山寇攻化州，知州張冕擊破之。

穆宗隆慶二年，戊辰，秋，九月，吴川旌頭星見西方。

五年，辛未，冬，十一月，倭寇襲電白城，陷之，知縣蔣曉、指揮范震、李日、喬千户、王朝皆棄城走，指揮張韜死之。倭賊二百餘，自雙魚登岸，直抵電白莊峒，蔣曉稱病不出，范震等不爲備，及城陷，曉、震等各逃去，張韜力戰而死，軍民死者三千八百有奇。十二月，復攻高州，知府吴國倫、參將陳豪擊走之。又攻化州、石城，皆不克，巡道李才、總兵張元勳及陳豪率兵追至雷州，盡殲之。

六年壬申，春，知府吴國倫請帑金二千兩，賑濟電白縣殘民。

大饑。

神宗萬曆元年癸酉，夏，游擊徐天麟、電白知縣王許之率兵攻鐵帽頂賊，破之。鐵帽頂筲箕篤在春江、電白之交，有龍窟、丫髻、莊山諸險，不可仰攻。王三坑賊出刧陽江，必劄于此。王許之探得其情，與徐游擊夾攻其巢，遂破之，斬首百餘級。冬，十二月，倭寇攻雙魚千户所，陷之，遂趨電白總兵張元勳、參將梁守愚破之于五藍，斬首五百餘級，隨追入山，悉擒之。

九年，辛巳，秋，八月，化州有星大如斗，紅燭天，自南而北。迄冬杪，啓明星不見。

行清丈。時茂名知縣伍大成奉例丈量，親至田畝，圖形定税，設立魚鱗、歸鄉二册，而隱漏那、移宿蠹，諸弊盡革，邑士民至今德之。

石城珠賊殺永安所田千户，討斬之。本縣原於附海，地方設烏兔、名浪、麗村三埠以居，蛋民捕魚辦課，後爲流商所煽，造船盜珠。是年，敵殺官兵。奏聞上命，擒獲爲首者，斬之，餘俱發各部散住。

十八年，庚寅，夏，五月，石城有妖物入人家爲祟，月餘乃息。

二十三年，乙未，化州署生嘉禾一莖，十穗。夏，六月，大旱，饑。

二十四年，丙申，大饑。石城疫。秋，大熟。〔一〕

二十六年，戊戌，秋，開採少監李敬至廣州，遂開電白縣馬踏石金礦。時武弁上言，廣東珠池、礦砂之利，敬奉命督開採之。役至粤，未幾，遂開馬踏石金礦。時民苦騷擾，室如懸磬。

二十七年，己亥，吴川大有年，海中龍見。

二十八年，庚子，夏，六月，石城地震，水涌三尺，陷七潭。

三十五年，丁未，秋，七月，化州瑞花生。

四十四年，丙辰，夏，五月，石城有大星自東北隕，有聲，光射百里。

四十五年，丁巳，秋，七月，吴川、石城颶大作，屋盡圮，有舟飛屋上。

四十六年，戊午，東方有白氣，長竟天。

熹宗天啓五年，流寇犯吴川，燒掠邊海居民。船泊鳥坭江，十餘日乃去。

六年，丙寅，大有年。

莊烈帝崇禎二年，己巳，春，海賊李魁奇犯蓮頭港，燒戰船。守道張茂頤移鎮電白。賊自蓮頭港轉犯吴川，海防同知廖穀力拒却之。賊巨艘一百七十餘，搶入吴川限門，乘勢登岸，直逼城下。廖穀殫力拒守，募鄉勇壯丁，日夜防禦，月餘乃退。

〔一〕考道光《吴川志》與光緒《志》，『秋，大熟』，應爲二十五年之事。

三年，庚午，李魁奇復犯境，副總兵陳珙與戰，死之。珙自廣州灣統水兵飄海而至，遇賊于電白，海港水淺舟膠，珙奮勇過賊舟，格殺數十人而死。

七年，甲戌，海寇劉香犯蓮頭港，轉入限門，電白參將楊文炳擊走之。香舟泊港，見炳軍容嚴整，不敢犯，隨闌入限門。炳提兵追剿，賊黨遠遁沿海，藉以安堵。

九年，丙子，冬，十二月，大雪，池水冰。

十六年，癸未，府堂後榕樹烟騰接天。

十七年，甲申，春，正月，囚越獄，劫庫殺官，捕得誅之。

府縣兩監囚越獄，劫庫，知府鄭三謨遇害，把總黃翼龍率兵捍禦，不克，死之。邑人周省心之子周冕，素善武藝，首追捕囚黨，擒獲，伏誅。

冬，府署東井溢。凡三日，二鼓，群鷄鳴。凡三夜，大水，山崩，蝗饑。

國朝紀

世祖章皇帝順治二年，乙酉，秋，八月，西賊王之吉犯府城，鎮兵破，走之。賊駐漕江，鎮兵擊之，大捷。賊黨散走，淹没過半。之吉死水中。

秋，九月，狼賊韋翅鳴犯府城署，知府事方象乾、參將孫維翰破走之。翅鳴，雙花狼賊也。率衆千餘，逼犯東城。乾與翰等率兵拒之。會賊諜鄧義和爲南城鄉勇所擒，遂連夜奔竄，乾等乘勢追擊，斬獲以千計。翅鳴西遁，至十一月擒獲，解至府，誅之。

四年，丁亥，春，二月，我師定高州。總兵官方國泰、副將趙國威、周朝、李之珍、陳武等統兵至高州，士民郊迎安堵。

夏，六月，西賊高翔、張九龍、古道元陷信宜，大掠屠之。山賊施上義陷化州，進次石鼓，我師大破之。上義復會諸寇來攻，遂陷府城。上義兵既敗，復糾西寇姚春登、陶本堯、陳于緘等共圍府城會賊。古道元、郭勇等亦率其黨，自信宜至四郊殺掠一空。十二月，城中糧盡，開門降，副將趙國威、周朝奔電白。

秋，八月，大水。

五年，戊子，秋，八月，西寇李明忠兵入高州，逐施上義。

七年，庚寅，我總兵官徐其復高州，李明忠等西遁。復以李之珍、陳武爲副將。

八年，辛卯，春，三月，西寇張九龍復破信宜城。

夏，六月，副將李之珍、陳武攻古道元于安鵝寨，破之。其黨斬元以降。

冬，大蝗。

十年，癸巳，夏，四月，大水。

秋七月，西寇葉標、明珍犯府城，我師擊走之。

冬，大雪。十二月，星變。

十二年，乙未，春，三月，西寇李定國入高州，進圍新會，我師擊走之。李定國由粵西柳州入高州，道經雷、廉，縱兵屠戮。平藩標下副將陳武、李之珍，高州守將張月督兵至石城青頭營，與戰，失利。之珍趨電白，月還高州，欲挽武共降，武不從。乃私先納款，武未之知也。及定國至高州，月遂賣武以降，定國入高州，改舊府署，僭營王殿，重徵叠派，每米壹石，納扉履及鉛鐵等物，民甚苦之。遣兵圍新會，兩次不下。

冬，十月，定國親至督戰，十八日，將軍朱馬喇統領滿漢兵，協同平靖兩藩，與定國戰於河頭，用火箭破其象陣。定國大敗，遁去，結筏而渡，奔回廣西。

土寇陷吴川，參將應太極、蔡應科、游擊汪齊龍、守備王忠、海防同知戴文衡、知縣陳培亨、縣丞徐啓璉、教諭吴士驊、典史王大任、千總袁其忠皆死之。

設高雷廉總兵官。舊設副將，至是設總兵，至康熙元年，廉州另設總兵，止轄高、雷二府。十年，廉鎮移赴順德，廉州仍歸高雷鎮。十三年，復設廉鎮。二十三年，復裁，仍歸高雷鎮。

十三年，丙申，春，正月，總兵官栗養志討信宜山賊，於白石圍破之，斬其渠魁彭兆龍、朱運漢，餘黨悉平。

虎蹂北郊。虎至北門，白晝噬人。守道李皓禱廟，作驅虎文以禳之。時因兵燹後，民居鞠爲茂草，李與城守官王自功竭力招徠，民始安集。

總兵官栗養志剿茂名山賊曹玉、陳選於雲曇，平之。玉等嘯聚千餘人，恣行劫掠。養志率城守王自功營於近寨以臨偪之。官兵有被賊殺者，養志佯爲畏避，退屯四十里。夜半，掩其不備，大破之。曹玉遁去，後獲正法。陳選降，赦之。

夏，均夫役。

十六年，己亥，夏，四月，寬孤丁里役。

十七年，庚子，春，正月，蠲十二年至十五年逋賦。

夏，大雨如注，雷火燒歐道士家。各縣大水，獨電白免。

聖祖仁皇帝康熙元年，壬寅，夏，蠲順治十八年以前逋賦，詔遷沿海居民于内地，賑之。

二年，癸卯，夏，五月，命内大臣巡海界，再遷民。裁分巡道，併歸守道。命屯米全徵本色。裁教職。各府州及大縣裁訓導，小縣裁教諭。石城有水流如血。

三年，甲辰，夏，四月，大雨，雹。秋，八月，地震。

四年，乙巳，冬，十一月，郡城火。

五年，丙午，春，三月，茂名地震。秋，八月，大風傷稼。

夏，五月，除各州縣日供雜派、值月夫役。

六年，丁未，蠲逋欠。裁分守道及理刑廳。

八年，己酉，春，二月，復遷海，居民舊業。蠲康熙元、二、三年逋欠。

九年，庚戌，春，正月朔，信宜縣學宮五色祥光燭天。復設分守道。

十年，辛亥，冬，十月，蠲康熙四、五、六年逋賦。

十二年，癸丑，春，二月，修沿海各汛墩臺。

十四年，乙卯，夏，五月，高州總兵官祖澤清叛。初，劉進忠之叛平藩，徵高鎮祖澤清協剿。澤清心憚進忠，遂據高州叛。滇逆吴三桂遣僞將馬雄入高州。

十六年，丁巳，春，二月，井溢。

夏，祖澤清歸正。澤清殺賊謝厥扶，贖罪效順，許之。

十七年，戊午，春，祖澤清復叛。澤清内遷鑾儀衛，疑懼，復據高州。張黄山叛。秋，八月，總兵佟國璽擒叛賊祖澤清，送京師伏誅。

二十一年，壬戌，夏，五月，有蝶數萬，自西北來，從東北去。秋，七月，颶風拔木。冬，大雪。

復教職。府州大縣復設訓導，中、小縣復設教諭。

二十二年，癸亥，秋，七月，改設分巡道。裁嶺西守道，分守羅定道，歸嶺西巡道，改爲肇高廉羅道。

大有年。連三歲皆大熟。

二十六年，丁卯，夏，五月，免新加雜税。大雨山崩。

二十八年，己巳，免高州屬縣逋賦。

二十九年，庚午，置常平倉。設府州縣學樂器。

三十年，辛未，不雨，江水絶流。

三十二年，癸酉，大有年。連三歲大熟。

三十五年，丙子，鑑江水光數丈，三夜乃滅。

三十六年，丁丑，茂名縣丞署火。

三十九年，庚辰，夏，裁各府經歷。

四十二年，癸未，改設硇洲營。

吴川營隔海一百餘里，硇洲一島最衝要，移白鴿寨守備及龍門協之。乾體營千把駐劄硇洲，改爲硇洲營。其乾體營歸併廉州白鴿寨，仍以千總領營。停里役。

五十年，辛卯，夏，免全省地丁錢糧并四十八年以前逋賦。

五十一年，壬辰，大饑。斗米千錢，繼之以疫，民死亡過半，及甲午大有，始稍甦焉。

五十二年，癸巳，免全省地丁錢糧及各年舊欠。造盛世滋生户口册，自五十年編審丁數，定爲常額，續生人丁，永不加賦。秋，八月，左都御史趙申喬奉旨恤民賞兵，至高州，每兵丁一名賞銀一兩。先是，高州營兵多缺額冒餉。至是，申喬親閲，按名給賞，不許頂替冒濫。申喬素以風節嚴厲著名，將弁震恐，嗣後其弊稍戢。

五十五年，丙申，春，三月，准衛所屯丁入學各一名。命廣東丁銀配入地畝徵收。

五十七年，戊戌，設立沿海砲臺。命龍門協水師副將歸高州鎮統轄。
六十年，辛丑，有星徑尺，墜於西北，聲如雷。
世宗憲皇帝雍正元年，癸卯，大有年。
二年，甲辰，詔行便民社倉，建普濟堂。
三年，乙巳，春，裁神電衛高州所、寧川所。俱歸併附近州縣管理，其童生考試亦由州縣録送。設芷芓船廠。詔令存倉米石易穀。
六月，戊申，春，正月，城東火。知府黄文煒給錢被災家，爲築室費。
七年，己酉，夏，五月，免廣東四年以前舊糧。
冬，十一月，城西樓藥局火，延燒民居二百餘間。知府張兆鳳、知縣虞金銘捐俸恤之。
秋，七月，豁免廣東匠餉，併入地丁額徵。
八年，蠲免廣東庚戌年地丁錢糧四十萬兩。
九月，復各府經歷。
十一月，修化州城垣，設約正。
雍正八年，庚戌，夏，五月，裁大陵驛丞，改設分巡道。肇高廉羅道改爲肇羅道。駐劄肇慶，仍分巡道銜，分出高、廉二府，合雷州一府，爲高雷廉道，駐劄高州，加兵備銜。
六月，增化石營弁兵。

八月，添設吴川縣硇洲巡檢一員，併鑄給印信。洲舊設守備千總等官，總督郝玉麟上言：洲民生齒口繁，商賈輻輳，易滋奸弊，武職未便兼理民事，而邑令相距一百四十里，中阻重洋，請設巡檢，駐劄安輯從之。添設額外教職各府一員。觀風整俗使焦祈年奏請以江西近科進士舉人爲之。

九月，賞高州鎮標兵丁銀八千兩，營運生息。

十年，壬子，改硇洲營化石營守備爲都司，移高州督捕通判，分駐梅菉。

十三年，乙卯，清丈地畝，以羅定協屬高州鎮。

今上皇帝乾隆元年，丙辰，大有年。罷清丈，報溢加税。

三年，戊午，設電茂場大使。濬梅菉河。

四年，己未，改設分巡道。改高雷廉道爲高廉道，以雷州合瓊州爲雷瓊道。

八年，癸亥，裁高廉鹽運分司，以鹽務分屬高、廉二府。高屬四場各商及廣西北流、岑溪、陸川、博白等商，俱歸高州府管理。

九年，甲子，撤芷芀船廠。改歸省廠辦理糧道監修。設小營嶺汛。時有土賊鄧某者聚黨，竊踞大應山中，時出劫掠，後擒獲伏誅。因設小營汛于大應，分防把總一員，兵四十名。

十二年，丁卯，蠲免地丁錢糧。秋，八月，龍見小華山。

十六年，辛未，夏，信宜大水，淹没陳錦等處廬舍二百餘間，男婦五十餘口。

十七年，壬申，復設芷芀船廠。大小修归芷芀，拆造歸省，從總兵楊永和之議也。

十九年，甲戌，春，二月，道署産靈芝。改鎮標右營游擊爲都司。

二十年，乙亥，割西寧四都，地歸信宜，以懷鄉司巡檢來屬。割西寧信豐、感化、從善、定康四都，地歸信宜，凡撥人丁五千有奇，田地八百四十頃有奇，入學文額貳名。

春，三月，郡城火。夏，五月，又火。郡城逼山臨水，編茅以居，水火二灾迭見，民困苦特甚。分巡道王槩蒞任後，每遇灾，輒捐俸賑之。復爲作久遠計，率屬及紳士捐銀一千一百一十七兩四錢九分，命城居耆老自爲擇人營運，呈官核實，以贍灾黎。繼又貸民築室易瓦，分歲償還，俾永賴焉。

二十一年，丙子，裁茂名縣縣丞。築電白、吴川等處生鹽池塌。從司監之議也。凡築池塌，電茂場六百一十一口，茂暉僅成三百餘口。

二十二年，丁丑，冬，設廣濟庫於高廉道署。收貯高、雷、廉三府錢糧及瓊州粤海關税銀，支硇洲及雷、廉等七營兵餉。

卷之六

學校禮樂志

古者辨官材於學校，樂正所掌，四術崇焉。高凉僻處荒陬，所謂涉獵聲華，儀容嫻雅，人或以爲拙矣。而近裡著實，其根天性而著於羹墻者，堯、舜、孔子，如取諸左右也。今國家重學右文，禮陶樂淑，士子涵濡沐浴，百有餘年，莫不彬彬質有其文矣。夫子游作宰，武城弦歌。嗚呼！豈不以人哉？志學校禮樂。

儒學

府儒學

在府治東。洪武二年，知府沈奇建，同知岳福、知府何盛相繼重修。成化元年，賊陷城，學廢。七年，副使孔鏞重修。正德間知府陳腆、陳嘉表，嘉靖間知府莊科、歐陽烈相繼繕修。崇禎十年，知府姚繼舜捐俸修葺文廟、黌宮、牌坊、學基，前至街，後至張、林二家屋墻下。順治十一年，西寇破城，學宮倒塌。十五年，巡按趙之麟、守道劉繼昌、李皓、知府蕭嘉熙、同知劉亮工等，各捐俸二百兩鼎建，勒碑。明萬曆十九年，知府張邦伊置學田一所，在大坑、大茶等處，歲入租銀二十二兩，以濟貧生。康熙六年，諸生以大坑田税在民佃，呈還耕管，詳府批。縣將大坑一號壹頃零捌畝壹分壹釐肆石五斗壹升伍合，收入朗韶五甲畸畛孔聖業户，歲納學道租銀一十五兩。

先師廟。

東廡。

西廡。雍正七年，兩廡倒塌，知府張兆鳳捐俸重修。

廟門。

欞星門。康熙六年，知府熊啓允；七年，知府蔣應泰，教授黄夢賚修。

泮池。

崇聖祠，文廟右，今改建明倫堂左。

尊經閣，明倫堂後，今廢。

明倫堂。

東齋。

西齋。

禮門。

義路。

敬一亭，原在泮池邊。

名宦祠。

鄉賢祠。

茂名縣儒學

洪武十四年，設於城内，後遷於城外東山寺故址。天順八年，兵燹。成化五年，知府孔鏞併學於府。正德間，監生楊節奏復，知縣林渠復建於城東。嘉靖間，巡按御史周模楷置磚甃學路一百五十丈，修築周圍墻垣。知府鄭綱、知縣易本仁、知府歐陽烈、知縣韋弁、朱洛、奚元愈、張揆、汪道洋先後修繕。崇禎間，知府姚繼舜、知縣張復普、尹奇逢捐俸修葺黌宫、雲路、泮池、墻垣。乾隆二十一年，知縣吴爲墉重修。餘地頗多，東有小池，西有買香門舊址。

學田土名大王坪，沙垌、崩山、打邏、那利、水澗、雲坑、山心、六圍、磨穀峒等處，共貳頃零貳畝一分五釐貳毫，税在懷德四甲，納學道租銀壹拾壹兩肆錢捌分。又鷄公、雲爐、爐村、梁岸、楊幸等貳拾伍畝肆分，税在延三十甲，納學道租銀肆兩壹錢陸分。又公館墟地租、南盛墟地租、鴨黎塘租，並學塘二口，以助學費。

電白縣儒學

舊址在寶山下。元季，兵燬。洪武初，知縣劉源隆遷於縣治東南，成化四年，僉事陶魯遷於神電衛之南。五年，知府孔鏞重修。嘉靖間，知縣董璘、俞岳、譚堯道、知府歐陽烈先後增修，後盡傾圮。萬曆間，知縣張希皋重建，知縣林夢琦增修。崇禎七年，知府姚繼舜、知縣周日旦、教諭李世球重新之。學鋪三間，一在東門大街北，二在叔姪繼美坊南，三在神電倉後。學塘七口，在儒學之南。學墟一所，在馬踏石村赤嶺墟。學田五區，土名北流、黄淡、新波、石灣峒、美娘龜，以贍貧士。

信宜縣儒學

在城東。元至正十四年，知縣陳卜、顔察兒建。永樂四年，知縣盛得中重建。以後，知縣姚原立、陶兖容、千户王麟重修。天順間，學宮焚，知縣顔王階重修。成化間，知縣李時敏遷於城東南。知縣劉欽與、王麟、虞玘、廖琳、邢國賓先後增修。十四年，典史前編修程文德遷於縣左，知縣謝彬、白譜、何文俸、許述先後屢修。順治十三年，知縣徐鳴珮復大加修建。康熙五年，知縣羅士穀遷建于舊址，迤西四丈。乾隆四年，給帑重修。

化州儒學

舊址在州治南。宋嘉定二年，州守范良輔遷于城外。咸淳間，教授趙蜚英遷于城南，后燬于兵，僉事吕沆重建。明洪武初，州守曹錫修之。宣德八年，知州吕銘；正統八年，知州茅自得築州城，圍學在内。天順、成化間，知州吴春、知府孔鏞、州同曹慶相繼修之。知州黄萬碩仍遷于城外。正德八年，知府陳嘉表；嘉靖間，知州鄭雍重修。萬曆丁酉，復遷于寶山舊址。知州沈永捐俸助建。順治十三年，嶺西道李皓發銀五十兩，學正馮璡倡率紳衿修葺。順治十八年，颶風，傾圮。康熙六年，知州邱宗文捐資，同學正梁殿柱、朱廷誼暨紳士題助重建。又，學正朱廷誼捐資重建學衙。

學田在陵羅鄉，計十一頃八十五畝肆分。成化間，寇變，後俱没於豪民。嘉靖間，耆民李玉、梁棟等將東岸庄田呈還本學，歲收租捌拾陸石，後爲大工事，許民承買，諸生李一棟等將各生廩銀三十兩起解，仍買還學。萬曆初，有捏告承批者，尋復承明。今每年納租銀捌兩陸錢入庫。

吴川縣儒學

縣治東。元至正間，主簿唐必敬、教諭吴仲元建。洪武十四年，縣丞汪季清修。正統二年，知縣鄧宣重修。號房倒塌，爲軍所侵。嘉靖間，御史熊蘭拆侵屋，以復舊址。崇禎九年，本邑進士吴鼎泰捐資修葺。

泮池。萬曆二十八年，署教諭事張守約捐俸，開濬，環以榕樹。

石城縣儒學

舊在江頭鋪南。元皇慶間，遷于新和驛左。元季，兵燹。明洪武間，縣丞倪望重修。成化間，遷于西關。嘉靖間，改建于縣西。萬曆間，復遷于北街舊址。天啓七年，改建于崇聖祠，其崇聖祠移于明倫堂後。乾隆二十二年，知縣顔煌重修。

學田壹頃伍拾叁畝陸分壹釐，遞年納租錢捌千柒百叁拾文，貯庫，給貧生。

高州府學額，文武各二十三名，廪、增額各四十名。
茂名縣學額，文武各十五名，廪、增額各二十名。
電白縣學額，文武各十二名，廪、增額各二十名。
信宜縣學額，文十名武八名，廪、增額各二十名。
化州學額，文武各十二名，廪、增額各三十名。
吴川縣學額，文武各十二名，廪、增額各二十名。
石城縣學額，文武各八名，廪、增額各二十名。
凡歲貢府學，每年一貢，州學三年兩貢，縣學兩年一貢。遇特恩則將本年歲貢改作恩貢，十二年例考。拔貢府學二名，縣學各一名。

社學

道府縣公設敷文書院，在城東按察分司舊址。知府吴柯改建，知府張兆鳳增建，清撥租田等項。署府楊錫紱重修。後因公費不敷，日就殘廢。乾隆十九年，分巡道王槩清查舊項，捐添膏火，重修學舍，規模丕變。嗣後，文風駸駸日盛。丙子鄉試，獲雋八人，爲百年之創見。

查前府清出茂名梅菉鋪租銀五十一兩五錢肆分，鵝鴨峒田租一百零八石，城埠地租銀三十一兩九錢一分。後，府增添共解銀一百五十一兩。

茂名縣各舊書院租課原解府錢七十二千，今清釐折中，征銀九十七兩零二分，錢二千五百八十文。

化州丈溢田畝，撥歸書院，每年解銀四十兩。

官紳公捐銀一千四百兩，内支銀七百兩，築置電白鹽埇，每年取息隨鹽之豐歉。餘銀七百兩，經各紳士營運出息。

進士梁聯德捐石鼓墟一所，價值千兩，每年租錢一百二十千，協官收解。

茂名縣社學

南高，在舊南門前，今改歐公祠後。

東高，洗廟右。

西興，舊在河西岸，今改建天妃宫右。

北游，三元宫左。

橋門，三橋驛右。

以上俱圮。

同文，在梅菉墟分府署右。

高明，今改爲嶺西道。

朋來，墖後，今廢。

茂山，在郡西一百二十里博鋪村，即古博茂埸舊址，乃晋高凉太守楊方著書處。

泗水，小華山前。邑贈君李學珠建，集諸賢士與子弟肄業。旁有龍井塘。嘉靖間，蛟龍騰起者，再而二。子一迪二桂同登科第，迪子元暢繼領賢書。

東津，邑人太僕寺少卿李邦直建。

拱極，初改萬壽宮，後爲察院。

墨池，舊迹爲城所壓。萬曆間，教諭張鴻捐俸創書院于明倫堂左，倣迹鑿池，構文昌閣焉。邑人李元若有詩云：『聞説名家有墨池，喜今開封筆山奇。撑雲倒影池塘裏，錯擬前峰洗筆時。』

筆山，舊名南嶽，知府吴國倫建課士處，廢。知府曹志遇新之，以筆架山前峙，故易今名。月命題督課，仍將李日宣不應承繼伍氏之田，土名黄泥、糯米、碓尾、糯底峒、江邊、分歷、底峒、心門前等峒，計二十六處，丈出餘税叁拾柒畝壹分陸釐壹毫叁絲陸忽，米壹石五斗五升叁合伍勺貳抄捌撮，又原税肆拾捌畝陸分肆釐壹毫叁絲，米貳石叁升叁合伍勺壹抄捌撮，又原税肆拾捌畝陸分肆釐壹毫叁絲，米貳石叁升叁合伍勺壹抄玖撮伍圭，通共税捌拾伍畝捌分壹毫陸絲，該米叁石伍斗捌升柒合肆抄柒撮伍圭，歸之書院，以助兩學貧生燈油之費。

參天，河西觀山寺頂。守道參政王際逵建，尚書何日纘記。

潘江，觀山寺右，守道江用世建。

三至，康熙三十六年，知府鄭梁建。

安樂，在分界墟，距城東五十里，康熙三十八年，知縣錢以塏建，有記。

敦仁，在安樂書院東偏。康熙五十一年，知縣孫士傑建。將漏税入官，上三道甲張齡和等受獻。羅肇聰、萬和延五七甲糧米叁石壹斗柒升壹合伍勺捌抄貳撮，又墾米貳升零陸勺，土名南盛墟、下峒、墟尾、深坡、鳳儀山、那威、蔞園、甲魁等處，共租穀五十肆石肆斗正。又租錢貳千伍百貳拾文。一審追楊茂晟隱耕道署延二里一甲田，米壹石零肆升正，土名瓜棚、頭塘，及大井堡、青峒等處，共租穀貳拾捌石正。佃人陳超倫、張瓚璣，今編入上三道甲。有《創見敦仁書院記》。

觀瀾，在梅菉墟，距城南一百二十里。康熙五十二年，知縣孫士傑建，延師教育生徒，外審斷入阮振公上一里六甲，人田米伍石柒斗零陸勺叁抄，載租壹百肆拾石，土名廖山、黑坑等峒，佃人陳金玉今編入上三里道甲，有《觀瀾書院記》。

以上今圮。

近聖書院，在敷文書院後奎星閣舊址。康熙五十一年，知縣孫士傑建。查入原筆山書院朗詔五甲吕象鍾隱耕田，米貳石零叁升，墾米陸斗捌升捌合伍勺壹抄陸撮，每年租穀捌拾石，土名第二水廟前下潤垌。今編入上三里道甲。一追斷隆四里十甲吴捷第盜買道田官米壹斗，載租叁石，土名竹垮垌。今編入上三里道甲，有《近聖書院記》。

以上各書院房屋，或已廢圮，或改作衙署。修復工程浩大，公費不敷，其租田多寡不等，分則不足，合則有餘。分巡道王槩酌量清查，今俱撥歸敷文書院，永爲定案。

電白縣社學

得一，得善鄉。

東社，城東。

霞溪，大陵驛城中。

以上俱廢。

觀瀾、志學，俱廢。

蓮峰，紳士捐置，公費每年計收租銀壹百柒拾兩。

信宜縣社學

竇江、觀化、雙川、麗澤、同春、鳳岡，以上俱廢。

起鳳，在大街文昌宫左。康熙五十一年，知縣裴正時創建，置買學田米十石二斗，零額載租三百五十餘石，土名舊縣六斷等垌。嗣後，知縣段宏普、傅堅相繼撥置租田，前後共六百餘石。

化州社學

東勝，官渡東，今廢。

寶賢，今改爲教官衙。

羅江，在寶賢書院之右，署化州事信宜縣知縣佘光炅創建，撥置田米七石零，收在吉三二都二甲内，給贍生徒膏火。嗣後，紳士捐添租田，連舊共租玖百餘石。

吴川縣社學

祥龍、城中、南隅、那蒙、院村、大寨、窑頭、樟木、水潭、山墟、麗山、那寧、下磟、平澤、乾塘、潭谷、中村、北村、江陽縣南二十里、正疑，俱廢。

吴陽，公費田租錢陸拾捌千文。

石城縣社學

養正。

新和，萬曆甲午，知縣謝璿建于新和驛左。

松明，永寧鄉。蘇軾謫儋州經此。咏松明火處，後人即其地建書院。久廢，址尚存。康熙五十年，知縣孫繩祖移建于城内東街。

祀典

文廟

每歲春秋上丁日致祭。先期，承祭官率陪祭各官齊赴文廟階下，行一跪三叩頭禮，教官滌器，視牲并瘞毛血。至期，黎明，各官衣朝衣，齊集行禮。

正殿，至聖先師孔子神位。

祭品：帛一白色、牛一、羊一、豕一、登一、鉶一、簠一、簋一、籩十、豆十、酒罇一、白磁爵一。

四配：復聖顔子。述聖子思子。宗聖曾子。亞聖孟子。

祭品：帛四白色、豕一、羊一、鉶一、簠二、簋二、籩八、豆八、酒罇一、白磁爵一。

十哲東五位又加朱子一位：閔子名損、冉子名雍、端木子名賜、仲子名由、卜子名商、朱子名熹。

祭品五案，朱子一位一案：帛一白色、豕一、鉶各一、簠各一、簋各一、籩各四、豆各四、豕首一、白磁爵三。

十哲西五位：冉子名耕、宰子名弓、冉子名求、言子名偃、顓孫子名師。祭品與東五位同。

東廡

蘧瑗、澹臺滅明、原憲、南宫适、商瞿、漆雕開、司馬耕、有若、巫馬施、顔辛、曹卹、公孫龍、秦商、顔高、壤駟赤、石作蜀、公夏首、后處、奚容蒧、顔祖、句井疆、秦祖、縣成、公祖句兹、燕伋、樂欬、狄黑、孔忠、公西蒧、顔之僕、施之常、申棖、左丘明、秦冉、牧皮、公都子、公孫丑、張載、程頤、公羊高、孔安國、毛萇、高堂生、鄭康成、諸葛亮、王通、司馬光、歐陽修、胡安國、尹焞、吕祖謙、蔡沈、陸九淵、陳淳、魏了翁、王柏、許衡、許謙、王守仁、薛瑄、羅欽順、陸隴其。

祭品：帛一白色、豕三。每案簠一、簋一、籩四、豆四、銅爵各一。

西廡

林放、宓不齊、公冶長、公晳哀、高柴、樊須、商澤、梁鱣、冉孺、伯虔、冉季、漆雕徒父、漆雕哆、公西赤、任不齊、公良孺、公肩定、鄡單、罕父黑、榮旂、左人郢、鄭國、原亢、廉潔、叔仲噲、公西輿如、邽巽、陳亢、琴張、步叔乘、秦非、顔噲、顔何、縣亶、樂正克、萬章、周敦頤、程顥、邵雍、穀梁赤、伏勝、后蒼、董仲舒、杜子春、范甯、韓愈、范仲淹、胡瑗、楊時、羅從彦、李侗、張栻、黄幹、真德秀、何基、趙復、金履祥、陳澔、陳憲章、胡居仁、蔡清。

祭品與東廡同。

儀注

分獻：陪祭各官人兩旁門序立，贊引官導承祭官至盥洗處，盥手畢，引至臺階下立。典儀唱：『樂舞生就位，執事官各司其事。』分獻官、陪祭官各就位。贊引官贊：『就位。』承祭官就拜位立，分獻官隨後立。典儀唱：『迎神。』唱：『舉迎神樂，奏《咸平之章》。』樂作。贊引官贊：『跪、叩、興。』承祭官、陪祭官、分獻官俱行三跪九叩頭禮，興。樂止。典儀唱：『奠白，行初獻禮。』唱：『舉初獻樂，奏《寧平之章》。』樂作。贊引官贊：『陞壇。』導承祭官由東街上，進殿左門。贊引官贊：『詣至聖先師孔子位前。』承祭官至案前立。贊引官贊：『跪、叩、興。』承祭官行一跪一叩頭禮。贊引官贊：『奠帛。』捧帛官以帛跪進，承祭官接帛拱舉立，獻畢。贊引官贊：『獻爵。』執爵官以爵跪進，承祭官接爵拱舉立，獻畢。行一跪一叩頭禮，興。贊引官贊：『詣讀祝位。』承祭官詣讀祝位立。讀祝官至祝案前一跪三叩頭，捧祝版立於案左。樂止。贊引官贊：『跪。』承祭官、讀祝官、分獻官、陪祭各官俱跪。贊引官贊：『讀祝。』讀畢。捧祝至正位前案上跪，安帛匣内，三叩頭，退。樂作。贊引官贊：『叩，興。』承祭官及各官行三叩頭禮，興。贊引官贊：『詣復聖顏子位前。』承祭官就案前立。贊引官贊：『跪、叩、興。』承祭官一跪一叩頭，興。贊引官贊：『奠帛。』捧帛官跪進於案左，承祭官接帛拱舉立，獻案上。贊引官贊：『獻爵。』如前執爵官跪進於案左，承祭官接爵拱舉立，獻案上。行一跪一叩頭禮，興。贊：『詣宗聖曾子位前。』如前儀。贊：『詣述聖子思子位前。』如前儀。贊：『詣亞聖孟子位前。』如前儀。其十哲兩廡，分獻官俱照前儀行禮畢。贊引官贊：『復位。』承祭官。分獻官仍詣至聖先師位前立。樂止。典儀唱：『行亞獻禮。』唱：『舉亞獻樂，奏《安平之章》。』樂作。贊引官贊：『陞壇。』獻爵於左，如初獻儀。贊引官贊：『復位。』承祭官、分獻官各復位立。樂止。典儀唱：『行三獻禮。』唱：『舉三獻樂，奏《景平之章》。』樂止。贊引官贊：『陞壇。』獻爵於右，如亞獻儀。贊引官贊：『復位。』承祭官、分獻官各復位。樂止。典儀唱：『飲福受胙。』贊引官贊：『詣受福胙位。』承祭官至殿内立，捧酒。胙官二員，捧至正位案前，拱舉，至飲福胙位右旁，跪。接福。胙官二員在左旁跪。贊引官贊：『跪。』承祭官跪。贊：『飲福酒。』承祭官受爵，拱舉，授接爵官。贊：『受福胙。』承祭官受胙，拱舉，授接胙官。贊：『叩、興。』承祭官三叩頭，興。贊：『復位。』承祭官復位立。次行謝福胙禮。贊引官贊：『跪、叩、興。』承祭官、分獻官及陪祀各官俱行三跪九叩頭禮，興。典儀唱：『撤饌。』唱：『舉撤饌樂，奏《咸平之章》。』樂作，徹訖，樂止。典儀唱：『送神。』唱：『舉送神樂，奏《咸平之章》。』樂作。贊引官贊：『跪、叩、興。』承祭官、分獻官及陪祀各官皆行三跪九叩頭禮，興。樂止。典儀唱：『捧祝、帛、饌，各詣燎位。』捧祝官、捧帛官至各位前一跪三叩頭，捧起祝文在前，帛次之。捧饌官跪，不叩頭，捧起在後，俱送至燎位。承祭官退至西旁立，候祝、帛、饌過，仍復位立。典儀唱：『望燎。』唱舉望燎樂與送神同。樂作。贊引官贊：『詣望燎位。』導承祭官至燎位立。祝。帛焚訖，樂止。贊引官贊：『禮畢，退。』

樂章

迎神樂《咸平之章》，無舞。

大太四哉南工至林尺聖仲上，道太四德仲上尊林尺崇仲上。

維南工持林尺王仲上化太四，斯林尺民仲上是黃合宗太四。

典黃合祀太四有仲上常林尺，精南工純林尺並太四隆仲上。

神黃六其南工來林尺格仲上，於林尺昭仲上聖黃合容太四。

初獻樂《寧平之章》，有舞。

自太四生仲上民林尺來仲上，誰太四底黃合其仲上盛太四。

惟南工師林尺神仲上明太四，度黃合越仲上前仲上聖太四。

粢仲上帛太四具仲上成林尺，禮黃合容太四斯林尺稱仲上。

黍太四稷南上非黃六馨林尺，維南上神林尺之仲上聽太四。

亞獻樂《安平之章》，有舞。

大太四哉仲上聖黃合師太四，實南工天林尺生仲上德太四。

作仲上樂太四以仲上崇林尺，時仲上祀太四無林尺斁仲上。

清黄六酤南工惟仲上馨仲上，嘉林尺牲仲上孔黄合碩太四。

薦太四羞南丁神黄六明林尺，庶南工幾林尺昭仲上格太四。

三獻樂《景平之章》，有舞。

百仲上王南工宗林尺師仲上，生林尺民仲上物太四軌黄合。

瞻黄六之南工洋林尺洋仲上，神林上其仲上寧太四止黄合。

酌太四彼黄合金林尺罍仲上，惟南上清林尺且太四旨仲上。

登仲上獻太四惟林尺三仲上，於黄六嘻南工成林尺禮仲上。

徹饌樂《咸平之章》，無舞。

犧仲上象太四在仲上前林尺，豆太四籩仲上在黄合列太四。

以太四享南工以林尺薦仲上，既仲上芬林尺既太四潔仲上。

禮黄合成太四樂仲上備太四，人南工和林尺神仲上悦太四。

祭黄合則太四受仲上福林尺，率黄合遵南工無林尺越仲上。

送神樂《咸平之章》，望燎同。

有大四嚴南工學林尺宫仲上，四黄合方太四來仲上崇太四。

恪黄六恭南工祀林尺事仲上，威南工儀林尺雝仲上雝太四。

歆仲上兹林尺惟南工馨林尺，神仲上馭太四還林尺復仲上。

明黄六禋南工斯林尺畢仲上，咸南工膺林尺白仲上福太四。

樂器

麾、金鐘、玉磬、鼓、搏拊、柷、敔、琴、瑟、排簫、笙、簫、笛、塤、篪。

舞譜

初獻

自稍前向外，開籥舞。

生蹈向裹，開笛舞。

民合手蹲，朝上。

來起，辭身向外，高舉籥朝面。

誰兩兩相對蹲，東西相向。

底合手蹲，朝上。

其正揖。

盛起，平身出左手，立。

惟兩兩相對，自下而上，東西相向。

師稍前舞，舉籥垂翟。

神中班轉身，東西相向立，惟兩中班十二人轉身，俱東西相向。

明舉翟三，合籥。
度稍前，向外垂手舞。
越蹈向裏，垂手舞。
前向前合手，謙進步，雙手合籥。
聖回身再謙，退步側身，向外高手，回面向上。
粢正蹲朝上。
帛稍舞，躬身挽手，側身向外，呈籥耳邊，面朝上。
具正揖。
成起，辭身挽手，復舉籥正立。
禮兩兩相對，交籥，兩班俱東西，手執籥。
容正揖。
斯向外退，挽手舉籥向外，面朝上。
稱回身正立。
黍稍前舞。
稷正蹲朝上。
非左右垂手，兩班上下俱雙垂手，東西相向。

馨起，合手，相向立。
惟左右側身垂手，向外開籥，垂手舞。
神右側身垂手，向裏垂手舞。
之正揖朝上。
聽躬而受之，躬身朝上，拱籥而受之，三鼓畢，起。

亞獻

大左右進步，西外垂手舞。
哉右向裏垂手舞。
聖向外落籥，面朝上。
師退回，正身立。
實正蹲。
天起身向外轉，向外舞。
生向裏舞。
德合手謙，進步向前，雙手合籥，存謙。
作兩兩相對，自下而上，兩班相對，舉籥東西。
樂上下俱垂手，惟兩中班上下十二人俱垂手轉身，東西相向。

以轉身，東西相對向立。

崇相向立，兩班上下以翟相籥。

時稍前舞蹈，兩班下，俱垂手向外。

祀向裏垂手舞。

無合手謙，進步向前，垂手合籥。

斁回身再謙，兩班上下東西相向，合籥立。

清稍前舞，向外開籥翟。

酤向裏舞。

惟雙手平執籥翟，開籥翟。

馨合籥翟，朝上正立。

嘉側身，垂左手，兩班俱垂手向外舞。

牲躬身正揖。

孔雙手舞籥翟，射身。

碩躬而受之，躬身朝上，供籥受之，一鼓而起。

薦一叩頭，舉右手，叩頭。

羞舉左手，叩頭。

神復舉右手，叩頭。

明拜，一鼓畢，即起躬身，三鼓平身。

庶三舞蹈，舉籥向左，躬身舞。

幾舉籥向右，躬身舞。

昭舉籥復向左，躬身舞。

格拱籥，躬身而受之。

三獻

百向外開，籥舞。

王向裏開，籥舞。

宗側身向外，面朝上。

師朝上正立。

生兩班上下，兩兩相對，交籥。

民合手朝上，正蹲。

物側身向裏落。

軌合籥朝上正立。

瞻向外開籥舞。

之向裏開籥舞。

洋開籥朝上正立。

洋合籥。

神向外開籥舞。

其向裏開籥舞。

寧進步向前，雙手合籥。

止回身，東西相向，手謙。

酌向外開籥舞。

彼向裏開籥舞。

金開籥朝上正立。

罍合籥朝上正立。

惟向外垂手舞。

清向裏垂手舞。

且朝上正揖。

旨躬身而受之。

登躬身向左，合籥舞。

獻躬身向左，合籥舞。

惟躬身復向左右籥。

三合籥朝上拜，一鼓便起身。

於側身向外，垂手舞。

嘻側身向裏，垂手舞。

成朝上正揖。

禮躬身朝南受之，三鼓畢，起身。

舞器

節、羽、籥。

佾舞生三十六名。

樂工五十二名。

糾儀官二名。

禮生五十名。

崇聖祠　雍正元年追王五代：

肇聖王木金父公，正中，南向。

裕聖王祈父公，東一室，南向。

詔聖王防叔公，西一室，南向。

昌聖王伯夏公，東二室，南向。

啓聖王叔梁公，西二室，南向。

祭品 五案

帛五白色、羊一、豕一、鉶一、簠二、簋二、籩八、豆八、酒罇一、白磁爵三。

配位

顔氏無繇、孔氏鯉、曾氏點、孟孫氏。

祭品每位一案：帛二白色、豕首一、簠一、簋一、籩四、豆四、豕肉一，每位銅爵三。

東廡

周輔成惇頤之父、程珦顥頤之父、蔡元定沈之父。

西廡

張迪載之父、朱松熹之父。

祭品

帛二白色、簠一、簋一、籩四、豆四、豕肉一，每位銅爵三。

儀注同正殿，惟不用樂。名宦、鄉賢二祠同時分祭，儀同兩廡。

祭武廟

每歲春秋仲月及五月十三日致祭。春秋二祭。

祭品

帛一白色、牛一、豕一、羊一、籩十、豆十。

五月十三日祭品後殿不用牛，餘同：帛一白色、牛一、豕一、羊一、果五盤。

儀注

祭日，贊引官引承祭官進左旁門至盥洗所，贊：『盥洗。』盥洗畢，引至殿内行禮處立。典儀唱：『執事者各司其事。』贊引官贊：『就位。』引承祭官就位立。典儀唱：『迎神。』司香官捧香盒就香爐左邊立，贊引官引承祭官就香爐前立。司香官跪，贊引官贊：『上香。』承祭官立，將炷香接舉，插爐内，又上塊香三次，畢。贊引官贊：『復位。』承祭官復位立。贊引官贊：『跪、叩、興。』承祭官行三跪九叩頭禮。典儀唱：『奠帛節，行初獻禮。』捧帛。爵官將帛、爵捧進神位前，奠帛官跪獻畢，行三叩頭禮，退。執爵官立，獻畢，退。讀祝官詣安祝文桌前，行一跪三叩頭禮，捧起祝文立。贊引官贊：『跪。』承祭官、讀祝官俱跪，贊，讀祝。讀畢，捧至神位前，跪。安盛帛盒内畢，行三叩頭禮，退。贊引官贊：『叩、興。』承祭官行三叩頭禮，立。典儀唱：『行亞獻禮。』執爵官照初獻禮獻畢，退。典儀唱：『行三獻禮。』執事官自案右照亞獻禮獻畢，退。典儀唱：『徹饌，唱送神。』贊引官贊：『跪、叩、興。』承祭官行三跪九叩頭禮，立。典儀唱：『捧祝、帛、饌，各詣燎位。』捧祝、帛、香、饌官各至神位前，俱跪。捧祝、帛官行三叩頭禮，捧香、饌官不叩頭，將祝、帛、香、饌依序捧送。承祭官退至西旁，立，候捧祝、帛各官過畢，復位立。贊引官贊：『詣望燎位。』承祭官至燎爐前焚訖，揖。贊引官贊：『禮畢。』

祭後殿雍正三年，追封三代公爵：

光昭公，正中，南向。

裕昌公，東一室，南向。

成忠公，西一室，南向。

春秋二祭。

祭品

帛各一白色，豕各一，羊各一，籩、豆各八。

儀注

行二跪六叩頭禮。承祭官詣光昭公、裕昌公、成忠公各爐前奉香，餘同前殿。

迎春

立春前一日，各官吉服，迎於東郊，祭勾芒神。至本日，衣朝衣，祭勾芒神訖，各執綵仗，正官擊鼓三聲，環鞭土牛者三。

祭先農耕耤田

每歲仲春亥日巳時祭先農壇，午時行耕耤禮，祭日承祭官率各官請神位供於壇上，衣朝衣行禮。祭畢，送位入祠。

壇高二尺一寸，廣二尺五寸。

牌高二尺四寸，廣六寸。

座高五寸，廣九寸五分。

壇後祠宇：正房三、配房各一，正房中供先農神位紅牌金字，東正房貯祭器、農具，西正房貯耤田米穀，東配房置辦祭器，西配房看守農民居住，耤田四畝九分，置於東郊。

祭品

帛一白色、羊一、豕一、鉶一、籩四、豆四、簠四、簋四。

儀注

祭日，各官衣朝衣，禮生引承祭官至拜位，通贊唱：『執事者各司其事。』陪祭官各就位，承祭官就位。通贊唱：『瘞毛血。』禮生引詣盥洗所，贊：『盥洗淨巾。』引詣香案前，贊：『迎神，行二跪六叩頭禮，興。』行初獻禮。引詣神位前跪，奠帛獻爵。叩頭，興。詣讀祝位跪，衆官皆跪。宣祝文畢，叩頭，興。引唱：『復位。』通贊唱：『行獻禮。』引詣神位前跪，獻爵叩頭，興，復位。通贊唱：『行三獻禮。』如亞獻儀。通贊唱：『飲福受胙。』引唱詣飲福受胙位跪，飲福酒受福胙，叩頭，興，謝胙。一跪三叩頭，興，復位。通贊唱：『徹饌送神。』行二跪六叩頭禮，興。通贊唱：『司祝者捧祝，司帛者捧帛，各詣燎所。』引唱詣望燎位，焚畢，揖，復位。通贊唱：『禮畢。』各官更蟒衣，詣耤田，行耕耤禮。

耕耤儀

一官秉耒，捧青箱，一官播種，各官俱用右手扶犂，左手執鞭，各行九推禮，農夫終畝。耕畢，各回官廳，更朝衣，望闕恭行三跪九叩頭禮。

耕耤器物

農具一、牛一、耔種箱一青色。

耕耤人役

耆老一名牽牛、農夫二名扶犁、農童六名唱歌。

耕耤歌

聖朝鉅典念農祥，吉亥修儀遍遠方。開府奉行王制美，共知天子重耕桑。肅肅青壇翠幕張，東風萬里布春陽。深疆共愜深耕願，早進先農一炷香。悠揚鼓吹出東方，父老讙呼擁道旁。乍見青紘躬耒耜，予占緑野富倉箱。獵獵青旗貫緑楊，珠瓔寶馬自成行。手携嘉種從容布，還似神仙跨五羊。短笠青簑映曉光，千夫齊向九推旁。一尊勞酒同沾被，遥浥天田雨露香。杏花菖葉漫匆忙，海上班春别有方。時雨一犂新社後，木棉花赤菜花黄。朝成春水漲横塘，榕樹村中短犢忙。趁此炎方禾再熟，新茶未出早分秧。海濱生計重開荒，儘把勤勞格上蒼。遍鑿蘆洲成沃土，漲沙隨處涌村莊。勸農恩禮倍尋常，竚見郊原歲歲穰。南陌東阡催社鼓，羔羊朋酒頌無疆。聖明天子重農桑，丹鳳銜書到海疆。擁節大臣宣德意，耤田開處麗春陽。六和清寧時雨暘，華星常正驗農桑。碧畦繡甸東郊暖，勸勸春耕答九閶。先農壇畔集鸞鳳，擇日占風禮數祥。北望天田陳御耦，青旗高拂五雲光。青原小隊肅分行，粤秀山前草木芳。翻起一犁香土軟，田歌傳入水雲鄉。成群簑笠盡村莊，布穀聲中曉氣凉。看羅九推歸去早，好乘新雨插新秧。課情問雨莫嫌忙，黼座方披七月章。要使耕夫齊舉趾，并教饁婦競提筐。珠海潮生滿碧塘，溉田早卜歲豐穰。水車秧馬時收拾，容易秧禾壓隴長。和風甘露潤炎方，紫荔紅蕉六月香。瑞穀生成多九穗，先春玉粒貢神倉。逢年争祝滿倉箱，萬寶成時好築場。飽喫田中新熟稻，大家擊壤咏陶唐。

祭社稷壇

每歲春秋仲月上戊日，出主於壇而祭之。

祭品：帛一黑色、豕一、羊一、鉶一、籩四、豆四、簠二、簋二。儀注同先農壇。

祭風雲雷雨、山川、城隍之神共一壇

每歲春秋仲月合祭。風雲雷雨居〔一〕帛四，山川居左帛二，城隍居右帛一，各白色。祭品儀注與社稷同。

祭厲壇

每歲清明日、七月望、十朔，請城隍之神，出主。其祭榜無祀，鬼神分祀之。羊三、豕三、飯米三

〔一〕此處疑脱一「中」字。

石。香燭酒紙隨用，祭時有《告城隍文》。

軍牙六纛，霜降日武官致祭。帛一、羊一、豕一。

天后宫春秋祭日

有司致祭，儀同名宦。

誠敬夫人冼氏

春秋二仲日，電白縣官致祭，儀同名宦。

節孝祠

每歲春秋二祭。

風神廟

每歲春秋，茂名縣捐俸供祭。

龍王廟

每歲春秋，茂名縣捐俸供祭。

龍窩廟

每歲春秋，高州府捐俸三兩，委官備辦豬羊品物致祭。

救護

日食預行，所屬官司前期設香案於靈臺，金鼓列儀門，樂人列臺下，設拜位於露臺上，俱向日。至期，陰陽生報，日初虧，各官衣朝衣，行三跪九叩頭禮。班首官上香畢，正官擊鼓三聲，衆鼓齊鳴。及報圓，鼓聲止。各官復行三跪九叩頭禮，畢。月食儀同。

祈雨

在龍王神廟注水盈缸，内插柳枝，設香案、香蠟拜，用薦僧道各一班，開壇誦經。禮生四名，鼓吹一班。各官衣素服，步行至廟，禮生引至拜位。通贊生唱，行二跪六叩頭禮。宣疏文，畢。再行二跪六叩頭禮。焚疏文，再揖，禮畢。俟雨水霑足，酬神。

祈晴

城隍廟，設香案、香蠟拜，用紅氈僧道各一班，開壇誦經。禮生四名，鼓吹一班。各官衣素服，步行至廟，禮生引至拜位。通贊生唱，行一跪三叩頭禮。宣疏文，畢，再行一跪三叩頭禮。焚疏文，再揖，禮畢。俟天色晴明，酬神。

儀制

慶賀萬壽聖節

恭遇是日五更，文武各官衣朝衣，齊赴萬壽官。文武分東西入，各至朝房。設糾儀官二員，一文官爲之，立東邊丹墀下，一武官爲之，立西邊丹墀下。禮生四名，稟鼓。二鼓、三鼓，行禮，引至各拜位。

通贊唱，序班行三跪九叩頭禮。畢，仍各朝房，少坐而退。其各州縣各行於本治。前三日、後三日俱蟒衣坐班。

儀仗

龍亭一、龍幄一、龍扇一、椅一、香亭一、龍傘一、梧杖二、盆一、立瓜二、卧瓜二、骨朵二、金鉞二。

恭遇皇后千秋令節、元旦長至節。儀注俱同。惟不先後期坐班。

開讀

凡詔使賫詔書至，官員衣朝衣，具龍亭、彩輿、儀仗、鼓樂，出郭外肅迎。詔使捧詔書，置龍亭中，官員北向，行三跪九叩頭禮。衆官及鼓舞前，導詔使隨亭後行至公庭門外。衆官先趨入，文武分東西序立，後龍亭至公庭中。詔使捧詔書授展讀官，展讀官跪受，詣：『開讀。』案前衆官皆跪。宣讀畢，捧詔書置龍亭中。衆官跪，行三叩頭禮。起，又行二跪六叩頭禮。宣講聖諭。每月朔望，預擇寬潔公所。届期文武官皆至，衣蟒衣。禮生唱：『序班。』行三跪九叩頭禮，興，退。班齊至講所。軍民人等還列，肅聽。禮生唱：『恭請開講。』司講生詣香案前跪，恭捧上諭登臺，木鐸老人跪。宣讀畢，禮生唱：『請宣講上諭第一條。』宣講生按次講畢，退。

鄉飲酒

每歲正月十五、十月初一日，於儒學行禮前一日，執事者於儒學之講堂陳設坐次，司正率執事者習禮。至日，黎明，執事者宰牲具饌，主席及僚屬、司正先詣學，遣人速賓僎以下。比至，執事者先報曰：『賓至。』主席者率僚屬出迎於庠門之外。以入，主居東，賓居西，三揖三讓而後升堂。東西相向立，贊：『兩拜。』賓坐。執事又報曰：『僎至。』主席又率僚屬出迎，揖讓。升堂。拜坐如前儀。賓介俱至，既就位，執事者唱：『司正揚觶。』執事者引司正由西階至堂中，北向立。執事者唱：『賓僎以下皆立。』唱：『揖。』司〔一〕、賓僎以下皆揖。執事者以觶酌酒授司正，司正舉酒曰：『恭惟朝廷，率由舊章。敦崇禮教，舉行鄉飲。非爲飲食，凡我長幼，各相勸勉。爲臣盡忠，爲子盡孝。長幼有序，兄友弟恭。内睦宗族，外和鄉里。無或廢墜，以忝所生。』語畢，執事者唱：『司正飲酒。』飲畢，以觶授執事。執事者唱：『揖。』司正揖，賓僎以下皆揖。司正復位，賓僎以下皆復位。唱：『讀律令。』執事者舉律令案於堂之中，引引讀律令者詣案前，北向立。唱：『賓僎以下皆立。』行揖禮如前，讀畢復位。執事者唱：『供饌案。』執事舉饌案至賓前，次僎，次介，次主，三賓以下各以次舉訖。執事者唱：『獻賓。』主起席北面立，執事斟酒以授主，主授爵，詣賓前，置于席。稍退，贊：『兩拜。』賓答拜訖。執事又斟酒以受主，主受爵，詣僎前，置于席，交拜如前儀，畢。主退復位，執事者唱：『賓酹酒。』賓起，僎從之。執事者斟酒受賓，賓受爵，詣主前，置于席。稍退，贊：『兩拜。』賓僎交拜訖，各就位坐。執事者分左右立，介三賓。衆賓以下，以次斟酒於席，訖。執事者唱：『飲酒。』或三行、或五行供湯，又唱：『斟酒。』飲酒。供湯三品畢。執事者唱：『徹饌。』候徹饌案訖，唱：『賓僎以下皆行禮。』僎。主。僚屬居東，賓。介三賓，衆賓居西，贊：『兩拜。』訖。唱：『送賓。』以次下堂，分東西行，仍三揖出庠門而退。

〔一〕此處脱一『正』字。

凡鄉飲酒禮，序長幼，崇賢良，别奸頑。其坐席間，高年德邵者居上，高年淳篤者並之，以次序齒而列。其有違條犯法者不許干于良善之席，違者罪以違制；敢有喧嘩失禮者，揚觶者以禮責之。主知府、知州、知縣，如無正官，佐貳官代位于東南。大賓以致仕官爲之，位于西北。僎于里年高有德之人，位于東北。介以次長，位于西南。三賓以賓之次者爲之，位于賓、主、介、僎之後。除賓、僎外，衆賓序齒列坐，其僚屬則序爵。司正以教職爲之，主揚觶以罰。贊禮者以老年生員爲之。

鄉約

凡州縣城内及各大鄉村，各立講約之所，設約正一人，於舉貢生員内，揀選老成有學行者爲之。值月三四人，選樸實謹守者爲之。置二籍，德業可勸者爲一籍，過失可規者爲一籍，值月掌之。月終則告於約正，而授于其次，每月朔日舉行。先期月預約同鄉之人，夙興，集於講約之所。俟約正及耆老、里長皆至，相對三揖，衆以齒分左右立，設案于庭中，值月向案北面立，抗聲宣講聖諭廣訓，各人肅聽。約正復推説其義，必剴切叮嚀，務使警悟通曉。未達者仍許其質問。講畢，於此鄉内，有善者，衆推之；有過者，值月糾之。約正詢其實狀，衆無異詞，乃命值月分别書之。值月遂讀記善籍一遍，其記過籍呈約正及耆老、里長，默視一遍，皆付值月收之。事畢，衆揖而退。歲終，則考校其善過，彙册，報於縣官，設爲勸懲之法，有能改過者一體獎勵，使之鼓舞不倦。

卷之七

貢賦志

賦貢以馭其用，田役以馭其衆，由來遠矣。高雖瘠上，而我朝定鼎以來，罷諸一切，休養生息，熙熙攘攘矣。惟正之供，公旬之役，任土之貢，度支係焉。《易》曰：『二簋可用享。』敢以其邊徼而忽諸志賦役。

户口歷代無稽者闕之。

唐高凉郡户壹萬貳千肆百。

宋高州户壹萬壹千柒百陸拾陸。

明高州府户壹萬伍千肆百柒拾壹口伍萬玖千柒百叁拾貳。

國朝丁口

茂名縣裁口歸丁，現在陸千柒百零伍丁柒分柒釐壹毫伍絲。

電白縣現在壹萬壹千貳百玖拾丁零貳分。

信宜縣連新撥西寧，現在壹萬零玖百柒拾叁丁捌分柒釐叁毫捌絲柒忽伍微陸僉叁沙肆塵伍埃。

化州現在柒千叁百肆拾柒丁。

吴川縣現在貳千肆百玖拾貳丁柒分伍釐捌毫肆絲零柒微貳僉捌沙伍塵。

石城縣現在肆千柒百捌拾壹丁壹分壹塵。

通府共計現在人丁共肆萬叁千伍百玖拾丁口零柒分壹釐叁毫柒絲捌忽貳微玖僉壹沙玖塵伍埃。内各項員役、竈丁、婦口、派征則例不等，共實征銀陸千伍百貳拾伍兩叁錢柒分捌釐陸毫陸絲柒忽捌微捌僉伍沙壹塵玖埃叁渺壹末肆逡叁巡。

新增滋生丁口，共貳萬壹千貳百柒拾伍丁，欽奉恩詔永不加賦。

官民田、地、塘、池、江、沙箔，共税壹萬柒千玖百叁拾捌頃壹拾畝零柒分貳釐柒毫。

田，壹萬柒千柒百叁拾玖頃伍拾叁畝肆分伍釐，共科官米壹萬貳千壹百捌拾壹石壹斗叁升叁合貳勺，又共科民竈米伍萬伍千貳百零叁石貳斗捌升肆合肆勺陸抄，又帶派倉糧本色米並石城縣失額農桑米貳萬零壹百捌拾壹石壹斗叁升陸合玖勺捌抄，又計茂名縣帶派夏税米叁拾捌石捌斗捌升貳合叁勺，農桑米柒石玖斗陸升捌合玖勺伍抄。

地，玖拾叁頃柒拾肆畝叁分陸釐柒毫，共科官米陸拾壹石叁斗壹升壹合，又共科民竈米貳百貳拾參石零貳升叁合貳勺玖抄，又共科夏税本色米叁拾零玖斗捌升玖合柒勺，農桑本色米陸石零捌合壹勺壹抄，又共帶派倉糧本色米並石城縣失額農桑米肆拾玖石貳拾捌升零壹勺叁抄。

塘，玖拾柒頃叁拾伍畝叁分共科官米柒拾陸石柒斗玖升玖合陸勺，又共科民竈米貳百捌拾石零壹斗肆升壹合陸勺，又共帶派倉糧本色並石城失額農桑米壹百壹拾壹石陸斗玖升伍合貳勺捌抄，又茂名縣帶派夏税米壹斗壹升壹合農桑米貳升貳合玖勺肆抄。

池，柒頃貳拾肆畝伍分陸釐，共科官米叁石玖斗叁升捌合伍勺，又共科民米貳拾玖石陸斗叁升零壹勺伍抄，又帶派倉糧本色米壹拾玖石玖斗貳升肆合。

江，玖畝叁分，共科官米肆升陸合肆勺，又共科民米貳斗伍升陸合叁勺。

沙箔，壹拾叁畝柒分伍釐，共科官米陸升捌合陸勺，又共科民米叁斗柒升玖合。

以上田、地、塘、池、江、沙箔，共税壹萬柒千玖百叁拾捌頃壹拾畝零柒分貳釐柒毫，内派官米壹萬貳千叁百貳拾叁石貳斗玖升柒合叁勺内，除吴川縣多出會計額米壹石零伍升壹合陸勺抵補夏農失額米外。實該米壹萬貳千叁百貳拾貳石貳斗肆升伍合柒勺，共派糧料銀貳千捌百玖拾捌兩貳錢壹分捌釐肆毫，四差銀壹千貳百伍拾陸兩玖錢柒分捌釐貳毫，共糧料四差銀肆千壹百伍拾伍兩壹錢玖分陸釐陸毫。所有應征差鈔銀兩，奉文免征，理合注明。

民竈米，伍萬伍千柒百叁拾陸石柒斗壹升肆合捌勺内，除吴川縣多出會計額米貳石陸斗伍升肆合伍勺，抵補夏農失額米外。實該米伍萬伍千柒百叁拾肆石零陸升零叁勺，共派糧料銀壹萬柒千肆百伍拾柒兩叁錢捌分壹釐，四差銀貳萬貳千零玖兩肆錢壹分柒釐伍毫肆絲，共糧料四差銀叁萬玖千肆百陸拾陸兩柒錢玖分捌釐伍毫肆絲，内除官紳、舉人、貢監生員、吏承優免米，並撥學祀田及狼米共伍千零伍拾叁石貳斗肆升壹合捌勺，例免三差該銀壹千捌百零柒兩捌錢捌分零玖毫；又准丁免米柒拾玖石陸斗零柒合貳勺，例免猺差民壯該銀叁拾叁兩壹錢壹分叁釐捌毫；又吴川縣南四都海中事例免貳百叁拾叁石捌斗叁升柒合陸勺，例免民竈驛傳該銀捌拾兩零貳錢肆分貳釐；又竈獞免米捌百貳拾石零伍斗柒升柒合玖勺，例免回差該銀叁百肆拾捌兩陸錢壹分陸釐貳毫，通共免銀貳千貳百陸拾玖兩捌錢伍分貳釐玖毫不編，外實編銀叁萬柒千壹百玖拾陸兩玖錢肆分伍釐陸毫肆絲，又派倉糧木色米貳萬零叁百伍拾捌石零叁升陸合叁勺玖抄。差鈔銀兩，奉文免征。

夏稅米，捌拾叁石叁斗壹升肆合壹勺，全征本色内。化州並吴川縣俱失額，化州議於民米，内帶征吴川縣議將前項官民溢額米共叁石柒斗零陸合壹勺，抵補其餘失額於拾陸里通融勾派。

農桑米，叁拾陸石内石城縣米肆石，折銀壹兩貳錢，餘俱征納本色内石城、化州、吴川叁州縣失額議於民米，帶征。外額征。

魚課米，壹千玖百柒拾玖石柒斗柒升貳合貳勺内，除信宜縣逃繩無征米貳拾叁石肆千，於民米内帶征外。尚實米壹千玖百伍拾陸石叁斗柒升貳合貳勺，共派課料銀捌百捌拾兩零捌錢陸分貳釐玖毫。

寧川所屯糧，壹千零壹拾玖石壹斗零壹合，每石派銅錢銀壹釐玖毫叁絲陸忽，共銀壹兩玖錢柒分叁釐。

又一項，地畝餉銀，以陸州縣田、地、塘、江、沙第，共稅壹萬柒千玖百叁拾捌頃壹拾畝零柒分貳鼇柒毫，照萬曆肆拾捌年例，每畝派銀柒鼇零叁絲零捌微叁僉壹沙，該銀壹萬貳千陸百壹拾壹兩玖錢捌分零壹毫，每兩帶征水脚銀壹分伍鼇，該銀壹百捌拾玖兩壹錢柒分玖鼇伍毫。

總計通府官民竈、夏税、農桑、魚課，共米柒萬零壹百伍拾伍石叁斗玖升貳合叁勺。茂名縣米壹萬捌千柒百柒拾捌石壹斗叁升貳合玖勺，電白縣米壹萬零陸百伍拾伍石叁斗壹升捌合伍勺，信宜縣米伍千貳百柒拾捌石捌斗肆升零叁勺，化州米壹萬叁千玖百捌拾肆石柒斗零貳合壹勺，吴川縣米壹萬貳千陸百壹拾叁石捌斗肆升伍合貳勺，石城縣米捌千捌百肆拾肆石伍斗伍升叁合叁勺。

共米柒萬零壹百伍拾伍石叁斗玖升貳合叁勺，内除夏税、農桑米壹百壹拾伍石叁斗壹升肆合壹勺例征本色外，尚米柒萬零肆拾石零柒升捌合貳勺，連人丁並寧川所屯糧，共征銀肆萬玖千貳百兩零捌錢陸分叁鼇陸毫貳絲捌忽内，化州原除員後優免銀壹百伍拾伍兩玖錢柒分柒鼇玖毫，今扣回克餉。

又化州課户辨納魚油料銀肆拾壹兩貳錢貳分壹鼇玖毫。吴川縣議增科舉生員盤纏銀叁拾捌兩壹錢伍分伍鼇伍毫，總共壹條鞭銀肆萬玖千貳百捌拾兩零貳錢肆分壹鼇零貳絲捌忽。

又化州石城新增丁口銀壹百貳拾貳兩肆錢壹分貳鼇貳毫。

又地畝餉連水脚，共銀壹萬貳千捌百零壹兩壹錢伍分玖鼇陸毫，通共銀陸萬貳千貳百零叁兩捌錢壹分貳鼇捌毫貳絲捌忽，倉糧夏農本色米貳萬零肆百柒拾伍石柒斗玖升肆合肆勺玖抄。

又續奉裁改，無征寧川所屯糧壹千壹拾玖石壹斗零壹合，每石派銅錢銀壹鼇玖毫叁絲陸忽，共銀壹兩玖錢柒分叁鼇，又茂名、化州、吴川叁州縣改征本色米貳千叁百零壹石玖斗壹升伍合零壹撮零貳粟陸粒玖截伍糊肆糠，除銀壹千柒百陸拾貳兩壹錢伍分肆鼇叁毫壹絲玖忽零伍僉貳沙肆塵零陸渺玖漠外，尚銀陸萬零肆百叁拾玖兩陸錢捌分伍釐伍毫零捌忽玖微肆僉柒沙伍塵玖埃叁渺壹漠，倉糧夏農本色米貳萬零肆百柒拾伍石柒斗玖升肆合肆勺玖抄，又改征本色米貳千叁百零壹石玖斗壹升伍合零壹撮零貳粟陸粒玖截伍糊肆糠。

又信宜縣乾隆貳拾壹年，奉文割撥西寧定、信、感、從四都，田、地、池稅捌百肆拾捌頃伍拾畝零捌分貳釐陸毫壹絲捌忽貳微玖僉柒沙陸塵，除丁銀外征地銀貳千柒百伍拾玖兩肆錢肆分叁釐貳毫貳絲壹忽柒微陸僉貳沙叁塵玖埃叁渺柒漠零貳巡，色米陸百伍拾貳石玖斗伍升壹合零，其色米就近給羅協分防懷鄉兵米叁百貳拾肆石，尚米叁百貳拾捌石玖斗伍升壹合零，每年秋季自懷鄉解赴肇協衙門以充兵食。

起運並留充兵餉軍器，共銀壹萬捌千伍百壹拾壹兩伍錢陸分叁釐捌毫柒絲伍忽，又地畝餉連水脚並驛傳節裁銀壹萬伍千肆百柒拾壹兩肆錢肆分玖釐零貳絲，共銀叁萬叁千玖百捌拾叁兩零壹分貳釐捌毫玖絲伍忽，倉糧夏農桑本色米貳萬零肆百柒拾伍石柒斗玖升肆合肆勺玖抄。

折色起運

户部項下，京庫金花鋪墊料地畝餉，本折共銀貳千捌百叁拾玖兩陸錢壹分肆釐柒毫。化州征解。

裁扣員役優免米銀壹百伍拾伍兩玖錢柒分柒釐玖毫。化州征解。

京庫銀貳千貳百參拾叁兩壹錢肆分陸釐，每兩帶征滴珠銀壹分，解京水脚銀貳分共銀陸拾陸兩玖錢玖分肆釐肆毫，又解司水脚銀貳拾貳兩玖錢壹分壹釐陸毫。茂、電、信、吴、石伍縣征解。

均壹料銀捌拾壹兩柒錢貳分柒釐貳毫，解司水脚銀捌錢壹分柒釐叁毫。石城縣征解。

鋪墊料銀貳百玖拾壹兩捌錢叁分捌釐陸毫，解司水脚銀貳兩玖錢壹分捌釐肆毫。茂、電、信、吴、石伍縣征解。

地畝餉銀壹萬零壹百零肆兩玖錢捌分伍釐，水脚銀壹百伍拾壹兩伍錢柒分肆釐陸毫。茂、電、信、吴、石伍縣征解。

兵部項下，驛傳節裁銀貳千陸百柒拾兩零貳錢捌分玖釐肆毫貳絲。陸州縣征解。

工部項下，均壹料肆司竹木翠毛魚油料並水脚共銀伍百肆拾貳兩壹錢零捌釐柒毫。化州征解。

均壹料銀壹千叁百陸拾柒兩捌錢玖分伍釐叁毫。解司水腳銀壹拾叁兩陸錢柒分捌釐玖毫。

肆司料銀壹千壹百壹拾壹兩捌錢陸分柒釐捌毫，内石城縣除銀伍兩貳錢買葛布，不編水脚，尚實征解司水腳銀壹拾壹兩零陸分陸釐柒毫。

竹木、翠毛等料銀陸拾兩零貳錢肆分壹釐貳毫。

以上叁項俱茂、電、信、吴、石征解。

魚油料並解京水脚，共銀貳百伍拾柒兩壹錢陸分壹釐伍毫，遇閏加銀壹拾捌兩零捌分伍釐肆毫。茂、電、信、吴、石伍縣征解。

又，解司水脚，銀陸錢玖分伍釐陸毫。信宜、吴川貳縣征解。

留備軍器，軍器料銀壹百壹拾肆兩零叁分壹釐貳毫，解司水腳銀壹兩壹錢肆分零貳毫。陸州縣征解。

留充兵餉，解司留府備支兵餉銀叁千貳百零玖兩零叁分肆釐捌毫，解司水腳銀叁拾貳兩零玖分零貳毫。茂、吴、石叁縣征解。又電白縣解司充餉銀叁兩玖錢玖分肆釐玖毫，閏銀柒分肆釐陸毫。該縣征解。

軍務藥材並水脚，共銀壹拾叁兩陸錢捌分伍釐。茂、電、信、吴、石伍縣征解。

本府儒學倉米錢叁百叁拾伍兩肆錢。茂名縣征解。

原本府官吏俸鈔今改充餉銀貳百肆拾兩。茂名縣征解。

原北津寨兵餉銀壹千貳百捌拾陸兩捌錢肆分叁釐伍毫，閏銀壹百零柒兩壹錢伍分。茂、電、信、吴、石伍縣征解。

原添設吴川陸營兵餉銀壹千伍百零貳兩玖錢柒分柒釐柒毫。茂、電貳縣征解。

縣儒學倉米銀捌百貳拾叁兩貳錢，遇閏加銀伍拾伍兩壹錢伍分。茂、電、信、吴、石伍縣征解。

石城縣永豐倉折色米並農桑米銀陸百玖拾肆兩肆錢陸分柒釐伍毫，遇閏加銀叁拾兩零玖分壹釐壹毫。該縣征解。

撥電白縣神電倉折色米銀陸百捌拾貳兩叁錢貳分捌釐叁毫，遇閏加銀貳拾捌兩玖錢陸分柒釐貳毫。茂名、吴川貳縣征解。

撥信宜縣存積倉折色米銀壹千零伍拾柒兩捌錢貳分捌釐捌毫。化州、茂名貳州縣征解。

原信宜縣補差並官軍閏月糧食改充兵餉銀貳百伍拾貳兩玖錢。該縣征解。

原總兵廩糧改充兵餉銀壹拾伍兩肆錢壹分肆釐貳毫，解司水脚銀壹錢伍分肆釐，遇閏加銀玖錢陸分壹釐玖毫。茂、電、吴、石伍縣征解。

原銅錢、稻穀折銀改充兵餉銀壹百零貳兩壹錢柒分叁釐。茂、電、信、吴肆縣，並寧川所於屯糧各征解。

魚課米銀伍百肆拾陸兩柒錢捌分貳釐壹毫，解司水脚銀壹兩玖錢玖分壹釐玖毫，遇閏加銀肆拾捌兩玖錢貳分肆釐伍毫。茂、電、信、吴、石伍縣征解。

化州裁扣舊編存留款項，並驛丞府訓導等項充餉銀壹千叁百壹拾捌兩玖錢貳分捌釐柒毫貳絲伍忽，遇閏加銀陸拾壹兩肆錢壹分捌釐陸毫壹絲伍忽。該縣征解。

以上起運銀内，續奉裁改，無征寧川所屯糧派銅錢銀壹兩玖錢柒分叁釐，理合注明。

本色兵餉，本府永安倉本色民夏農米叁千陸百肆拾捌石零肆升貳合玖勺。茂名縣征解。

州縣倉本色並夏農共色米壹萬陸千捌百貳拾柒石柒斗伍升壹合伍勺玖抄，閏米壹百陸拾伍石叁斗叁升捌合陸勺。電、信、化、吴、石伍州縣征解。

存留

猺差、民壯、鹽鈔、驛傳、均平、新增丁口，共銀貳萬柒千柒百陸拾玖兩貳錢陸分肆釐捌毫捌絲内。除驛傳節裁及電白、石城貳縣均平，夫馬、抵解、驛傳、節裁，共銀貳千陸百柒拾兩零貳錢捌分玖釐肆毫貳絲，例在起運項下解。部充餉外，尚銀貳萬伍千零玖拾捌兩玖錢柒分伍釐肆毫陸絲内。猺差銀陸千玖百壹拾捌兩叁錢伍分柒釐貳毫，又信宜縣府撥東安西寧兵食銀貳百柒拾叁兩柒錢壹分，化州、茂名協濟軍糧捌百貳拾伍兩伍錢伍分壹釐陸毫，共銀捌千零壹拾柒兩陸錢壹分捌釐捌毫，遇閏加銀伍百叁拾柒兩壹錢伍分玖釐叁毫。民壯銀壹萬零伍拾兩零肆錢陸分肆釐壹毫肆絲，遇閏加銀柒百陸拾兩零捌錢叁分貳釐陸毫。户口鹽鈔銀肆百貳拾柒兩肆錢玖分捌釐貳毫，遇閏加銀叁拾肆兩伍錢貳分柒釐伍毫。

叁項共銀壹萬柒千叁百玖拾陸兩叁錢壹分玖釐伍毫肆絲，又信宜縣府撥東安西寧兵食化州、茂名協濟軍糧等銀壹千零玖拾兩貳錢陸分壹釐陸毫，共銀壹萬捌千肆百玖拾伍兩伍錢捌分壹釐壹毫肆絲，遇閏加銀壹千叁百叁拾貳兩伍錢壹分玖釐肆毫内。

布政司解户

化州、信宜、茂名、吴川肆州縣共肆名，每名編水脚銀伍拾兩，免差充餉銀叁拾兩。共銀叁百貳拾兩，每名編解司水脚銀捌錢。共銀叁兩貳錢。解司備支。

北京富户壹名，編銀貳兩。吴川縣征解。

本府知府

俸薪心紅、修宅、桌圍等項，共銀貳百伍拾肆兩零肆分肆釐，遇閏加銀壹拾伍兩叁錢叁分陸釐玖毫。

前件。現支俸銀壹百零伍兩，奉裁銀壹百肆拾玖兩零肆分肆釐，閏銀壹拾伍兩叁錢叁分陸釐玖毫充餉，又乾隆元年奉交現支俸薪勻攤荒銀參兩貳錢捌分伍釐玖毫伍絲肆忽貳微零陸沙參塵壹埃肆渺陸漠肆末柒逡，遇閏加勻閏銀貳錢肆分零壹毫零陸忽陸微柒僉零貳塵肆埃柒渺玖漠肆末陸逡。

門、皂、快、燈、轎、扇、禁卒、庫子、斗級等役，歲給工食草料銀陸百捌拾陸兩肆錢，照前會議歲給銀伍百捌拾貳兩，裁扣錢壹百零肆兩肆錢。遇閏加錢伍拾柒兩貳錢。會議歲給銀肆拾捌兩伍錢，裁扣銀捌兩柒錢。

前件。現支銀肆百叁拾捌兩，閏銀叁拾陸兩伍錢，奉歲倉庫、書馬快、草料、燈夫共銀壹百肆拾肆兩，閏銀壹拾貳兩充餉，又於乾隆元年奉行現支工食勻攤荒銀壹拾肆兩柒錢零捌釐柒毫壹絲壹忽零捌僉伍沙零捌埃玖渺陸漠捌末貳逡，遇閏加勻閏銀叁兩陸錢貳分玖釐伍毫玖絲零柒微零陸沙壹塵叁埃陸渺捌漠捌末貳逡壹巡，又奉行於門皂快壯、庫子、斗級各役，每名每月扣銀伍分，勻給禁卒工食。

以上茂名縣征解備支。

本府通判

俸薪心紅、修宅桌圍等銀壹百貳拾叁兩肆錢陸分，遇閏加銀捌兩陸錢貳分壹釐陸毫。

前件。現支銀陸拾兩，裁扣銀陸拾叁兩肆錢陸分，閏銀捌兩陸錢貳分壹釐陸毫，解司充餉。

書門皂快，燈、轎、傘、扇夫等役工食，共銀貳百捌拾捌兩，照前會議歲給銀貳百貳拾貳兩裁扣銀陸拾陸兩正。遇閏加銀貳拾肆兩。會議給銀壹拾捌兩伍錢，裁扣銀伍兩伍錢。

前件。現支銀壹百柒拾肆兩，閏銀壹拾肆兩伍錢，内原額缺撥東安、西寧貳縣銀，今奉文免扣奉裁書辦燈夫銀肆拾捌兩，閏銀肆兩，解司充餉。

以上信宜縣征解府備支。

本府經歷

俸薪銀肆拾捌兩貳錢零貳釐，遇閏加銀肆兩零壹分陸釐捌毫。

前件。現支俸銀肆拾兩，裁扣銀捌兩貳錢零貳釐，閏銀肆兩零壹分陸釐捌毫，充餉。

書門皂、馬夫各役，工食銀伍拾兩零肆錢，照會議給銀肆拾貳兩，裁扣銀捌兩肆錢。遇閏加銀肆兩貳錢，給銀叁兩伍錢，裁扣銀柒錢。

前件。現在支工食銀叁拾陸兩，閏銀叁兩，裁扣書辦壹名，工食銀陸兩，閏銀伍錢，充餉。

以上電白縣征解府備支。

本府儒學、教授、訓導

俸薪銀叁拾壹兩伍錢貳分，遇閏加銀貳兩陸錢貳分陸釐陸毫。

前件。原奉行貳員同食壹俸，給支銀叁拾壹兩伍錢貳分，裁扣閏銀貳兩陸錢貳分陸釐陸毫充餉。於乾隆元年奉文，教授新加著爲正七品，訓導新加從八品，照品給俸。教授連原編銀壹拾伍兩柒錢陸分，共給俸銀肆拾伍兩；訓導連原編銀壹拾伍兩柒錢陸分，共給俸銀肆拾兩。

門子、齊夫共柒名，膳夫貳名，工食銀伍拾捌兩玖錢叁分叁釐叁毫肆絲，遇閏加銀肆兩玖錢壹分壹釐壹毫。

前件。原額荒銀奉行免扣，現在全支。

以上化州征解府備支。

本府司、獄司

俸薪銀叁拾壹兩伍錢貳分，遇閏加銀貳兩陸錢貳分陸釐陸毫。

前件。現支銀叁拾壹兩伍錢貳分，内原額荒銀奉行免扣裁扣，閏銀貳兩陸錢貳分陸釐陵毫，充餉。

書皂各役工食銀貳拾壹兩陸錢，照會議給銀壹拾捌兩裁扣銀叁兩陸錢。遇閏加銀壹兩捌錢。會議給銀壹兩伍錢，裁扣銀叁錢。

前件。現支銀壹拾貳兩，閏銀壹兩内，原額荒銀，奉行免扣裁扣工食銀陸兩，閏銀伍錢充餉。

本府永安倉大使

俸薪銀叁拾壹兩伍錢貳分，遇閏加銀貳兩陸錢貳分陸釐陸毫。

前件。現支銀叁拾壹兩伍錢貳分内，原額荒銀奉行免扣裁扣閏銀貳兩陸錢貳分陸釐陸毫，充餉。

書皂各役工食銀貳拾壹兩陸錢，照會議給銀壹拾捌兩裁扣銀叁兩陸錢。遇閏加銀壹兩捌錢。會議給銀壹兩伍錢，裁扣銀叁錢。

前件。現支銀壹拾貳兩，閏銀壹兩内，原額荒銀奉行免扣裁扣工食銀陸兩，閏銀伍錢充餉。

本府儒學、廪生肆拾名，歲支廪糧銀玖拾陸兩。

前件。原額荒銀奉行免扣，現在全支，化州征解。

化州知州

俸薪油燭、心紅等銀共壹百貳拾伍兩陸錢捌分肆釐，照會議給銀捌拾兩，裁扣銀肆拾伍兩陸錢捌分肆釐。遇閏加銀柒兩玖錢壹分柒釐。

前件。現支俸銀捌拾兩，裁扣銀肆拾伍兩陸錢捌分，閏銀柒兩玖錢壹分柒釐，充餉。

門皂快壯、轎傘夫、禁卒、庫子、斗級各役共玖拾玖名，會議每名月給工食銀伍錢。共銀伍百玖拾肆兩，遇閏加銀肆拾玖兩伍錢。

前件。現支門皂快壯等柒拾肆名銀肆百肆拾肆兩，閏銀叁拾柒兩，奉文裁扣民壯貳拾伍名，銀壹百伍拾兩，閏銀壹拾貳兩伍錢充餉，又奉文在皂役内改撥叁名爲仵作，又奉文於門皂快壯、庫子、斗級各役，每名月扣減工食銀伍分，匀給禁卒。

以上貳件。乾隆元年奉文匀攤荒銀壹拾肆兩叁錢壹分玖釐零玖絲玖忽貳微壹僉貳沙貳塵捌埃玖渺貳漠零貳逡，遇閏匀攤閏銀叁兩捌錢陸分貳釐肆毫捌絲伍忽叁微零壹沙叁釐捌埃叁渺叁漠陸末肆逡玖巡。又乾隆拾伍年奉裁民壯伍名，工食銀叁拾兩，列入起運，充餉。

化州吏目

俸薪銀叁拾壹兩伍錢貳分，遇閏加銀貳兩陸錢貳分陸釐陸毫。

前件。現支銀叁拾壹兩伍錢貳分内，原額荒銀奉行免扣，裁扣閏銀貳兩陸錢貳分陸釐陸毫，充餉。

門皂、馬夫各役共陸名，會議每名月給工食銀伍錢。共銀叁拾陸兩，遇閏加銀叁兩正。

前件。原額荒銀奉行免扣，現照全支。

化州儒學學正、訓導貳員

俸薪銀叁拾壹兩伍錢貳分，遇閏加銀貳兩陸錢貳分陸釐陸毫。

前件。原奉行貳員，同食壹，俸給支銀叁拾壹兩伍錢貳分，裁扣閏銀貳兩陸錢貳分陸釐陸毫，充餉，續於乾隆元年奉行學正新加正八品，訓導從八品，照品級俸，每員連原編俸銀壹拾伍兩柒錢陸分，共給俸銀肆拾兩正。

齋夫、門子、膳夫各役共捌名，工食銀柒拾兩零玖錢叁分叁釐叁毫，遇閏加銀伍兩玖錢壹分壹釐壹毫。

前件。原額荒銀奉行免扣，現照全支。

梁家沙巡檢司

俸薪及皂隸工食共銀肆拾叁兩伍錢貳分，閏銀叁兩陸錢貳分陸釐陸毫。

前件。現支銀叁拾壹兩伍錢貳分，閏銀伍錢內額荒銀奉行免扣裁扣工食銀陸兩，閏銀叁兩壹錢貳分陸釐陸毫，充餉。

化州儒學廩生叁拾名，歲支廩糧銀柒拾貳兩。

前件。原額荒銀奉行免扣，現照全支。

鋪兵肆拾貳名，共工食銀貳百伍拾貳兩，閏銀貳拾壹兩。

前件。於乾隆元年奉行勻攤荒銀陸兩陸錢陸分壹釐玖毫肆絲肆忽壹微叁僉陸沙陸纖陸埃零捌末肆逡柒巡。遇閏勻攤，閏銀壹兩捌錢伍分柒釐伍毫叁絲壹忽叁微捌僉貳沙柒纖壹埃貳渺零肆末。

以上俱化州征貯備支。

知縣，茂名、電白、信宜、吳川、石城共伍縣。

每員俸薪心紅等銀玖拾叁兩肆錢玖分，閏銀柒兩柒錢玖分零捌毫。

前件。每員現支俸銀肆拾伍兩，裁扣銀肆拾捌兩肆錢玖分，閏銀柒兩柒錢玖分零捌毫，充餉。

每縣門皂快壯、燈轎傘扇夫、禁卒、庫子、斗級等役，歲支工食草料銀捌百伍拾貳兩正。照會議給銀柒百壹拾陸兩肆錢，裁扣銀壹百叁拾伍兩陸錢正。遇閏加銀柒拾壹兩。會議給銀伍拾玖兩柒錢，裁扣銀壹拾壹兩叁錢。

前件。茂名、吳川、石城叁縣，每縣現支銀肆百柒拾肆兩，閏銀叁拾玖兩伍錢；電白縣現支銀肆百肆拾肆兩，閏銀叁拾柒兩；信宜縣現支銀肆百壹拾肆兩內。缺撥東安、西寧銀壹百玖拾貳兩陸錢柒分，閏銀叁拾肆兩伍錢，共現支銀貳千貳百捌拾兩，閏銀壹百玖拾兩。茂名、吴川、石城叁縣，每縣裁扣庫倉書燈夫民壯，及馬快草料銀貳百肆拾貳兩肆錢，共銀柒百貳拾柒兩貳錢，每縣閏銀貳拾兩零貳錢，共銀陸拾兩零陸錢。電白縣裁扣庫倉書燈夫民壯，及馬快草料銀貳百柒拾貳兩肆錢，閏銀貳拾貳兩柒錢。信宜縣裁扣庫倉書燈夫民壯，及馬快草料銀叁百零貳兩肆錢，閏銀貳拾伍兩貳錢，共裁扣充餉銀壹千叁百零貳兩，閏銀壹百零捌兩伍錢。又奉文在皂隸役内茂名、電白各肆名，信宜、石城各貳名，改撥仵作，又奉文於門皂快壯、庫子、斗級工食每名每月扣減銀伍分，匀給禁卒。又乾隆拾貳、拾陸兩年，信宜縣共奉裁民壯柒名，工食銀肆拾貳兩，列入起運。又乾隆貳拾壹年，信宜縣奉文加增民壯貳名，將前裁工食銀支給，理合注明。

鋪司兵茂名伍拾陸名，電白叁拾玖名，信宜玖名，吴川壹拾貳名，石城肆拾陸名，共壹百陸拾貳名，每名歲支工食銀陸兩，共銀玖百柒拾貳兩，閏銀捌拾壹兩。

前件。照數支給。

以上伍縣俸工。乾隆元年奉行正印官，匀攤荒銀，茂名匀攤銀貳拾貳兩陸錢陸分柒釐伍毫叁絲肆忽貳微零陸沙肆塵柒埃叁渺柒漠貳末伍逡，電白匀攤銀壹拾玖兩零伍分陸釐捌毫伍絲叁忽零伍僉貳沙陸塵陸埃叁渺捌漠壹末肆逡壹巡，信宜匀攤銀壹拾兩零貳分捌釐柒毫零肆忽肆微伍僉伍沙肆塵貳埃叁渺捌漠肆末伍逡，吴川縣匀攤銀捌兩柒錢捌分零壹毫零叁忽壹微零捌沙零肆埃伍渺陸漠肆末柒逡玖巡，石城匀攤銀壹拾捌兩伍錢肆分柒釐零伍絲柒忽陸微玖僉陸沙玖塵伍埃玖渺柒漠陸末陸逡肆巡，共匀攤荒銀柒拾玖兩零捌分零貳毫伍絲貳忽伍微壹僉玖沙伍塵陸埃陸渺陸漠玖末捌逡肆巡。遇閏茂名匀閏銀柒兩貳錢捌分零叁毫柒絲伍忽肆微肆僉零陸塵壹埃伍渺壹漠柒末壹逡玖巡，電白匀閏銀伍兩零肆分捌釐肆毫玖絲玖忽玖微伍僉伍沙柒埃陸渺貳漠肆末貳逡玖巡，信宜匀閏銀貳兩柒錢貳分貳釐壹毫捌絲肆忽柒微肆僉柒沙捌塵伍埃壹渺伍漠壹末壹逡玖巡，吴川匀閏銀貳兩肆錢肆分貳釐玖毫捌絲柒忽捌微零伍塵壹埃陸渺叁漠壹末陸逡肆巡，石城匀閏銀伍兩壹錢零伍釐柒毫柒絲陸忽零叁僉玖沙捌塵壹埃零玖漠叁末柒逡肆巡，共匀閏銀貳拾貳兩伍錢玖分玖釐捌毫貳絲叁忽玖微捌僉肆沙伍塵柒埃零貳漠陸末伍逡伍巡。

典史，茂名、電白、信宜、吴川、石城共伍員，每員俸薪銀叁拾壹兩伍錢貳分，閏銀貳兩陸錢貳分陸釐陸毫。

前件。裁扣閏銀貳兩陸錢貳分陸釐陸毫，充餉。

每員書門皂馬夫各役工食銀伍拾兩零肆錢，照會議給銀肆拾貳兩，裁扣銀捌兩肆錢。閏銀肆兩貳錢。會議給銀叁兩伍錢，裁扣銀柒錢。

前件。每員現支工食銀叁拾陸兩，閏銀叁兩，裁扣書辦工食銀陸兩，閏銀伍錢充餉。

茂名、電白、信宜、吴川、石城教諭、訓導共拾員，每員俸薪銀叁拾壹兩伍錢貳分，閏銀貳兩陸錢貳分陸釐陸毫。

前件。原奉行貳員，同食壹俸，給支銀叁拾壹兩伍錢貳分，裁扣閏銀貳兩陸錢貳分陸釐陸毫充餉，續於乾隆元年奉文，教諭新加正八品，訓導新加從八品，照品級俸，教諭、訓導每員連原編俸銀壹拾伍兩柒錢陸分，共給俸銀肆拾兩。

每員齋夫、書門、膳夫各役工食喂馬草料，共銀壹百柒拾玖兩貳錢，閏銀壹拾貳兩玖錢叁分叁釐叁毫。

前件。現支工食銀陸拾叁兩柒錢叁分叁釐叁毫肆絲，閏銀伍兩叁錢壹分壹釐叁毫，裁扣銀壹百壹拾伍兩肆錢陸分陸釐陸毫陸絲，閏銀柒兩陸錢貳分貳釐貳毫。

巡檢司茂名縣平山、赤水、石城縣凌禄，共叁員。

每員俸薪及書皂各役工食共銀伍拾叁兩壹錢貳分，照會議給銀肆拾玖兩伍錢貳分，裁扣銀叁兩陸錢。閏銀肆兩肆錢貳分陸釐陸毫。照會議給銀肆兩壹錢貳分陸釐陸毫，裁扣銀叁錢。

前件。現支俸食銀叁拾柒兩伍錢貳分，閏銀伍錢，裁扣銀壹拾貳兩，閏銀叁兩陸錢貳分陸釐陸毫，充餉。

信宜縣乾隆貳拾壹年，奉文割撥懷鄉巡檢司巡檢壹員，額支俸銀叁拾壹兩伍錢貳分。

皂役貳名，半支工食銀陸兩正。

吴川茂暉場大使壹員。先經奉裁，至康熙玖年設復，至雍正陸年加八品職銜，照支原俸，外增俸銀捌兩肆錢捌分，另赴司領給。

俸薪及書皂工食，共銀伍拾叁兩壹錢貳分，照會議給銀肆拾玖兩伍錢貳分，裁扣銀叁兩陸錢。閏銀肆兩肆錢貳分陸釐陸毫。會議給銀肆兩壹錢貳分陸釐陸毫，裁扣銀叁錢。

前件。現支銀肆拾叁兩伍錢貳分，閏銀壹兩，裁扣銀陸兩，閏銀叁兩壹錢貳分陸釐陸毫。

儒學廩生，茂名、電白、信宜、吴川、石縣每縣貳拾名，共壹百名，每名歲支廩糧銀柒兩貳錢，共銀柒百貳拾兩正。

前件。奉文裁貳存壹，現支銀貳百肆拾兩，裁扣銀肆百捌拾兩。

差壯鹽鈔餘剩及化州裁扣充餉並富户，共銀叁千叁百柒拾壹兩玖錢伍分叁釐壹毫肆絲，遇閏加銀貳百肆拾伍兩零壹分壹釐陸毫，並同節年裁汰官俸役食各項銀兩，解司充餉。

驛傳銀壹千陸百貳拾兩零肆錢壹分肆釐叁毫玖絲，内除。銀貳拾捌兩叁錢捌分柒釐陸毫，列在起運項下，抵作吴川協造電白縣驛傳節裁解部，充餉。外尚銀壹千伍百玖拾貳兩零貳分陸毫〔一〕柒毫玖絲，遇閏加銀玖兩玖錢捌分叁釐叁毫內，續奉裁扣銀捌百零伍兩玖錢肆分肆釐壹毫叁絲玖忽貳微零貳沙。

尚存留支銀陸百伍拾陸兩捌錢玖分肆釐壹毫零柒微玖僉捌沙，閏銀玖兩玖錢捌分叁釐捌毫，今各驛銜門裁汰征解糧驛道支應。

吴川縣協助電白縣銀貳拾捌兩叁錢捌分柒釐陸毫。吴川縣征解，電白縣抵解驛傳，節裁解部。

驛傳餘剩並水脚解部充餉銀壹百貳拾玖兩壹錢捌分捌釐伍毫伍絲。

均平並水脚解部及續增，共銀肆千柒百伍拾玖兩柒錢叁分玖釐捌毫叁絲內，除信宜抽扣夫馬充餉銀貳拾兩。尚銀肆千柒百叁拾玖兩柒錢叁分玖釐捌毫叁絲在內。

歲辦

春秋二祭，府縣學派銀肆百陸拾伍兩柒錢伍分壹釐肆毫壹絲貳忽貳微。陸州縣征貯備支。

無祀鬼神，每年叁祭，派銀捌拾捌兩貳錢貳分伍釐陸毫貳絲叁忽伍微。陸州縣征貯備支。

歷日派銀伍兩伍錢。陸州縣征解。

迎春土牛、芒神春鞭、日食月食、祈雨祈晴，香燭謝雷祭品等物，派銀肆拾陸兩。陸州縣征貯備支。

孤老口糧柴布，派銀叁百貳拾壹兩陸錢伍分壹釐肆毫肆絲。陸州縣征貯備支。

〔一〕「毫」，當作「釐」。

雜辦

歲派銀伍百柒拾柒兩叁錢叁分貳釐捌毫壹絲。陸州縣征貯備支，裁扣充餉。

均平剩銀並化州裁扣充餉，共銀玖百捌拾伍兩陸錢貳分貳釐壹毫玖絲伍忽。

原奉文添設吳川陸營官兵餉銀壹千壹百陸拾壹兩玖錢三分肆釐。吳川、信宜、石城叁縣征給新定經制官兵糧食。

原吳川縣議增科舉生員盤纏銀叁拾捌兩壹錢伍分伍釐伍毫。該縣征貯備支，裁扣充餉。

又化州、石城貳州縣新增丁口猺差民壯均平鹽銀，共銀壹百貳拾貳兩肆錢壹分貳釐貳毫。該州縣征給新定經制官兵糧食。

以上存留各款，原額共銀貳萬伍千零玖拾捌兩玖錢柒分伍釐肆毫陸絲内。吳川縣協助電白縣驛傳節裁銀貳拾捌兩叁錢柒分柒釐陸毫，又信宜縣均平抽扣充餉銀貳拾兩。又本府歲撥東安、西寧貳縣兵餉，並化州、茂名協濟軍糧銀壹千零玖拾玖兩貳錢陸分壹釐陸毫，共銀貳萬陸千壹百玖拾捌兩貳錢叁分柒釐零陸絲，遇閏加銀壹千叁百肆拾貳兩伍錢零叁釐貳毫，外信宜縣計少閏銀壹拾陸兩伍錢陸分陸釐貳毫，除現奉行，在起運餉銀撥補給足。佐雜教職，遇閏俸工銀貳兩陸錢貳分陸釐陸毫，外尚少閏銀壹拾叁兩玖錢叁分玖釐陸毫，於各役月小曠缺銀兩湊支。内解户水脚銀叁百貳拾叁兩貳錢。吳川縣議增科舉生員盤纏銀叁拾捌兩壹錢伍分伍釐伍毫，各官經費衙役、工食、驛傳、均平等銀壹萬捌千叁百玖拾兩零伍錢捌分叁釐捌毫柒絲伍忽，遇閏加銀玖百捌拾捌兩壹錢伍分叁釐肆毫。又會議裁扣各役工食修宅傢伙，朔望行香，解户部克餉銀壹千陸百貳拾陸兩捌錢，遇閏加銀壹百貳拾伍兩玖錢。續存留現支官役經費驛傳、均平等銀捌千柒百貳拾伍兩陸錢貳分壹釐陸毫貳絲零柒微玖僉捌沙内。信宜縣缺撥東安、西寧，除現奉行在起運餉銀，撥補給足佐雜教職俸工，外尚缺撥銀壹百玖拾貳兩陸錢柒分。存留閏銀肆百伍拾陸兩柒錢零玖釐伍毫，又裁扣銀壹萬零貳拾陸兩叁錢壹分柒釐柒毫伍絲肆忽貳微零貳沙，閏銀伍百叁拾壹兩肆錢肆分叁釐玖毫内。化州南工匠價並水脚，共銀叁拾捌兩伍錢伍分陸釐，遇閏加銀叁兩貳錢壹分叁釐，續奉文派入地畝征輸，另列在後。

差壯、鹽鈔、驛傳、均平餘剩，並化州裁扣經費，均平連富户及新增人丁，議增吴川陸營兵餉共該解部充餉銀伍千柒百柒拾兩壹錢壹分零捌絲伍忽，遇閏加銀貳百肆拾伍兩零壹分陸釐。議留支給新定經制官兵糧食。

另壹項，陞科開墾原額官民米肆百柒拾陸石陸斗貳升壹合壹勺，共派糧差銀叁百貳拾伍兩捌錢肆分壹釐三毫，又派本色米壹百伍拾陸石玖斗零玖合貳勺，又墾地米壹石柒斗叁升玖合捌勺，全征本色。又續報陞科官民米肆百伍拾陸石陸斗零貳合玖勺，共派糧差銀叁百貳拾伍兩貳錢玖分柒釐肆毫，又派本色米貳石壹斗叁升壹合叁勺，俱不入條鞭，另項征作羸餘解克經制官兵糧食。

另壹項，裁汰神電衛、高州所、寧川所，雍正肆年歸並茂名、電白、化州、吴川肆州縣管理，實在熟税柒拾貳頃零叁畝貳分貳釐肆毫陸絲叁忽壹微，各派征則例不等，實征米壹千陸百肆拾玖石零捌升伍合肆勺貳抄壹撮貳圭叁粟叁粒叁截貳糊壹糠。又自雍正拾年爲始隨糧匀派屯丁壹百貳拾叁丁伍分貳釐，每石征丁銀壹分捌釐玖毫，共銀叁拾壹兩柒錢貳分捌釐柒毫陸絲貳忽，閏銀壹兩貳錢叁分叁釐陸毫柒絲伍忽，又吴川、電白貳縣墾復屯荒税壹拾貳頃壹拾貳畝貳分玖釐陸毫肆絲忽伍微，又茂名、化州、吴川叁州縣，乾隆肆年及陸、柒年，高州所、神電衛、寧川所墾復屯荒税壹拾肆頃貳拾玖畝柒分肆釐壹毫貳絲伍忽伍微叁僉叁沙，連熟税共實征屯米壹千捌百玖拾肆石零柒升壹合壹勺肆抄叁撮柒圭肆粟貳粒肆截貳糊捌糠。

新增滋生屯丁貳百捌拾貳丁，欽奉恩詔永不加賦。

另壹項，吴川縣乾隆拾肆、拾柒、拾捌、貳拾壹等年，墾復遷逃税玖頃伍拾壹畝伍分柒釐壹毫伍絲，照減則例起征銀壹拾壹兩肆錢壹分捌釐捌毫伍絲捌忽。

另壹項，茂名、電白、信宜叁縣，雍正貳年及柒、捌、拾、拾壹貳年，起征額外荒税貳拾柒頃陸拾畝零柒分貳釐叁毫伍絲叁忽叁微陸僉貳沙，征銀陸拾貳兩壹錢叁分叁釐陸毫玖絲玖忽貳微參僉肆沙伍塵叁埃伍渺陸漠貳末貳逡，倉糧本色米叁拾肆石壹斗叁升伍合柒勺貳抄肆撮柒圭伍粟壹粒零肆糊叁糠，不入條鞭，另項征收解充經制官兵糧食。

另壹項，茂名、電白貳縣，雍正伍年、捌年、拾貳年，首墾額外老荒及新生沙坦税，起征銀貳拾伍兩玖錢玖分捌釐玖毫肆絲柒忽壹微貳僉叁沙玖塵壹埃叁渺伍漠，倉糧本色米柒石柒斗肆升柒合肆勺肆抄伍撮伍圭貳粟壹粒叁截壹糊捌糠，不入條鞭，另項征收解充經制官兵糧食。

茂名、石城，乾隆貳年起至乾隆拾年止，給墾承墾額外税起征銀肆百肆拾捌兩伍錢壹分陸釐零叁絲柒忽肆微貳僉柒沙伍塵捌埃玖渺伍漠柒末伍逡柒巡。

茂名、電白、信宜、化州、吴川伍州縣，乾隆貳年至拾壹年，報墾老荒額外税，起征銀陸百肆拾陸兩陸錢零貳釐陸毫陸絲叁忽壹微肆僉玖沙伍塵貳埃伍渺伍漠貳末陸逡叁巡，倉糧本色米貳百捌拾肆石零貳升叁合陸勺叁抄伍撮壹圭捌粟捌粒陸截伍糊叁糠。

電白縣，乾隆貳年至拾壹年，陞科夏地稅貳拾玖頃零陸畝零捌絲捌忽，倉糧本色米伍拾肆石陸斗叁升貳合捌勺壹抄陸撮伍圭肆粟肆粒。

信宜縣，乾隆伍年，報墾荒地稅玖畝貳分陸釐貳毫，起征銀壹錢伍分貳釐壹毫壹絲玖忽零捌僉捌沙，倉糧本色米壹斗陸升捌合壹勺伍抄壹撮陸圭壹粟。

化州、吴川、石城叁州縣，乾隆貳、叁、肆、伍、陸年，及捌、玖、拾年，墾復荒蕪稅肆百貳拾柒頃肆拾壹畝玖分肆釐陸毫壹絲叁忽伍微肆僉貳沙，起征銀壹千貳百陸拾玖兩叁錢叁分叁釐伍毫貳絲伍忽捌微貳僉玖沙柒塵伍埃零陸漠玖末，閏銀叁拾玖兩叁錢肆分零捌毫捌絲伍忽壹微叁僉叁沙玖微捌埃叁渺玖漠肆末伍逡壹巡，倉糧本色米肆百柒拾壹石貳斗零貳抄伍撮壹圭壹粟柒粒柒截陸糊叁糠，閏米伍石零柒升叁合玖勺叁抄零叁圭捌粟捌粒叁截肆糊肆糠。

信宜、化州、石城，自乾隆拾貳年起至貳拾壹年底止，共墾陞額外稅柒拾肆頃捌拾捌畝貳分肆釐零玖絲伍忽玖微玖僉，各起征則例不等，共征銀叁拾肆兩柒錢肆分伍釐伍毫壹絲陸忽柒微柒僉。

另壹項，不入條鞭，征收本色物料溢價銀貳百壹拾壹兩捌錢伍分伍釐。陸州縣征解。

另壹項，不入條鞭，征收折色物料溢價銀壹拾兩零壹錢伍分柒釐陸毫。陸州縣征解。

另壹項，不入條鞭，征收解襖雕漆衣裝銀貳百叁拾陸兩貳錢柒分叁釐，閏銀壹兩零捌分貳釐叁毫。茂名、電白、信宜、吴川、石城伍縣征解。

另壹項，不入條鞭，征收匠價派入地畝貳百貳拾貳兩肆錢零陸釐陸毫貳絲貳忽伍微陸𠹁柒沙。陸州縣征解。

起運項内扣留支給

茂名、化州、吴川叁屬，改征本色米貳千叁百零壹石玖斗壹升伍合零壹撮零貳粟陸粒玖截伍糊肆糠，除銀壹千柒百陸拾貳兩壹錢伍分肆釐叁毫壹絲玖忽零伍𠹁貳沙肆塵零壹渺玖漠。

陸州縣留支，致祭關帝品物銀貳百肆拾兩。

茂名縣留支，添設黄材等肆閘鄉勇壹拾陸名，工食餉銀玖拾陸兩，遇閏加銀捌兩。

石城縣留支，添設楊桃角等伍汛鄉勇叁拾伍名，工食餉銀貳百壹拾兩，遇閏加銀壹拾柒兩伍錢。

吴川縣留支，添設州司巡檢壹員、弓役陸名，俸工餉銀肆拾玖兩伍錢貳分，遇閏加銀壹兩伍錢，府學教授、訓導貳員，奉行新定品級，增俸銀伍拾叁兩肆錢捌分。

茂名、電白、信宜、化州、吴川、石城陸州縣學正、教諭、訓導共壹拾貳員，奉行新定品級，每員增俸銀貳拾肆兩貳錢肆分，共增俸銀貳百玖拾兩零捌錢捌分。

電白、化州、吴川、石城肆州縣，奉行佐雜教職免扣荒銀壹百壹拾壹兩壹錢玖分壹釐玖毫零伍忽伍微肆𠹁伍沙。又吴川縣免扣荒逃無征銀壹拾柒兩柒錢伍分貳釐柒毫玖絲，遇閏免扣閏荒銀壹拾兩零捌錢肆分陸釐壹毫陸絲伍忽壹微捌𠹁零肆塵。信宜縣免扣未奉發下銀捌拾壹兩零肆分，遇閏免扣，閏少不足支銀貳兩陸錢貳分陸釐陸毫，共銀貳百零玖兩玖錢捌分肆釐陸毫玖絲貳忽伍微肆僉伍沙，閏銀壹拾叁兩肆錢柒分貳釐柒毫陸絲伍忽壹微捌僉零肆塵。

府學廪生、饘膳夫工食免扣荒銀壹錢零柒毫肆絲伍忽貳微壹僉。化州征解。

電白、化州、吴川、石城肆州縣，廪生饘糧、膳夫工食共免扣荒銀叁拾兩零陸分貳釐伍毫貳絲叁忽柒微零壹埃貳渺，遇閏免扣閏銀伍錢伍分零捌毫玖絲玖忽貳微伍僉陸沙壹塵貳埃。

赴布政司請領支給

電白縣添設沙堋司巡檢壹員、弓役貳名，歲給俸工銀叁拾柒兩伍錢貳分，遇閏加銀伍錢。

吴川縣茂暉場大使，奉行加八品職銜，增俸銀捌兩肆錢捌分。

存留項内匀扣歸入起運充餉

府屬茂名、電白、信宜、化州、吴川、石城陸州縣正印俸工，奉行匀攤荒銀壹百壹拾捌兩貳錢玖分陸釐零陸絲柒忽捌微叁僉零壹塵陸埃捌渺貳漠陸末零壹巡，遇閏匀攤閏銀叁拾陸兩壹錢捌分玖釐伍毫叁絲捌忽零肆僉伍沙零伍埃零肆漠玖末叁逡伍巡。

雜税

梅塘雜税銀壹千零陸拾壹兩叁錢壹分伍釐叁毫。本府征解充餉。

船税銀捌拾兩零伍錢。電白征解充餉。

河下税銀叁百兩。化州征解充餉。

渡税銀伍兩。吴川征解充餉。

鹽行地租雜税共銀柒拾肆兩陸錢陸分陸釐柒毫。信宜征解充餉。

石城縣前地租銀陸兩貳錢。談縣征解充餉。

割撥西寧雜税銀肆拾貳兩貳錢。信宜縣解。

府學田租穀叁拾陸石，折銀伍兩肆錢；租米叁石玖斗壹升玖合，折銀壹拾陸兩，租銀貳拾貳兩貳錢玖分玖釐伍毫，共銀肆拾叁兩陸錢玖分玖釐伍毫。府學並茂名縣征解，給貧生燈油。

縣學田租祭祀銀陸拾伍兩伍錢肆分。茂名縣征貯備支。

各屬耤田，雍正伍年奉行，置買令農夫耕種遞年完耤穀，爲粢盛籽種餘存，供備祭費。

各屬致祭先農品物，雍正陸年奉文動支地丁餉銀，續於雍正拾貳年奉文在耤穀變價辦祭。

税契，原無定額，遵奉明文通行。凡買産人户，每價壹兩，税銀叁分，科場壹分，其奩撥開墾每畝税銀伍分，皆據各業户具单，赴州縣投納，填給布政司，契尾執照税銀，遞年隨征隨解，布政司彙解。

户部及貯備科場經費，自雍正柒年奉行改用布政司頒發契紙，每價壹兩，税銀叁分，科場銀壹分。

雍正拾貳年，又奉行每典價壹兩，税銀壹分伍釐，科場銀伍釐，遞年征收税銀伍釐，遞年征收税銀，除解原額税契科場外，若有羨餘，盡行解司。

文武缺官俸銀、教官缺俸薪、廪生空廪銀兩，原無定額，每年員缺隨扣隨解，布政司彙解。

户部

竈民曾萬兆赴信宜縣，納餉銀陸拾陸兩陸錢。

石城縣扣收城市墟税銀肆百壹拾兩零肆錢陸分柒釐。續議以限門税餘抵補。

積貯

府倉額貯穀伍萬肆千捌百叁拾石零陸斗柒升肆合正。

茂名縣倉額貯穀肆萬貳千肆百玖拾石零貳升肆合貳勺叁抄玖撮捌圭零玖粒柒截伍糊捌糠。

電白縣倉額貯穀肆萬零玖百玖拾柒石肆斗玖升陸合柒勺壹抄陸撮柒圭肆粟柒粒零捌糊零捌粃。

信宜縣倉額貯穀貳萬貳千捌百陸拾柒石貳斗貳升正。

化州倉額貯穀叁萬貳千叁百柒拾玖石貳斗伍升零柒勺陸抄捌撮壹圭叁粟叁粒貳截伍糊。

吴川縣倉額貯穀叁萬肆千叁百柒拾石零玖斗伍升貳合伍勺肆抄。

石城縣倉額貯穀貳萬玖千捌百陸拾石零捌斗玖升正。

鹽政

乾隆捌年裁高廉鹽運分司，以鹽務歸高州府管理。

電白場大使一員，署在電白縣城，管保寧、蛋場、莊垌、那笈、紅花伍廠。

額征課銀叁百柒拾伍兩肆錢貳分陸釐零伍絲。

額收熟鹽壹萬伍千捌百包，每包給竈價銀叁錢零貳釐伍毫，後於乾隆貳拾年起例，每年正月至肆月，每埸每包原價外加給銀壹分。

生鹽池塥，以陸百壹拾口爲率，每年每塥暫議收生鹽肆拾包，每包給晒價銀壹錢伍分陸釐貳毫。

博茂埸委官壹員，署在水東，管電白水東、王潘、沙院，茂名之那碌、博茂，共伍厫。

額征課銀貳百捌拾肆兩肆錢肆分零壹毫伍絲。

額收熟鹽壹萬伍千捌百包，水東、沙院、王潘三厫，每包給竈價銀叁錢零貳釐伍毫；博茂、那碌貳厫，每包給竈價銀叁錢壹分叁釐伍毫。

茂暉埸大使壹員，署在吴川縣城。

額征課銀壹百柒拾陸兩捌分貳釐伍毫。

額征熟鹽叁萬玖千肆百包，每包給竈價銀叁錢壹分叁釐伍毫。

生鹽池塥以七百口爲率，每年每塥暫議收生鹽肆拾包，每包給竈價銀壹錢伍分陸釐貳毫。

丹兜埸委官壹員，署在下洋。

額征課銀柒百柒拾兩零肆錢叁分柒釐捌毫伍絲伍忽壹微貳僉貳沙。

額征熟鹽伍千玖百玖拾壹包，每包給竈價銀貳錢陸分肆釐。

各商餉引

茂名商餉銀壹千叁百壹拾柒兩陸錢壹分柒釐肆毫伍絲零肆僉，引貳千陸百柒拾玖道叁分玖釐玖毫捌絲，計配鹽肆千壹百玖拾柒包零壹百零玖斤，每包納價銀叁錢。

電白商餉銀壹百肆拾壹兩零壹釐貳毫零貳忽壹微捌僉，引肆百肆拾柒道捌分貳釐壹毫柒絲玖忽壹微陸僉玖沙陸塵零肆渺肆漠，計配鹽柒百零壹包零捌拾柒斤拾壹兩，每包納價銀叁錢。

信宜商原額餉銀玖拾壹兩壹錢肆分捌釐肆毫捌絲捌忽，引貳百捌拾玖道肆分捌釐肆毫壹絲貳忽零捌僉柒沙柒塵肆埃，計配鹽肆百伍拾叁包零柒拾捌斤拾貳兩，每包納價銀叁錢。乾隆貳拾壹年，割西寧肆都地歸信宜，加征餉銀貳百玖拾玖兩壹錢壹分伍釐壹毫肆絲，增引玖百伍拾道，計配鹽壹千肆百捌拾捌包零伍拾斤，乾隆貳拾肆年停止。餘鹽又加征餉銀壹千肆百肆拾壹兩貳錢玖分叁釐壹毫柒絲叁忽叁微零伍沙零壹埃貳渺叁漠壹末捌逡肆巡，又增引肆千伍百柒拾柒道，伍分玖釐柒毫，計配鹽柒千壹百柒拾壹包零捌拾陸斤。

化州商原額餉銀壹百捌拾兩零伍錢玖分伍釐貳毫伍絲伍忽伍微，引伍百柒拾叁道伍分柒釐貳毫肆絲肆忽貳微玖僉陸沙玖釐零伍渺陸漠，計配鹽捌百玖拾捌包零捌拾捌斤，每包納價銀叁錢，乾隆貳拾肆年停止。餘鹽加征餉銀玖百玖拾壹兩貳錢肆分肆釐壹毫捌絲柒忽捌微捌僉柒沙陸塵伍埃伍渺柒漠貳末壹逡陸巡，增引叁千壹百肆拾捌道貳分零叁毫，計配鹽肆千玖百叁拾貳包零貳拾捌斤。

吳川商原額餉銀壹百壹拾捌兩捌錢叁分肆釐叁毫陸絲叁忽貳微，引叁百柒拾柒道肆分貳釐零壹絲伍忽陸微貳僉零捌塵叁埃捌渺叁漠，計配鹽伍百玖拾壹包零肆拾叁斤柒兩，每包納價銀叁錢，乾隆貳拾肆年停止。餘鹽加征餉銀叁拾捌兩零叁分肆釐肆毫零陸忽玖微肆僉柒沙壹塵捌埃伍渺陸漠壹末叁逡陸巡，增引壹百貳拾道零柒分玖釐捌毫，計配鹽壹百捌拾玖包零叁拾柒斤，每包納價銀叁錢。

石城商原額餉銀捌拾伍兩柒錢捌分壹釐伍毫叁絲柒忽壹微肆僉，引貳百柒拾貳道肆分肆釐貳毫叁絲柒忽零叁僉肆沙捌塵陸埃壹渺，計配鹽肆百貳拾陸包零壹百貳拾叁斤拾伍兩，每包納價銀叁錢，乾隆貳拾肆年停止。餘鹽加征餉銀貳百伍拾捌兩叁錢壹分捌釐肆毫貳絲陸忽柒微叁僉貳沙零伍埃貳渺叁漠捌末伍逡玖巡，增引捌百貳拾道零肆分貳釐，計配鹽壹千貳百捌拾伍包零伍拾斤，每包納價銀叁錢。

廣西陸川商餉銀伍百零叁兩叁錢貳分叁釐柒毫伍絲零伍微叁僉，引捌百貳拾玖道，計配鹽壹千貳百玖拾捌包壹百壹拾伍斤，每包納價銀叁錢。

博白商餉銀叁百兩零伍錢叁分柒釐貳毫，額引肆百玖拾伍道，計配鹽柒百柒拾伍包零柒拾伍斤，每包納價銀叁錢，加二五鹽壹百玖拾叁包壹百叁拾壹斤零肆兩，每包納價銀叁錢伍分。又每包加耗捌斤，每包納價銀叁錢。

北流商餉銀捌百壹拾兩零叁錢伍分，額引壹千叁百叁拾柒道，計配鹽貳千零玖拾肆包零玖拾伍斤，每包納價銀叁錢，加二五鹽伍百貳拾叁包零玖拾捌斤拾貳兩，每包納價銀叁錢伍分。又每包加耗捌斤，每包納價銀叁錢。

岑溪商餉銀貳百肆拾肆兩貳錢叁分玖釐壹毫玖絲柒忽壹微肆僉，額引肆百零貳道，計配鹽陸百貳拾玖包壹百貳拾斤，每包納價銀叁錢，加二五鹽壹百伍拾柒包零陸拾柒斤捌兩，每包納價銀叁錢伍分。又每包加耗捌斤，每包納價銀叁錢。

卷之八

兵防志

太平之世，兵不以用見而以防見。防也者，斂銜鋒戰陣之兵，歸之城汛墩臺之内。以簡其冗，以團其氣，兵以戢而彌固也。高郡叢山瀕海，嶺蠻錯居交彝，外番密邇邊徼，覵我强弱，未雨綢繆之意亦綦重矣。今國家因地設險，棋布星羅，雖韜鋒不試，而隱然有不可犯之威焉，豈非内固腹心之道也夫？志兵防。

歷代兵制

隋以前，兵制隨時變更，且多統言嶺南。其各府分合轄屬，無從稽查，今闕之。

唐至德間，改嶺南五府經略爲嶺南節度使，領廣、韶、循、康、瀧、端、新、封、春、勤、羅、潘、高、恩、雷、崖、瓊、振、儋、萬、安、藤二十二州兵。

宋初，令京官知廣州軍事，充廣南東路經略安撫使馬步軍都總管，統領諸路兵馬，鈐轄化州，置馬步軍都指揮使、副指揮使。

元初，設廣東道宣慰使司都元帥，又設海北海南宣慰使、同知副使各一員，於廣州諸路置『翼』，有千百户、鎮撫等官，設萬户府統領之。『翼』，猶言『衛』也。

明洪武初，平章廖永忠、參政朱亮祖平定廣東，遂命亮祖鎮守，建置諸衛所，分佈要害。拾柒年，復設沿海諸衛所，分築墩臺，每百户所正軍百人，總旗二人，小旗壹十人，拾百户所爲千户所，統以諸衛。衛必伍，所而又有都衛以總制之。後改爲都指揮使，司隷前軍都督府管轄，迨其後制亦稍變易矣。

高州府凡設衛壹、所叁：

神電衛，在電白縣城西，官貳拾陸員，旗軍壹千伍拾捌名。

寧川守禦千户所，在吴川縣城東南，隸神電衛，官伍員，旗軍肆百伍拾柒名。

高州守禦所，在高州府城北，隸神電衛，官貳員，旗軍叁百貳拾柒名。

信宜守禦千户所，在信宜縣城東北，隸神電衛，官肆員，旗軍伍百陸拾柒名。

國朝軍職

鎮守高、雷、廉、羅總兵一員，駐劄高州，坐馬壹拾陸匹。順治十二年設，十四年分設廉鎮，止轄高、雷。康熙二十三年裁，廉鎮仍歸高雷鎮管。五十七年，以龍門協來轄。雍正十三年，以羅定協來轄。

歲支俸薪經費，除閏共銀五百一十一兩五錢七分五釐九毫八絲四忽，養廉銀三百二十九兩四錢一分一釐。

鎮標二營

左營游擊一員，坐馬六匹。

左營都司一員，坐馬四匹。原係游擊，乾隆十九年改都司。

左右營守備二員，坐馬八匹。

千總四員，坐馬八匹。

把總八員，坐馬一十六匹。

外委千總四員、把總八員。

經制官歲支俸薪經費除閏共銀一千零九十四兩零九分一釐九毫八絲四忽，外委每員支食馬糧、守糧各一分。

電白營

游擊一員，坐馬六匹。

守備一員，坐馬四匹。

千總二員，坐馬四匹。

把總四員，坐馬八匹。
外委千總一員、把總三員。
經制官歲支俸薪經費，除閏共銀五百六十二兩零四分五釐九毫九絲二忽，外委每員支食馬糧、守糧各一分。

吴川營

游擊壹員，坐馬陸匹。
守備壹員，坐馬肆匹。
千總貳員，坐馬肆匹。
把總肆員，坐馬捌匹。
外委千總壹員、把總叁員。
經制官歲需俸薪經費，除閏共銀伍百陸拾貳兩零肆分伍釐玖毫玖絲貳忽，外委每員支食馬糧、守糧各壹分。

硇洲營

都司壹員，坐馬肆匹。原係守備，雍正拾年改都司。
千總壹員，坐馬貳匹。
把總貳員，坐馬肆匹。

外委千總壹員、把總貳員。

經制官歲支俸薪經費，除閏共銀貳百陸拾壹兩叁錢玖分貳釐玖毫玖絲陸忽，外委每員支食步糧、守糧各壹分。

化石營

都司壹員，坐馬肆匹。原係守備，雍正拾年改都司。

千總壹員，坐馬貳匹。

把總貳員，坐馬肆匹。

外委千總壹員、把總貳員。

經制官歲支俸薪經費，除閏共銀貳百陸拾壹兩叁錢玖分叁釐玖毫玖絲陸忽，外委每員支食馬糧、守糧各壹分。

兵額

高州鎮標左右貳營

馬戰兵壹百柒拾名，步戰兵叁百名，守兵壹千壹百伍拾貳名，共兵壹千陸百貳拾貳名。

歲支餉銀連閏共銀貳萬伍千貳百肆拾陸兩，米陸千叁百貳拾伍石捌斗。

各官坐馬伍拾捌匹，戰馬壹百柒拾匹，共貳百貳拾捌匹。

歲支料米連閏貳千壹百捌拾捌石捌斗，草捌萬捌千玖百貳拾束。

電白營

馬戰兵叁拾壹名，步戰兵壹百柒拾叁名，守兵肆百柒拾貳名，共兵陸百柒拾陸名。

歲支餉銀連閏共銀壹萬零叁百壹拾伍兩伍錢，米貳千陸百叁拾陸石肆斗。

各官坐馬貳拾貳匹，戰馬叁拾壹匹，共伍拾叁匹。

歲支料米伍百零捌石捌斗，草貳萬零陸百柒拾束。

吴川營

馬戰兵貳拾玖名，步戰兵壹百柒拾伍名，守兵肆百柒拾叁名，共兵陸百柒拾柒名。

歲支餉銀連閏共銀壹萬零叁百壹拾伍兩伍錢，米貳千陸百肆拾石零叁斗。

各官坐馬貳拾貳匹，戰馬貳拾玖匹，共伍拾壹匹。

歲支料米肆百捌拾玖石陸斗，草壹萬玖千捌百玖拾束。

碙洲營

步戰兵壹百伍拾名，守兵叁百伍拾名，共兵伍百名。

歲支餉銀連閏共銀柒千肆百柒拾伍兩，米壹千玖百伍拾石。

各官坐馬壹拾匹。

歲支料米玖拾陸石，草叁千玖百束。

化石營

馬戰兵肆拾叁名，步戰兵捌拾伍名，守兵叁百玖拾玖名，共兵伍百貳拾柒名。

歲支餉銀連閏共銀柒千玖百陸拾貳兩伍錢，米貳千零伍拾伍石叁斗。

各官坐馬壹拾匹，戰馬肆拾叁匹，共伍拾叁匹。

歲支料米伍百零捌石捌斗，草貳萬零陸百柒拾束。

民壯

通判貳拾名。吳川、石城各送拾名。茂名縣叁拾名。電白縣貳拾伍名。信宜縣拾伍名。化州貳拾名。吳川縣貳拾名。石城縣貳拾名。每名給銀陸兩，遇閏不加。

兵船

電白營

外海雙篷艍船柒隻。内貳隻係康熙肆拾貳年添設，伍隻係雍正陸年將内河槳船伍隻改造。

吳川營

外海雙篷艍船貳隻。係康熙肆拾壹年，將原額内河哨槳船貳隻改造。

外海拖風船叁隻。係雍正伍年將槳船叁隻改造。

内海槳船貳隻。

硇洲營

外海雙篷艍船肆隻。内叁隻係於康熙肆拾叁年添設，壹隻係將收白鴿寨減撥槳船壹隻改造。

外海拖風船肆隻。原係内河槳船，於雍正陸年改造。

化州營

内河槳船貳隻。

軍防

茂名縣

城守兵陸百肆拾壹名，係本鎮總兵官駐防。鎮標游擊壹員，都司壹員，守備貳員，千總貳員，把總壹員，外委叁員協防。

營汛：分界汛把總壹員，兵肆拾名；根子汛貳拾名；謝鷄汛外委壹員，兵貳拾名；平山汛把總壹員，兵叁拾名；黄塘汛外委壹員，兵伍拾名；平吉汛兵拾伍名；紅粉汛兵拾名；清水屯汛兵拾伍名；小營汛把總壹員，兵肆拾名；淋水汛外委壹員，兵肆拾玖名；黄羅汛兵肆拾壹名；寨口鋪汛兵拾名；埏田塘兵伍名；里麻塘兵伍名；雙花塘兵伍名；中伙塘兵伍名；飛馬塘兵伍名；上公灣塘兵伍名；合乂塘兵叁名。以上俱係鎮標左營分防。

梅菉汛千總壹員，兵陸拾名；王嶺汛兵拾壹名；淺水汛外委壹員，兵貳拾伍名；那寬峒汛兵貳拾名；博茂汛兵叁拾名；那菉汛把總壹員，兵肆拾肆名；西河汛兵拾名；公館汛外委壹員，兵貳拾名；樂嶺汛兵貳拾名；平棉汛把總壹員，兵肆拾名；沙田汛外委壹員，兵肆拾肆名；太平汛兵叁拾名；林坑汛把總壹員，兵肆拾肆名；响水汛兵拾玖名；南盛汛外委壹員，兵貳拾陸名；那威汛兵拾貳名；頭塘兵貳名；瓜棚塘兵伍名；登高塘兵伍名；石鼓塘兵伍名；中伙塘兵伍名；那射塘兵伍名；京路塘兵貳名。以上俱係鎮標右營分防。

電白縣

城守兵壹百肆拾捌名，係本營游擊專防。守備壹員，千總壹員，協防營汛。

三橋汛把總壹員，兵貳拾貳名；龍門汛兵捌名；烏坭汛兵柒名；黄坑汛兵玖名；荔枝園汛兵陸名；獅子堡汛把總壹員，兵貳拾貳名；望夫汛兵拾壹名；黄嶺汛兵拾名；佛子樓汛兵柒名；那霍汛外委壹員，兵貳拾貳名；大榕樹汛外委壹員，兵拾貳名；五藍汛兵捌名；蓮塘坡汛外委壹員，兵貳拾名；巷口汛兵柒名；沙院汛外委壹員，兵陸名；槌子、烏石二塘，每塘兵肆名；新安、黄竹、羅浮、興樂、白馬、苦藤、觀珠、大牙、五藍、夏藍、莊垌、縣前拾貳塘，每塘兵叁名。

海汛：山後港千總壹員，船兵陸拾伍名；蓮頭港把總壹員，船兵柒拾貳名；赤水港把總壹員，船兵陸拾伍名。

砲臺：山後砲臺兵拾伍名；河口砲臺兵伍名；蓮頭砲臺兵貳拾伍名；博賀砲臺兵拾伍名；赤水砲臺兵貳拾伍名；流水砲臺兵柒名。

信宜縣

城守兵陸拾捌名，撥千總壹員輪防。

營汛：陳錦汛兵貳拾伍名；洗廟汛外委壹員，兵叁拾叁名；黄相汛兵貳拾伍名；張埇汛兵貳拾貳名；莊垌汛把總壹員，兵叁拾名；横茶塘兵叁名；黄坡塘兵貳名；京路塘兵壹名。以上俱係鎮標左營分防。

懷鄉司地方千總壹員，安鵝、廠底、楓崗、平民、中伙、大營、雲罩、沙底、馬櫃、函口、金鎖拾壹汛，共兵捌拾柒名，係羅定協兵分防，亦高州鎮轄内。

化州

城守兵貳拾伍名，撥千總壹員駐防。

營汛：藤弔橋汛兵陸名；菉竹汛兵捌名；合江汛兵柒名；中垌汛兵柒名；竇虚汛兵貳拾名；白梅汛外委壹員，兵拾柒名；鴨籠汛兵拾名；新安、中伙、菉竹、龍山、棠陰、都和、頭塘、大橋、湯水、分界、馬鞍、石寧、南窠、短水、龐村共拾伍塘，每塘兵肆名；另京路塘兵壹名。以上俱係化石營分防。

吴川縣

城守兵壹百貳拾捌名，係本營游擊駐防。守備壹員，千總壹員協防。

營汛：硇洲營兵壹百肆拾貳名，設有本營都司壹員駐防，外委壹員協防。兵路塘兵壹名；大坡營把總壹員，兵貳拾柒名；茶亭塘兵肆名；三江嶺塘兵拾名；牛皮橋塘兵拾名；樟木塘兵拾名；塘㙇營把總壹員，兵叁拾名；長坡營兵拾捌名；板橋塘外委壹員，兵拾肆名；宿江塘外委壹員，兵貳拾壹名；窑頭營兵貳拾名；京路塘兵叁名。以上俱吴川營分防。

海汛：潭埠灣汛外委壹員，兵拾壹名；簕竹汛兵陸名；梓桐汛兵陸名。以上俱硇州營分防。

墩臺：文蜂臺兵拾名；茂暉臺外委壹員，兵拾壹名；博立臺外委壹員，兵拾壹名。

砲臺：限門東砲臺把總壹員，兵肆拾名，外海船兵肆拾名，內河船兵貳拾貳名；西砲臺把總壹員，兵肆拾名，外海船兵柒拾名；麻斜砲臺千總壹員，兵肆拾陸名，外海船兵柒拾名，內河船兵貳拾貳名。以上俱係吴川營分防。

淡水砲臺千總壹員，兵叁拾伍名，外海船兵柒拾名；津前砲臺兵叁拾名；那娘砲臺外委壹員，兵拾壹名；北港砲臺把總壹員，兵貳拾肆名，外海船兵柒拾名；南港砲臺把總壹員，兵貳拾肆名，外海船兵柒拾名。以上俱係硇州營分防。

石城縣

城守兵壹百肆拾貳名，係化石營都司專防，把總壹員協防。

營汛：山口汛兵伍名；兩家灘汛兵肆名；茅垌汛兵肆名；銅鼓徑汛兵肆名；分流塘汛兵貳名；波羅根汛兵貳名；坡頭汛兵陸名；藍靛汛外委壹員，兵玖名；烏石垌汛兵伍名；譚伯營汛兵伍名；龍灣汛兵叁名；堡下汛兵貳名；青平汛兵捌名；金花汛兵貳名；曬穀嶺汛兵捌名；楊桃角汛外委壹員，兵玖名；沙田垌汛兵伍名；白泥塘汛兵肆名；鹿子坑汛兵肆名；馬蹄塘汛兵肆名；横山墟汛兵肆名；那良、白藤、分界、老鴉、青陰、龍村、下山、樟村、那賀、沙㓉、青平、石頭崗、高橋、烟墩共拾肆塘，每塘兵肆名；另京路塘兵壹名。

墩臺：三墩臺，烏兔臺，東村臺，以上每臺兵伍名。

砲臺：暗鋪砲臺把總壹名，兵拾貳名，槳船兵貳拾貳名；龍頭沙砲臺兵貳拾捌名。

神電衛原設旗軍陸千壹百壹拾名，崇禎間見存陸百柒拾柒名，今汰除。

高州所原設旗軍壹千貳百壹拾壹名，崇禎間見存壹百柒拾柒名，除設守禦千總壹員，舊軍止存叁拾名，今汰除。

信宜所原設旗軍壹千壹百陸拾捌名，後存叁百伍拾柒名，今汰除。

寧川所原設旗軍壹千壹百肆拾名，後存貳百柒拾陸名，今汰除。

神電衛調附雙魚所，附陽江縣，原設旗軍壹千壹百貳拾名，後存貳百捌拾伍名，今汰除。

神電衛調附陽春所，原設旗軍壹千壹百貳拾名，後存陸拾壹名，今汰除。

雷州衛調附石城所，原設旗軍壹千壹百貳拾名，後存貳百陸拾玖名，今汰除。

狼猺附

茂名縣

猺兵伍百捌拾名，狼兵陸百陸拾陸名，猺兵捌拾名。

猺山肆拾肆：端黎、雲盧、南清、楊坑、凉垌、譚坑、藤水、陶井、黄坑、週逕、張坑、東埇、單張、蕉林、木犁、白飯、羅平、火烟、郭埇、高嶺、馮岸、車田、彭峒、大峒、石碑口、碗窑大峒、北昊、里道、調馬、蒙村、雙睹、寧坑、蘇坑、石腳、張林、石栗、那蓬、曹連、龍灣、馬例、大陵、馬匱、周坑湴峒、元石峒、三角灣。

狼寨：大屯、李觀、石壁、黎峒、大桑、甘竹、牛反、周洞、清湖、鶴洞、軍堡、雙花、近周、寨背、蓮塘、潘龍、平眠。

電白縣

猺兵捌百玖拾捌名，獞兵壹百陸拾伍名。

猺山貳拾壹：望夫、蛟潭、甘坑、大水、花山、黄淡、河村、石窟、大石、埇原、石灑、水頭、花山、大籬、浮山、蕨菜、大水、茶山、高筒、浮山、東隨。

信宜縣

猺兵貳百柒拾柒名，狼兵伍百玖拾伍名。

猺山肆拾壹：浦頭、石弗、右角、那林、木蘭、黄橋、掘峒、相思、勾頭、掘水、玉掌、志銘、丢鷄、青山、竹峒、南司、千歲、錢牌、六村、古邏、東瓜、王狗、鷄卵、石鈎、藤犁、甘草、校杯、林五、大帽、那零、天堂、下木、斷竭、馬櫃、大陵、白石、六卜、佛水、羊屎、公鷄、石羊。

狼寨：銅鼓、西村、南曹、登邏、六哨、六嬰、陳村、部三、何垌、甘雪、雙垌、都黎、潭利、七里、七里、潭波、那貢、石砿、六觀、既坑、右樓、高城、佛峒、龍山、安寧、積奇、平山、萬峒、六蒙、羅卧、黎峒、莊峒、部峒、石馬、甘峒、聖迹、坡腰、南屯、六坑、石嘴、埡垌、軍田、六費、六琶、石鳳、高仰、石曹、石花、思漏。

化州

猺兵伍百貳拾肆名，狼兵壹百玖拾肆名。

猺山伍拾壹：門村、北涌、水車、牛埠、高棖、排村、水口、山底、南頭、麻子、白石、含牛、揖良、羅霧、金埇、謝凌、北垌、平陽、清水、謝半、水脚、山扶、風村、謝護、閙塘、山田、黎山、六龍、香山、塘蓬、平斜、多荔、大鷄、黄那、那僕、文黎、天井大嶺、大嶺那僕、六王、羅霧、竹子、文弄璋埇、那平、北南、南埇、六王、清水、運塘、尖岡、大塘、甘村。

狼寨：文弄、雙山、下雙、平鄧、潭榕、三則、平曲、蒼坡、羅婆、平和、羅甕、張平、那留、大榶、那良、西屯大寨、那得、雷嶺、大路、謝路、牌界。

石城縣

猺兵肆百玖拾柒家。

猺山東山、西山：猺蓋帝嚳時盤瓠之苗裔，而狼與獞皆其種類也。湖川二廣之間，在在有之。深居溪峒，蔓衍日繁，乘我疏虞，肆其劫掠。漢永和間，討平之，而欲加賦。虞詡謂：『加賦必叛，所得不償所費。』宋趙亮勵請擇拾猺所信服之土豪爲總首，以任彈壓之責，此皆前代碩畫也。明景泰間，猺賊猖獗，調狼以剿之。已而，狼與猺爲唇齒；召獞以禦之，已而猺與獞爲腹心。緩之則蜂聚，迫之則鳥散，四民失業，有隱憂焉。於時文莊邱公欲倣土官之制，以寓建衛之意；中丞韓公設爲秋調之法，以要害之防。迨至孔公鏞，始以忠信而招徠之，立撫猺，免差役，約束其衆，以聽徵調。數公之良策，實兼而行之，彼享其田園之利而德我。此藉其捍禦之力以安民，實百世之利也。今猺遺子就試，斑襴化爲青衿，嗟嗟孔公明德遠矣。然自猺帖給而避役者，冒衣頂給而借徑者多，每有强應保長而凌嚼猺丁者。議者欲編猺以爲民，不欲存猺以混民，亦轉移之微權也。若夫調用猺狼，創自韓公。當時繼非其人，旋而啓侮，故岑猛肆其醜詆，而公之良法廢矣。夫狼獞與猺，則不甚相遠也。猺知向化，狼獞何獨不然？控禦轉移，在當事者加之意耳。今國家歷聖相傳，承平日久，異類革心，狼猺就試，似宜盡編爲民。無庸尚存狼、猺、獞之名色，使自外於教化也。

卷之九

職官志

自封建易而郡縣，官如廛舍矣。而蚩蚩之民父母，而公祖之仰托命焉。高郡僻在海隅，李唐、趙宋鄣塞置之。官兹土者，自比遷客，鄙夷其民，自適己事而已。有明以來，風氣駸駸日上，稍相維繫矣。今聖朝痌瘝遠切，萬里堂階，舉遐方赤子鄭重而付之，牧守臨以監司，非細故也。膺斯任者，其若何仰副宸哀歟。志職官。

歷代

漢

合浦郡功曹

李進，郡人，有傳。

高凉縣令

楊璇，靈帝時任，後爲上書僕射。

晋

高凉太守

楊方，會稽人，有傳。

高興太守

灌遂，以軍功任。

南朝宋

高興刺史

劉勵。

羅州刺史

檀道濟，元嘉中任。

陳檀，大明中任。

馮業，龍城人，封懷化侯。

南齊

羅州刺史

劉軌，彭城郡豐縣人。

南凉

高州刺史

孫冏。

李遷仕。

周迪，元帝時封臨汝侯。

黄法𣰰，字仲昭，巴山郡人。

羅州刺史

馮融，業之孫。

甯巨，大同中任。

徐嗣徽。

高凉太守

馮寶，融之子，追封護國公。

南陳

高州刺史

蘭裕。

侯安都，曲江人。

羅州刺史

馮僕，融之孫。

陳擬。

隋

高州刺史

戴智烈，斬陳方慶於廣州而收其兵。

羅州刺史

馬暄，寶之孫。

羅州刺史

張融。

唐

高州刺史

馮盎，武德中任，有傳。

馮智戴。

周匡物，漳州龍溪人，進士，元和二年任。

房千里，河南人，進士。太和中，以博士遷端州别駕，擬高州刺史，有惠政，大得民情。

劉潛南，後遷伍州防遏使。

高湘。

劉昌魯，彭城人，有傳。

辯州刺史

杜正信，武德間任。

蕭蕃。

李宏禮，貞觀十二年任。

傅德昭。

史青。

竇群玉，貞元中任。

柳公瓘，華原人，元和間任，祀名宦。

高州太守

林藹。

高州長史

房融，河南人。武后時以平章事貶高州，尋卒。

潘州司馬

韋覲，京兆人，有傳。

羅州別駕

韋仕讓。

潘州司户

張顔。

蘇持。

潘州參軍

吴武陵，韶州刺史謫。

五代

南漢羅州尉

鍾楫，南漢主劉鋹時。

李僕。

宋

知高州

蕭國鎮。

趙賓。

嚴恭。俱紹興間任。

陳紘才，龍溪人，後陞朝大夫。

馮淘，淳熙中任。

程元鼎。

陳學心，安仁人。

黄朝鳳，有傳。

汪立信。

李象祖。

知賓州

郎簡。

王應佺。

知化州

宋曉。

李丹，紹興間任。築州城。

沈雲舉，紹興間任。

廖顒，連州人，進士，淳熙間任，有傳。

曹洪，萊陽人，進士，嘉祐間任。

范良輔，嘉定間任。

婁和，寶祐中任。

鄭嗣之，古田人，武舉。

史寅仲。

芮熚。

鍾三鼎。

趙與珏，建州署清白亭。

州同知

楊奎，固始進士，宋末遂家於化。

知茂名縣

張夔，海陽人，有傳。

潘惟賢，本縣人，有傳。

知石龍縣

陳道，莆田舉人，後家於此。

知吴川縣

莫士托。

知石城縣

林震。

毛士毅，富川人，有傳。

羅嗣宗，莆田人。

化州學教授

黄順。

陳應卯，新興人，景定間任。

趙葚英，咸淳八年任。

吴川縣丞

毛士毅，紹興間陞石城縣令，有傳。

石城主簿

羅廷玉，蒲田人。

元

高州路同知

馮子羽。

化州路達魯花赤

朱翥，大都人，至元間任。

路同知

陳盧直。

羅福，石城人，至正末降明。

路判

張朝楫，至大間任。

羅奇，石城人，至正間任，征傜殁。

游宏道，臨川人，死節，入名宦，有傳。

推官

戴文德，至正間任，有傳。

信宜縣尹

陳卜顔察兒。

石龍縣尹

顔文壽，至正五年任。

林昱，至正間任，有《咏柳公橋》詩。

楊景壽，至正初以辟舉任。

黄暹，莆田人，至正間任。

吴川縣尹

法護兒丁，至正間任。

莫士純，擎雷人，大德間任。

凌柱榮，至大三年任。

石城縣尹

黄昱，莆田舉人，至正十六年任。

羅賢。

劉聰，至正二十八年任。

化州學教諭

俞伯祥，本縣人，至大元年任。

吴元善，天曆七年任。

陳伯鎮，吴川人，至正間任。

龔裕，桂林人，至正十年任。

吴川縣學教諭

吴仲元，至正間任。

黄夢驥，大德間任。

石龍縣主簿

木蘖飛，至正間任，從游宏道，死節。

吴川縣主簿

楊理合。

唐必達，至正九年任。

吴川縣典史

鄭保。

明

高州府知府

沈奇。

郭元鼎。

張允中。俱洪武間。

姚翥，順天人，永樂間。

李衡。

富敬，華亭人，宣德間。

張貫，東魯人，正統間。

何盛，大興人，有傳。

劉海，石首人，天順間。

孔鏞，長州人，有傳。

陳爵，南靖人，進士。

胡琳，南昌人。

韓恭，餘姚人，進士。
魏銘，建昌人。成化間。
曹謙，會稽人，進士。
陳章。
楊紹，溧水人。
鄭重，慈溪人，進士。
凌文獻，遂安人。
徐鏈，建寧人，弘治間。
陳腆，晋江人，進士，御下以寬，奉職循理，有古良吏風。
陳嘉表，重慶人，舉人。
馮本澄，慈溪人，進士。
鄭瓛，上元人，進士。
劉諶，吉水人，舉人。
林挺，閩縣人，正德間。
莊科，晋江人，舉人。
鄭建，祁門人，進士。

石簡，寧波人，進士。
鄭絅，莆田人，進士。
楊珮，泰和人，進士。
李廷璋，豐城人，進士。
陳正，崇仁人，進士。
歐陽烈，泰和人，有傳。
陳墀，餘姚人，進士。
周士，武進人，有傳。
欽栱極。
徐九思。
歐陽餘慶，泰和人，嘉靖間。
吴國倫，興國人，有傳。
蔣彬，進士，俱隆慶間。
胡文，詔安人，進士。
李概，江陵人，舉人。
李熙，晋江人，進士。

張邦伊，寧波人，官生。
俞嘉言，俞姚人，進士。
段克允，湖口人，進士。
楊逢時，荆州人，有傳。
熊廷相，豐城人，舉人。
李甫文，海澄人，進士。
蔣希禹，全州人，舉人。
曹志遇，興國人，有傳。
王家賓，定興人。
儲純臣，吴縣人，進士，前兵科給事中，卒於官。俱萬曆間。
林宲，漳浦人。
趙鋐，歷城官生，俱天啓間。
陳儀，海澄人，寧静爲政，歷任湖廣大參。
姚繼舜，桐鄉人，有傳。
黄朝英，湖廣人
鄭三謨，池州人，有傳。

王佐，湖廣人。

吕之節，浙江人。

申用嘉，吴鄉人，有傳。

同知

岳福，山東人。

安焕，宛平人。

鄭德，浙江人，洪武間。

曹思參，永和人，永樂間。

鄧儀，灌陽人，正統間。

黄軏。

顧元，仙游人。天順間。

王佐，瓊山人，舉人。

戴燦，浮梁人。

王祐，嘉興人。

蕭彦孜，泰和人。

林鈁，莆田人，成化間。

王昊，長汀人，舉人。
李翰，石首人，舉人。
謝楫，江西人，舉人。
劉世寬，清流人，弘治間。
楊鐸，莆田人，進士。
浦應祥，蘇州人，舉人。
張立，浙江人，正德間。
張誠，浙江人，監生。
蔣錫，本府通判陞任。
鄭源渙，長樂人，進士。
羅春，廣陵人，舉人。
王時濟，安福人，舉人。
方介，合肥人，舉人。
戴嘉謨，直隸人，進士。
黎巽，蒼梧人，舉人。
王佐，同安人，舉人。

伍韋，漢陽人，舉人。
李渭，思南人，嘉靖間。
林資深，福清人，舉人。
王拱仁，南郡人。
劉元相，全州人，舉人。
劉檠，廣西人。
劉騏，鄱陽人。
楊守一，泰和人，官生。
胡熺。
江龍，建寧人。
李國珍，長樂舉人。
歐煸，衡陽舉人。
何耿，鬱林舉人。
熊廷相，豐城舉人。
楊逢春，德化舉人。
詹玉鉉，建陽舉人。

蕭繼美，晋江舉人。
陳所立，長樂舉人。
吕承麟，新昌人，官生。
孫琛，餘姚人，天啓間。
廖彀，萬安人，有傳。
吴光虹，浮梁舉人。
方象乾，江南人。
陳位中，福建人。

通判

王名善，有傳。
高文，福建人。
尹寬。
王彬，閩縣人，永樂間。
陳禄，莆田人。
馬文饒。
馬忠，吴江人，天順間。

陳綱，先任石城知縣。
許忠，長泰人，成化間。
胡宣，直隸人。
鄭徽，莆田舉人。
林治，連江人。
蔣忠，道州舉人。
周液，常州人，弘治間。
林玉樹，武寧舉人。
李敕，安福人。
王獻臣，永嘉人。
王儒，融縣舉人。
吴洪賜，古州進士。
郝恩。
毛鵷。
蔣錫，孝豐人，正德間。
鄭賓，武進人。

鄭嶸，南城人。
唐瑜。
申文，北勝監生。
徐文昇，金谿監生。
陳大濩，長樂進士。
汪用章，結谿歲貢。
宋邦俊，閩縣選。
楊華，内江舉人。
朱芾，六安進士。
彭宣，茶陵歲貢。
金賜，靈川進士。
曾廷梅，閩縣舉人。
王近偉，崇縣歲貢。
陳應奎，臨安舉人。
吴恩，常熟舉人。
董仲陽，閩縣舉人。

林宗翰，莆田人，官生。

陳天錫，涇縣人。

林宗和，晋江人。

駱宗韶，臨安人，嘉靖間。

夏宗龍，馬平人。

楊汝聽，泰和人。

楊子龍，鄞縣人。

方梁，弋陽人，隆慶間。

柴喬，錢塘人。

葉春，慶元人。

張應用，萬安人。

胡相，廬陵人。

陳家謨，建陽人。

曾孔志。

傅春容。

林兆箕，莆田舉人。

黃日新。
王惟翰。
李廷潔，太平舉人。
陳源湛。
傅應元。
林方大，連城人。
朱大果，常州人。
沈繼孔，浮梁監生。
李登瀛，永平舉人。
葉逢時，華亭舉人。
顧光紹，太倉選貢。
伍則化，貴州舉人。
朱良材，婺源監生。
常夢龍，恭城舉人。
王文雷，黃巖舉人。
吳學相，宣城歲貢。

金榜，山陰監生。
郭喬登，同安舉人。
黄桂徵，無錫歲貢。
江文明，婺源舉人。
王湛，閩縣恩貢。
賈傳芳，順天官生。
路弁生，山西歲貢。
高遷，祥符舉人。
張廷榮，諸城舉人。
藍圻，侯官。俱萬曆間。
程雲鵬，南和選貢。
陸啓豪，平湖增監。
吴煥臯，餘姚舉人。
林人麟，莆田例貢。
汪起英，休寧舉人。
楊顯宗，昭化人，天啓間。

陶九苞，崇仁歲貢。
畢汝楩，石埭官生，陞延平同知。
丁顯。
董其仕，浙江貢。
聶應井。
朱慈煌，江西人。

推官

楊賢，和州人，有傳。
羅宗海，福建人，永樂間。
劉宴。
劉檀，湖廣人。
朱仕諒。
劉謙。
何澄，宜山人。
董勉，鄱陽人。
劉宗，浦城人。

何德贊，莆田人。
蕭潮，泰和人。
胡采，長汀人。
黄斌，福建人。
王賓。
甯正，邵陽人，正德間。
方昱，浮江人。
王嵩。
徐恕，仙居監生。
袁怡，分宜監生。
陳應辰，金華監生。
費懋元，鉛山監生。
趙恩，太平選貢。
魏和，衡水人。
張綸，襄陽舉人。
楊逢元，鬱林舉人。

朱奇，宜山人，嘉靖間。
施之藩，錢塘人。
王朝卿，長安人。
李志寵，晋江人。
陶廷錦。
姜懌，南昌舉人。
王思賢，楊州舉人。
萬尚烈，新建舉人。
謝繼科，金谿進士。
院聲和，雲南舉人。
王學孝，福建舉人。
蕭雲龍，雲南舉人。
戴士毅，雲南人，萬曆間。
曾萬選，平和舉人。
本芳，錢塘舉人，南城舉人。
龔兆龍，莆田舉人。

韋泰福，晉江舉人。俱天啓間。

李試，普安舉人。

吴從詔，裕州恩貢。

丁繼善，富民舉人。

鄭之珖，四川舉人，有傳。

陳之煌，浙江舉人。

陳豐陛，福建舉人。

林彩。

經歷

申温，彰德人。

趙崇，江西人。

譚球，江西人。

王環，福建人。

王璽，福建人。

傅玉，象州人。

蔣遵，宜山人。

朱珊。
姚紱，海鹽人。
賴璋，永安人。
李銘，浮梁人。
趙宋，清河人。
孔錫，峽江人。
徐應奎，華亭人。
陳奇謀。
屈則昂。
謝宜拭。
鄭舍。
李子儀，泰和人。
戴文星，上饒人。
趙簡，山陰人。
吴璟。
倪可傳。

楊廷德。

饒忠。

彭文偉。

曹益學。

彭天禩。

孫孝先，徽州廪監。

許嘉謨，浙江廪監。

唐于田，淮安人。

沈邦玉，烏程人。

劉九盛，文登選貢。

張尚篪，龍游監生。

徐文瀾，武平歲貢。

吴自立，孝豐恩貢。

俞國槐，婺源監生。

孫愈奇。

李鰲元。

張友載，四川人。

儒學教授

李麟，永樂間。

劉永綱，福建人。

伍福，安福人。

彭友諒，湖廣人。

王永定，橫州人。

嚴泰，萬安人。

蕭翰，安福人。

程琮，莆田人。

任山，慈谿人。

李貞，宣德間，翰林編修謫。

曹賢，福建人。

鄧富，寧都人。

黄琦，長樂人。

秦珍，靈川人。

夏寅，融縣舉人。

蘇華，陽朔舉人。

葉潤，護衛人。

濟時表，永豐人。

張文昭，晋江人。

夏燦，德興人。

邱時庸，漳浦人。

汪春，衢州人。

劉仕邦，永禮人。

李有年，建陽人。

陸自得，吴縣人。

陳謙，壽州人。

黄一清，星子人。

區志才，順德人。

黄守規，貴縣人。

鄔如嶺，合浦人。

蔡克熙，晉江人。
楊惟清，晉江人。
江宗支，建德人。
黎有磬，東莞人。
周貴，新城人。
石虛中，永安人。
蕭匡謨，順昌人。
林思道，寧州人。
何元輔，翁源人。
吴湯，松谿人。
林翰英，莆田舉人，青田知縣謫，尋遷贛州推官。氣節造士。
昌維芳，莆田人。
潘緯，莆田人。
馮于通，桂平人。
邱三傑，上杭人。
姚時益，潮陽人。

湯民康，龍川人。
胡問策，建德人。
袁日華，東莞人。
陳士儒，萬川人。
林虔，凉山人。
林太乙，閩縣人。
梁思豐，瓊山人。
江宜櫟，河源人。
楊立庭，新化人。
蔡大綸，龍谿人。
謝天迪，龍川人。
蔡宗周，陽春人。
蔣于柄，連山人。
廖有暉，順昌人。
吴之翰，合浦人。
黄日逵，高要人。

譚沂，南雄人。
黃俊士，雲南人。
徐肇陽，三水人。
張邦佐。

訓導

葉正，清源人。
盧忍，江西人。
唐即性，安福人。
劉忠，福建人。
李諒。
陳宜，全州人。
馬星，象山人。
趙德，福建人。
崔常，晋江人。
敖進，清流人。
潘勝，武緣人。

韋海，四川人。
趙馳，太平人。
余先覺，正和人。
張勛，無錫人。
劉渠，端州人。
鄧璋，順德人。
玉傑，柳州人。
連焰，惠安人。
熊恒，豐城人。
黄富，餘干人。
黎奎，蒼梧人。
張彔，上杭人。
周祚，恭城人。
林增，古田人。
項潭，龍泉人。
潘淮，桂林人。

陳守魯，莆田人。
李延壽，靈川人。
李憲湖，通州人。
林齊岱，樂會人。
邱魏，連城人。
王時雨，桂林人。
陳元吉，河源人。
黄金，文昌人。
馮大章，凉山人。
伍寬，新會人。
易元吉，吴川人，本學貢。
葉元英，桂林人。
吴鯤，邵武人。
高峰，清江人。
謝大化，臨高人。
崔禄，南豐人。

陳素藴，涼山人。
吴國正，儋州人。
鍾山，徐聞人。
鍾乾養，鬱林人。
孫繼志，馬平人。
王大經，澄邁人。
謝忠，涼山人。
謝應期，涼山人。
李維揚，海康人。
周達，廬陵人。
何天衢，海康人。
陳士規，增城人。
區文佳，曲江人。
馮應柏，合浦人。
陳邦正，涼山人。
陳講，封川人。

陳應聘，崖州人。
李太實，南海衛人。
植典，英德人。
唐鯉，欽州人。
黄應楊，武緣人。
胡繼緒，桂林人。
安宣詔，萬州人。
鄧宗偃，連州人。
唐懷瑛，凉山人。
黄之良，桂平人。
惲兹，武進人。
吴仕誠，海陽人。
葉鳳翔，翁源人。
霍有椿，藤縣人。
陸秉照，德慶州人。
吴太受，澄邁人。

戴錦，永安人。
黄晃，歸善人。
吴三復，遷江人。
邱繼先，凉山人。
葉逢兆，保昌人。
蘇良臣，武緣人。
王世政，保山恩貢。
張茂植，臨桂人。
蔡應期，萬州人。
陳叔葵，德化人。
廖雲鳳，龍門人。
黄紹芳，博羅人。
雷震烈，宜化人。
鄧維薦，樂昌人。
楊君位，橫州人。
李思傑，蘄州人。

許維蕃，龍溪人。
羅士奇，高要人。
林元蕃，清遠人。
劉壽國，貴州人。
鄧之奇。
梁渡仙。
曾士毅，河源人。
彭應熙。

照磨

張杲，濟南人。
何洪，浙江人。
谷仁，直隸人。
黎政，廣西人。
湯澄，福建人。
宋麟，雲南人。
毛倫。

牟天紀，中江人。
趙蒙，武進人。
袁鍾，新城人。
王賢祖，休寧人。
金黍。
楊萊。
周繼德。
陳紹皋。
李登雲。
徐熹。
張宏元。
瞿道淳。
俞文僉。
錢正立，仁和監。
黄壽徵，山陰監生。
唐體允，全州舉人，袁州府同知謫，尋遷石阡推官。

潘應鰲，宜化舉人。

以後裁缺。

茂名縣

知縣

尹賢。

鄧之鑑，福建人。

董子臧，江西人，洪武間。

曾濟，泉州人，宣德間。

葉紺。

莫源，錢塘人，正統間。

譚天祥，天順間。

曾英，瓊山舉人。

孫鼎，九江監生。

周福，晋江監生。俱成化間。

李宏，宿州監生。

趙彔，蒼梧舉人。

向能，應山監生。

周璋，貴溪人，弘治間。

藍貴，荔浦人。

林渠，莆田人。

俞慶雲，莆田人，正德間。

李鳳，星子監生。

馮楷，績溪監生。

易本仁，武岡監生。

鄭豸，莆田舉人。

張爵，鹽城監生。

朱敬之，峽山人。

偉弁，臨桂人。

譚文通，廣西人，嘉靖間。

陳治，長樂人。

朱洛，建安人。

余天爵，直隸人。
楊光宇，廣西人。
伍大成，全州舉人。
錢守愚，會稽舉人。
奚元愈，南康人。
吴國揚，土猶人。
凌子英，太湖人。
張揆，臨桂舉人。
唐璘，汀州舉人。
汪道洋，休寧舉人。
黄檛，應山人，萬曆間。
謝周昊，□州歲貢。
胥學韶，南昌舉人。
張九韶，晋江歲貢。
趙有光，閩縣歲貢。
張復普，銅梁鄉魁，有傳。

尹奇逢，嘉魚進士。
郭焻，福建人。

教諭

劉源。
傅璿。
楊謙。
陳權。
陳克威。
周槐。
劉汝清。
汪淡。
謝汝誠，連城人。
錢象朝，東莞人。
陳啓，凉州人。
吴思立，平南人。
王育，龍游人。

葉元英，桂林人。
趙獻忠，臨桂人
潘槐，宜化人。
劉晋，靈山人。
周文，江西人。
鄭杲，臨桂人。
秦復元，馬平人。
徐棉，閩縣歲貢，陞長寧知縣。
葉朝立，壽寧人。
林增，羅源人。
黄棨，連州人。
謝一舉，羅定州人。
應韶普，遂昌人。
李中善，臨桂舉人。
甘守正，南海舉人。
賴儒，程鄉人。

霍鎮邦，南海人。
王汝賢，太倉人。
張正蒙，厓州人。
陳徽典，鎮海衛人。
張鴻，新會舉人。
楊奇珍，新會舉人。
黄槐，四會人。
黄懋思，連江人。
邱一龍，崇安人。
袁瑞國，桐廬人。
歐公策，歐寧人。
陳光庭，東莞人。
唐元樟，新會舉人。
何雅，廣州人。
梁奇顯，新會舉人。

訓導

黄謙。

麥晃。

胡文。

林仲良，新會人。

黄質，南靖人。

劉璪，湘陰人。

黎仕華，匡州人。

謝瑞，邵武人。

詹憲，玉山人。

黄以佐，惠安人。

王世衡，廣德人。

馬仲參，樂會人。

王度，陽朔人。

王信，凉山人。

伍應兆，合浦人。

唐一清，凉山人。
區肇麟，高要人。
李俞松，武緣人。
曾思孔，馬平人。
張西銘，興隆衛人。
饒與正，程鄉人。
廖大稔，龍川人。
權大奎，馬平人。
譚化龍，恩平人。
王沂，臨高人。
袁鳴謙，合肥人。
張兆泉，龍川人。
海中虛，感恩人。
朱國光，仁和人，崇禎六年任，中廣東鄉試，尋卒於官。
曾曰唯，歸善人。
歐陽曜，惠州人。

王廷相，昭州人。

縣丞

趙豐。

葛愆。

段泰。

羅緯。

黄理。

蔣恂。

符節。

蔣淳。

李尚宏。

劉璯。

汪康。

雷德。

宗英。

華朝瑞。

李科。
張舜卿。
董大倫。
劉學齡。
田時耕。
馮義同。
朝宙。
莫廷會。
林自新。
汪詔。
倪大彝。
羅汝諧。
劉明甫，上植人。
徐一雷。
沈侃。
魯元清，會稽人。

余曰智。

黄化遠，黄陂人。

蔡校，漂陽人。

陸應春，上海廪生。

盧近思，浙江人。

王藎臣，涇縣監生。

林偕春，侯官監生。

周敏，會稽人。

衛康祥，寧國人。

馬大才，仁和人。

宣王化，錢塘人。

金。〔一〕

陳生湯。

王汝烈。

〔一〕此處疑有闕文。

主簿

王人貴。

陳惜。

阮凱。以後裁缺。

典史

范思齊。

黎耆。

晏通。

蒙浩。

謝貞。

王球。

夏才。

王傑。

董欽重。

楊瀅。

陳芳椿。

范廷桂。
莫本韜。
揭容。
馮煥。
鄭大用。
林一棋。
蔡倫。
莫恃勛。
曾尚義。
鄧尚忠，賀縣人。
周鉞。
高維科。
何極。
龔樞，晋江人。
周君寧。
張宣源。

金安居，晋江人。
張守宗，寧化人。
汲應起，福州人。
錢宏績，靖安人。
劉廷寵，峽山人。
黄廷用，浙江人。
馬材。
阮純熙。
鄭大賓，當塗人。
余心悦，浙江人。
方用俊，金華人。
鍾志侃。
陳中和。

電白縣

知縣

劉元龍，洪武間。

吴鏐，廣西人，正統間。
謝裕，湖廣監生。
王昇，湖廣監生。
盛億，嘉善監生。
盧琳，歸善監生。俱天順間。
楊成，江西監生。
鄧昇，南城監生，祀名宦，有傳。
徐亨，馬平舉人。俱成化間。
徐茂，桂林監生。
吴瑄，莆田舉人。
盧傑，龍溪監生。俱弘治間。
袁銘，建陽舉人。
張啓，臨川監生。
愈廷濟，懷安監生。
劉璋，桐柏監生。俱正德間。
黄敖，崇仁舉人。

董璘，永福監生。
方述，崇仁舉人。
愈嶽，崇德監生。
熊木，南昌監生。
譚堯道，興業監生。
鄭鐙，懷寧監生。
王熊，陽朔舉人。
戴甫，昌化舉人。
屠顯謨，清平衡監生。
蔣曉，歙縣舉人。
王許之，有傳。
張炳之，桂林衛舉人。
張希皋，六安進士，行取兵科給事，歷陞兵科都給事，祀名宦，有傳。
邱鳳騰，漳浦舉人。
魏鍾寧，桂林舉人。
陳玉策，莆田舉人，陞惠州府通判，有傳。

方浯，莆田舉人。
楊仕偉，天台舉人。
林夢琦，晋江進士，陞南京大理寺評士，有傳。
周元暐，崑山進士。
楊朝瑄，歐寧舉人。
莫與高，馬平舉人。
范效純，廣西舉人。俱萬曆間。
翟拱辰，涇縣舉人，有傳。
吕允礽，餘姚舉人。俱天啓間。
劉尹宸，慈谿舉人。
尹時泰，漢陽舉人。
周曰旦，吉永舉人。
徐子瑜，浙江舉人。
章崇新，廣西舉人。
方國祥，崑山舉人。
詹彌高，福建舉人。

馬宗乾，山陰人。

教諭

林璣，閩縣舉人。

高通主。

何昭，順德監生。

龍泉，陽朔舉人。俱弘治間。

郭鏞。

鄭祥，莆田人。

鄒珧，清流監生，以義自處，以禮接士。俱正德間任。

晏杞，桂林舉人。

方正，慶遠監生。

聶旦，上杭監生。

詹時舉，連江監生。

鄭公寅，閩縣監生。

莫遜仁。

鍾兆相，蒼梧監生。俱嘉靖間。

葉春榮，永豐監生。
李玉，東莞人。
牟春華，鬱林舉人。
許希周，揭陽歲貢，有傳。
黃國芳，揭陽監生。
劉汝賓，宜山歲貢。
馮應柏，合浦歲貢。
官中興，始興歲貢。
楊嘉純，廣西歲貢。
孫應勛，合浦歲貢。
韋昺，永淳歲貢。
岑一麟，封川歲貢。
林振芳，莆田人。
羅應許，順德舉人。俱萬曆間。
吴萬里，順德舉人。
王一魁，新興歲貢。

李兆盤，順德歲貢。俱天啓間。
朱一準，南直歲貢。
李世球，全州舉人。
邱良疇，德慶歲貢。
唐鑅，徐聞歲貢。
彭際遇。
佘之愷，南海舉人。
譚天性。

訓導

陳鈞，閩縣人。
蔡文顯，新會舉人。
林顯，龍溪人。
李球，滕縣舉人。
劉銘，馬平人。
林遇，上杭人。
鄭滄，太倉人。

姚溥，侯官人。
羅大經，柳州人。
項潭，龍泉人。俱弘治間。
蔡遂，惠安人。
何信，通城人。
吕金，南昌人。
李璧，連城人，正德間。
陳份，瓊山人。
鄒應賢，高要人。
李元，從化人。
李喬，瓊山人。
葉世興，新興人。
王福，晋江人。
陳石，德化人。
張廷宸，宜山人。
陳天錫，連山人。

鮑森，宜山人。

歐雲翔，莆田人。

謝鰲，順昌人，嘉靖間。

陳汝學，陵水人。

傅翰表，福建歲貢。俱隆慶間。

何維瀚，四會人。

朱光耀，凉州人。

汪梧，保昌歲貢。

王士龍，東莞歲貢。

邵堯弼，龍門歲貢。

馮吉甫，香山歲貢。

何朝相，儋州歲貢。

梁弼，封川歲貢。

雲啓，德慶歲貢。

文明。

李義，連州歲貢。

梁有宇，遂溪歲貢。

梁次明，三水歲貢。

陳桂，東莞歲貢。

蕭鳴鳳，香山歲貢。

王朝彦，合浦歲貢。

陳士儒，萬州歲貢。俱萬曆間。

李廷試，達州人。

鍾文焕，臨高人。

陸大行，南寧人。

李瑞鵬，崖州歲貢。

歐公榮，建寧歲貢。

高達，新會歲貢。俱天啓間。

温而莊，懷集歲貢。

鮑知我，麗水歲貢。

何紹禹，廉州歲貢。

貌完。

蔣于柄，連州歲貢。

黄文龍，雲南歲貢。

陳鴻烈。

神電衛經歷

文寬。

王相。

翁源。

姜釗。

王澄。

汪民用。

莫景奎。

邱君正。

周裕。

劉嘉相。

林察。

令逢春。

沈文。
李治懷。
黄演。
羅道章。
陳相。
彭繼禄。
聶景昂。
蔡許。
王潮。
吕世佳。
伍倫敦。
汪立大。
鄒道受。
支萬奇。
湯明。

神電倉大使

何遂。

周穩。

任芸。

吴稠。

張訓。

陳慰。

李道東。

胡希中。

鄭儒。

李用。

文位。

郭紹唐。

李治文。

吴紹相。

林發祥。

杜冕。

歐郁。

典史

梁容振。

蘇文瑞。

施顯。

翁才。

施繪。

方允。

林文顯。

林京。

林師闢。

陳軺。

林魁。

林鍾。

李喬。

陳瀚。

謝龍。

崔鍠。

張九皋。

陳鉽。

王應濟。

朱鈺。

莊有儀。

楊道。

鄭獻。

戴明。

柯孟賢。

姚英烈。

鍾起龍，福建人。

張國士，江西人。

包拱極，浙江人。

張國用，福建人。
萬珍，湖廣人。
王時寶，浙江人。
譚世祥，江西人。
徐應麟，餘姚人。
倪益宸，浙江人。
孫美直，浙江人。

信宜縣

知縣

蹇誠。
張景愚，浙江人，洪武間，有傳。
盛德中。
姚原立，貴溪進士，有傳。俱永樂間。
郭暹，宣德間。
陶衮，正統間。

顏玉，天順間。

李時敏，樂平舉人，有傳。

陳容。

劉欽。俱成化間。

朱倫，南陵監生，弘治間。

歐陽芳，泰和人。

陳勃，長樂舉人。

虞玘，寧國監生。

高義，密臨衛人，監生。

廖琳，賓州舉人。俱正德間。

邢國賓，宜山舉人。

謝彬，義寧監生。

石譜，武進監生。

何文俸，福州舉人，嘉靖二十四年任。

許述，如皋監生。

鍾紐，永豐舉人。

程汝昌，江西舉人。
江一清，直隸監生。
劉師顔，湖廣監生。
謝丰，福建人。俱嘉靖間。
陶弼，興國舉人。
胡尚仁，全州舉人，隆慶間。
陳學益，宜山舉人。
王可，上饒舉人。
賈宗正，浙江舉人。
蔡曜，臨川監生。
杭廷對，南寧舉人。
周夢斗，晋江人，舉人。
周世臣，金谿舉人。
張希文，華亭選貢。
徐可繼，蘆江歲貢。
沈宏遇，海鹽舉人。

廖彀，江西舉人，有傳。俱萬曆間。

陳如松，福建舉人。

王大裕，浙江舉人。

顧斌，福建舉人。俱天啓間。

李之喬，湖廣貢生。

程九萬，湖廣貢生。

盧調昌，雲南舉人。

趙珽，慈谿進士。

吴懋俊，江南舉人。

王恩及，福建舉人。

王俊源，江南貢生。

教諭

姜以忠。

顔直，横州人。

周焠，廬陸人。

高昌，安溪人。

袁佐，龍溪舉人。
陳扶，寧都人。
張濬，麗水人。
江貴，南平人。
楊登玉，晋江人。
李鼎，灌陽人。
徐朝卿，廣西人。
丁愈，金華人。
吴國正，儋州人。
楊世清，潮州人。
黄鍾，甌寧人。
桂黄，貴溪人。
李栻，儋州人。
謝詔，德慶人。
許瀚，金華人。
賀文舉，湖廣人。

王達，海豐人。
鍾思賢，藤縣人。
黄文相，曲江人。
蒙一椿，賓州人。
李炳，潮州人。
岑建卿，香山人。
童任，連城人。
盧東周，富州人。
陳以沖，晋江人。
陶世美，平樂人。
高大受，東莞人。
湯文康，龍川人。
藍圻，侯官人。
鄧思成，長寧人。
盧有桂，連山人。
梁耀祖，東安人。

王一薛，合浦人。
江宜樑，河源人。
汪梟，保昌人。
梁繼善，順德舉人。
黄邦進，高明貢生。
吴士冠，浙江貢生。

訓導

黄人正。
林芝，侯官人。
趙觀，蘄州人。
林脩齊，化州人。
陳威，遂溪人。
黄福，眉州人。
蕭鸞，桂林衛人。
章程，貴州人。
張纘，凉山人。

張浚，仙游人。
楊蕃，宜山人。
莫執中，柳州人。
陸經，靈山人。
陳清，龍溪人。
伍伯榕，全州人。
林鴻猷，莆田人。
石必亨，馬平人。
文教，全州人。
林皋，四會人。
何旦，漳浦人。
孫志文，東莞人。
唐一龍，昌化人。
劉珍，臨高人。
張恕，萬州人。
王汝爲，澄邁人。

王之道，澄海人。
陳士宏，遂溪人。
盧上贊，昭平人，萬曆間。
侯懷義，程鄉人。
吴應高，恩平人。
黎四科，清遠人。
陳啓，乳源人。
陳所志，北流人。
詹祚昌，四川人，天啓間。
譚可望，連州人。
何同德，香山人。
陳國豪，廣西人。
蘇之遜，陽江人。
高翀，廣西人。

典史

胡正。

林信。

蘇育。

黃英惠。

杭純。

郭雄。

黃勉。

劉宏。

鍾萬頃。

徐志。

陳王相。

林明。

陳國。

程文德，永康人，嘉靖己丑探花，十一年以翰林院編修謫任，後陞南京國子監祭酒。

潘鏐。

林賢。

譚愷，無錫人，進士，嘉靖二十三年以山東副使謫任。

駱遇。
粘自修。
蔡恭。
章崇道。
謝文誥。
高士邁。
陳德珍。
辜良純。
朱大經。
胡熙。
吴天祥。
何應泰。
劉鳳翎。
連三傑。
彭應孔。
吕文祥。

廖自俊。

王一濱。俱萬曆間。

黄建祖，莆田人。

唐懋業，廣西人。

邱宏。俱天啓間。

姚天福，山陰人。

勞秉恒，山陰人。

羅于弼，宿遷人。

成君譽，慈谿人。

桂一俊，福建人。

姚本忠，山陰人。

黄在中。

化州府

羅福，初仕元，聞明太祖改元洪武，遂歸附。時改化州爲府，即以命福。

張謙，江西人，洪武初任。

石龍縣　洪武九年，降州爲縣。

烏斯道，浙江人，洪武初任。

化州知州　洪武十四年，復改爲州。

傅彦春，江西人。

曹錫，浙江人。

楊倫。

李仲。

葉朋，温州舉人。俱洪武間。

鍾祥，上猶人。

李琛，鳳陽人。

田庸。俱永樂間。

吕銘，宣德間。

茅自得，浙江人，以賢良辟舉。

鄧敏。俱正統間。

吴春，湖廣監生，有傳。

黄埰，全椒進士，御史謫，天順間，有傳。

楊智，晋江進士。
李時敏，樂平舉人，有傳。
張璲，山西進士。
鄭慎，臨川舉人。俱成化間。
黄萬碩，莆田人，舉人。
柳大綸，巴陵舉人。
倪範，安仁舉人。俱弘治間。
王傑，柳州舉人。
楊薰，南昌進士。
陳河，莆田舉人。
蔡浩，閩縣舉人。俱正德間。
林寛，莆田監生。
李材，進賢舉人。
侯正綱，福建舉人。
湯克寛，永豐舉人。
俞慶雲，莆田舉人。

朱玉，鄱陽監生。

鄭雍，桂林舉人。

傅昂，金谿舉人，有傳。

詹贊，玉山舉人。

熊緯，南昌舉人。

林大梁，同安舉人。

畢竟立，貴溪舉人，有傳。

張冕，晉江進士，原任嶺東道參議，謫。俱嘉靖間，有傳。

王承祐，龍溪舉人。

王炬，南昌舉人。俱隆慶間。

章述，蘭溪人，有傳。

李國珍，長樂舉人。

祝簡，衡陽選貢，有傳。

金。

顧閔，清平舉人。

陸觀德，秀水舉人。

沈水，詔安舉人。

成以旂，無極選貢。

周世匡，漢陽舉人。

熊廷棟，豐城舉人。

黄一中，黄岡舉人。

杜堦，高郵舉人。

殷時中，漢川選貢。俱萬曆間。

劉延昶，真陽選貢。

胡繼銓，鄱陽舉人。俱天啓間。

饒迪，銅仁歲貢。

趙士錦，南直進士。

董颺先，晋江進士。

州同

張翱，平凉舉人，永樂二年任。

楊景，寧州舉人。

曹慶，丹徒監生。俱景泰間。

林智，豐城舉人。
劉則和，福建進士。
葉洪，常山舉人。俱正統間。
秦欽，象州舉人。
曹永，融縣吏員。俱成化間。
辛文淵，石州進士。
何鯤，富川舉人。俱正德間。
歐陽倫，泰和吏員。
羅廷偉，莆田監生。
李明，潯川監生。
徐敬之，莆田監生。
林宣，莆田吏員。
朱鶴，賓州監生。
詹澄，常山吏員。
吴廷，黟縣舉人。俱嘉靖間。
宋曰仁，莆田進士。

唐偉，太倉監生。
陳紀，福建監生。
吴承武，福建監生。
周光禮。
江龍，歙縣監生。
毛志洑，遂安例監。
蔡繼芳，九江監生。
楊士毅，池州例監。
黄仁孚，福清監生。
蘇民望，廣西監生。
蕭雲鵠，晋江舉人。
廖傳易，甌寧監生。
張謙，德興例監，有傳。
劉學恕，盧寧例監。
俞文奎，旌德例監。
李承芳，秀水監生。

吴一旭，南安選舉。

李廷詩。

盧標，南靖監生。

楊倬。

貢元忠。南直監生。

倪文道，山陰吏員。

袁坊，吴縣監生。

魏朝卿，會稽監生。俱萬曆間。

徐本仁，長洲例貢。

丁仁榮，泰寧監生。俱天啓間。

馬登程，寶坻例貢。

程明允，永康例貢。

周奇芬，嵊縣監生。

楊大亨，樂至恩貢。

滕之鑑，全州准貢。

戴文衡，江西恩貢。

州判

牛那海。

范忠，交趾監生。

廖通，福建吏員。

吴閏，本省吏員。

倪忠，衢州監生。以後裁。

學正

滕善，永樂間任。

趙文源。

張愷。

羅兼善，盧陵舉人。

徐思，廣西舉人。

賀恩。

馮吉亨。

陳常，瓊山舉人。

陳實，福清人。

麥茂，新興歲貢。
王道，晋江歲貢。
張汝梅，桂林舉人。
張欽訓，仙游歲貢。
竇尚賢，潮州歲貢。
林文豪，莆田選貢。
莊啓愚，晋江歲貢。
羅一鳳，寧化歲貢。
莊應孫，廣西歲貢。
鄧沛，連州歲貢。
鄧大紀，樂昌歲貢。
羅紹興，藍山貢生。
徐在源，信豐貢生。
林翔鳳，龍州貢生。
林有斐，莆田選員。
李應時，貴縣舉人。

聞正言，欽州人。
鄒一璿，宜黄人。
戴邦傑，建昌人。
文立倫，全州舉人。
黄紹興，建寧人。
朱一實，大庾人。
林一藩，崖州人。
秦中明，連州人。
區配乾，高明舉人。
張令聞，山陽人。
陳萬紀，南海人。
薛炳忠，順德舉人。
萬士偉，連州貢生。
伍瑞隆，香山人，解元。
嚴經邦。
古意存。

訓導

唐政，海康人。

莊海，福建人。

蔣崇文，全州人。

梁京，江西人。

李縉。

郭霓，宜春人。

黄璣。

陳肅，番禺人。

蘇應瑞，鬱林人。

雷智宜，桂陽人。

潘桂，崖州人。

張文燦，馬平貢生。

楊俟，福建貢生。

李仲元，臨桂貢生。

蔡挺元，澄邁貢生。

馮文照，雷州衛歲貢。
郭愈，瓊州人。
吴時暉，全州舉人。
吴坤齡，定安貢生。
黄廷瑚，增城貢生。
黄向芳，東莞人。
張守約，平遠貢生。
陳奇策，河源人。
黄璟，順德人，天啓間。
袁大敬，揭陽人。
陳心德，雷州人。
巫茂材，英德人，天啓間。
林起鳳，海康人。
蔡象春，曲江人。
宿丹庭，海康人。
馬呈祥。

李乾溉。

王士彦。

吏目

孫宏。

張儒，廣西歲貢。

吴棣，海鹽監生。

黄邦佐，廣西例貢。

江星，江西監生。

梁宜益，江西例監。

陳義，蘇州吏員。

江皋，浙江吏員。

吴一龍，浙江吏員。

錢應選，直隸吏員。

吴守仁，直隸例監。

程懋益，徽州例監。

楊遇春，晋江吏員。

許夢奎。
郭正美，江西人。
何繼善，山陰人。
林公廉，福州人。
梅應舉，宣城人。
王大美，山陰人。
萬一卿，江陵人。
郭輔卿，晋江人。
斯此德，會稽人。
宋科，山東人。
朱文魁，義烏人。
黄時述，宜興人。

吴川縣

知縣

乞住，洪武二年任。

庾誠，溧陽監生。
曹定。俱洪武間。
林泰。
陶歆，宣城監生。俱永樂間，有傳。
劉震，正統間。
陳衍，潮州舉人。
鄧宣，韶州監生，有傳。
陳安，俱成化間。
鍾英，永嘉監生。
蘇智，龍溪監生。俱弘治間。
胡經，汀洲監生。
張貞，五開衛監生。
方宜賢，莆田舉人。
廖雲翔，淮安舉人。俱正德間。
胡大化，南昌舉人。
鄭希智，懷集舉人。

經希伋，全州舉人。
葉秀，廣西人。
莫息，陽朔舉人。
謝德仁，吉水舉人。
程鎬，祁門監生。
王汝翼，銅仁監生。
謝明勖，莆田人。
趙世德，福建舉人。
丁一道，丹陽舉人。
黄一棟，福建舉人。俱嘉靖間。
黎永清，廣西舉人，隆慶間。
葉春，浙江監生。
劉逢旦，廣西舉人。
陳霑，直隸歲貢。
王一俞，泰和舉人。
吴中正，建寧舉人。

鄭人和，福建舉人。
許宏基，宣化舉人。
周應鰲，泰和進士，萬曆二十五年任，吏都稽勛司主事謫。在任四年，陞南京刑部山西主事，有傳。
咼邦永，公安貢生。
梁景朱，鬱林舉人。
李文淵，晋江舉人。
林憲會，莆田舉人。
唐盛世，全州舉人。
段冠，盧陵舉人。
李友蘭，遠安舉人。俱萬曆間。
吴夢鰲，晋江歲貢。
金揚華，秀水選貢。俱天啓間。
朱宏，桂林舉人，有傳。
曾用脩，漳浦舉人。
童兆登，慈谿進士。
王泰徵，湖應進士。

蔣堯勛，猶谿舉人。
徐鳴岐，浙江貢生。
王協卜，福建舉人。

縣丞

汪季清，饒州人。
鞠軍。
周彦博。俱洪武間。
徐崇善，正統四年任。
康練，泰和明經，成化四年任。
王珏，山東人。
蕭傑，巴縣貢生。
周鎰，同安人，弘治間。
劉景，蒙安人。
楊儀，應城人。
鄧璵，南平監生。
張學，泰興人。

師鑾，廬州監生。俱正德間。
陳世誠，餘姚監生。
林珪，閩縣吏員。
劉廷璋，長沙監生。
項湘，休寧監生。
徐珂，彬州監生。
劉應時，懷集監生。
梁觀生，岑溪監生。
黄鍾表。
周同。
連世祥。俱嘉靖間。
黄伯槐，隆慶間。
伍文光。
董光世。
陳禦。
范文鐸。

羅棟。
黄新。
陳志德，武進監生。
李慎思，平湖監生。
黄來舉，東鄉人。
吴應詔，永寧人。
劉鴻業，山陰人。
駱宗驥。俱萬曆間。
張正之，山陰人。
曹宗慶。
陳甫煒，漳浦歲貢。俱天啓間。
徐繩祖，吴縣人。
戴明，德清吏員。
董學詩，武進貢生。
劉學海，貢生。

教諭

馬保。

雷諒。俱永樂間。

鄭和義。

王福。

全福。

陸聰，高要人。俱成化間。

林文振，懷安舉人。

林昱，惠安監生。俱弘治間。

余賓，順昌監生。

季鸞，横州舉人。

齊啓行，懷安舉人。俱正德間。

鄭皐，連江舉人。

張震，德化監生。

王翔，晉江人。

羅拱震，馬平人。

王鼎。

陳道正，長泰人。

鍾山，海康人。俱嘉靖間。

陳夢龍，懷安舉人。

陳世理，福安人。

陸琬，潯州人。俱隆慶間。

李熊正，北流人。

王誠心，祁門人。

葉逢春，惠州人。

顧榮達，南雄人。

鍾鳴暉。

鄭岱，潮州歲貢。

鮑潛，大埔人。

賴順，饒平人。

洪有成，遂溪人。

許希學，昌化人。俱萬曆間。

王雋，郡武人。
施承芳，蘄縣貢生。俱天啓間。
馬鳴鸞，順德舉人。
李應正，零陵人。
蔡宗周，陽春人。
翁振宗，壽昌人。
王日逵，高要人。
孫士俊，浙江舉人。
許維藩，廉州歲貢。

訓導

徐壽，洪武間。
王昌。
黎鳳，蒼梧監生。俱成化間。
胡麒，廬陵監生。
李震，桂林監生。俱弘治間。
凃良，晋江監生。

陳添，福建人。

何瑶，分水監生。

朱良，歸善監生。俱正德間。

嚴鉄，仙游監生。

唐文符，瓊山監生。

詹泉，玉山監生。

黄徹，從化人。

周于德，福寧州人。

葉昌焕，横州人。

何騄，恩平人。

李絢，廣西人。

錢大有，萬州人。俱嘉靖間。

馬鐸，隆慶間。

周敦裕。

羅文著，高明人。

任先知，廣西人。

何炌，海康歲貢。
謝夢豹，德慶人。
簡御熉，新興人。
黄昊，揭陽人。
何思敬，儋州人。
葉高，封川人。俱萬曆間。
郭中奇，保昌人。
鄭奇珍，合浦人，天啓間。
王時可，長樂人。
尹湯聘，永定人。
曾廷第，儋州人。
黄上奎，四會人。

主簿

趙明，永樂十年任。
梁欽，成化初年任，十三年奉裁。

典史

馮完，正統間。

方明暨，成化人。

祝聰，藤縣人，弘治間。

曹鸞，湖廣人。

佘仁，豐城人。

萬崇。俱正德間。

黄浩，廣西人。

黄玭，晋江人。

陳佐，侯官人。

萬濂，黄州人。

陀佑，蒼梧人。

郭顯文，泰和舉人，嘉靖二十一年以黄州府同知謫。

何烺，杭州吏員。

竇仲環，全州吏員。

鄭孚。

陳文滿。

毛本。俱嘉靖間。

劉春。

莊義。俱隆慶間。

曹士賢。

陸橙。

周寔。

黄一濂。

陳崇猷，龍溪吏員。

酈遜之，會稽人。

杜祥霄，贛州人。

周廷振。

金應乾。俱萬曆間。

朱正洪。

江一葉。俱天啓間。

熊茂。

沈國英。
洪有清。
方以矩，莆田人。
魏守禮。
吴道顯，浙江人。
沈安忠，浙江人。

巡檢司

顧啓祥。
陳毅。
李廷鳳。
柯廷樟。
甘霖。
田經。
柯襟。
林世殷。
廖英。

黄文焕。
伍延慶。
陳衮。
史袁。
汪登雲。以後裁革。
倉大使
李温。
陸貴。
郭敦。
張清。
李寶。
鄭文。
尹瓚。
施才。
熊修。
李憲。

謝岳。
高應試。
朱應龍。
徐世榮。

鹽場大使

吕晋。
鄭仙。
張珮。
楊壽。
程尚官。
曾可傳。崇禎十四年裁。

石城縣

知縣

崔惟中。
殷士安。俱洪武間。

師通。

王興義。

袁規，舉人。

盧昶，北流人。俱永樂間。

蘇洲，池陽舉人，正統間。

周鑑，同安人，景泰間。

歐琳，廣西人，天順間。

陳綱，潮陽人，成化三年任間，有傳。

程宣，藤縣監生。

高壯。

俞章。

葛昂，金壇監生。

秦傑，桂林監生。俱弘治間。

劉讓，監生。

盧玉，高要舉人。

黄浩，善化人。

楊維甫，長樂人。

李琳，高平監生。俱正德間。

楊浩，桂平舉人。

韓鎮，桂林舉人。

劉一桂，河間人。

劉嶅，溧水舉人。

吕恩，或刻吴憲，直隸監生。

沈誠夫，應天舉人。

鄒伯貞，臨州舉人。

鍾文表，武平監生。

林紀，閩縣舉人。

濮桂，桂林舉人。

陳晦，漳平貢生。俱嘉靖間。

凃光裕，臨林舉人。

韋俊民，平南舉人。俱隆慶間。

唐廷燦，全州舉人。

徐可立，德清貢生。

李兆雄。

郭良楫，臨桂舉人。計招強賊蔡邦良，並請其田入學。

黄四科，江浦舉人。

謝璿，建安舉人。

項汝濂，黄巖舉人，有傳。

凌位，長寧選貢。

盧周源，寧川選貢。

何所尚，咸寧選貢。

佴夢騮，臨安選貢，有傳。

羅秉彝，江西歲貢。俱萬曆間。

蔣三槐，奉化選貢。

黄元吉，南城選貢。

洪元卿，晋江舉人。俱天啓間。

徐士華，四川舉人。

樊宏聲，縉雲選貢。

陳惟寧，四川舉人。
陳濟，上元貢生。
蕭洪曜，江西貢生。
曾孔白，莆田人。
王時熙，建寧人。

縣丞

倪望，江西人，洪武元年，有傳。
夏仲謙，正統四年任。以後裁革。

教諭

祝壽。
李騰，龍溪人，景泰間。
葉廷芳，慶遠人，天順間。
万英，成化人。
陳元，弘治間。
陸恒。
阮濬，臨川舉人。

袁佐，全州人。
陳善，慶遠人。
高文舉，海康舉人。
尤舜俞，閩縣人。
姚繼賢，桂林舉人。
李舜舉，分宜舉人。
黄錦，平樂人。
李坦，壽寧人。
楊仕聘，龍溪人。俱嘉靖間。
林震，三水人。
吴允正，閩縣人。俱隆慶間。
王濂，聊城人。
何天民，儋州人。
薛希唐，海陽人。
曹士宏，昌化人。
李聘，漳浦人。

陳講，封川選貢。

朱東山，上猶選貢。

梁祖寅，順德舉人。

鄧學成，曲江人。

湯誥，侯官人。

周桂芳，辰溪人。

劉承緒，上杭人。

蘇時興，崇善人。

范教，東莞人。

胡宗極，桂林舉人。俱萬曆間。

蕭蕙，南海舉人。

吴孟春，江西人，貢士。俱天啓間。

關七運，高明人。

謝天迪，龍門人。

吴之瀚，合浦貢生。

袁祚初，東莞舉人。

吴誠初，南海舉人。
高士森，天台人。
訓導
周琳，始興舉人。
楊心彦，天台人，景泰間。
周魁，全州人，天順間。
陳泮，弘治間。
田春。
陳枝。
張鎰，新興舉人。俱正德間。
吴嵿，零陵人。
黄璣，龍溪人。
陳欽，邵武人。
吴漢，香山人。
蘇哲，曲江人。
劉文漢，蒼梧人。

鄧尚中，全州人。
魏枝，桂林人。
孫倫，定安人。
游文信，平南人。俱嘉靖間。
王天叙，樂會人。
梁大贊，高明人。俱隆慶間。
李廷秀，瓊山人。
謝應龍，邵武人。
伍一魁，蒼梧人。
鄭雲煒，永昌歲貢，有傳。
張伍紀，遂寧州人。
陳泮，番禺人。
鍾慎言，高要人。俱萬曆間。
游應蛟，順德貢士。
何日寅，定安歲貢。俱天啓間。
張星翼，陽春歲貢。

虞際寧，連州歲貢。
劉汝徵，湖廣歲貢。
藍守栩，大埔歲貢。
劉伯璿，江西人。

典史

張賢。
張昂。
周鼎。
胡儼，宜賓人。俱正德間。
熊詩，豐城人。
楊富，興安人。
李拯，全州人。
林慰，莆田人。
劉項，直隸人。俱嘉靖間。
徐鎰，豐城人，隆慶五年任，有傳。
吴中立，涇縣人。

唐元，龍泉人。

徐鉞，江夏人。

鄭鑾，分水人。

張文進，同安人。

徐郎用，豐城人。

梁有正，歸化人。

袁文，龍溪人。

徐春泰，清流人。

羅文繡，廣西人。

李正芳，直隸人。

吴國寶，南昌人。

陳淮，莆田人。

卓兆璁，莆田人。

曹喜正，金華人。俱萬曆間。

劉光遠，福清人。

朱章寧，監利人。

夏維藩，山陰人。
顧汝賢，嘉興人。俱天啓間。
鄭秉忠，山陰人。
鄭大御，莆田人。
葉啓元，紹興人。
龔一驥，福州人。
洪日正，福州人。

巡檢

韓寶。
李文。
熊錕。
王以俶。
程萬節。
閔子卿。
許朗。
王尚勳。

梁尚弼。

周世華。

鄭錦。

王鼎新。

徐椿。

陳應棨。

徐大有。

陳有慶。

龍廷湖。

毛尚質。

郭大禄。

驛丞 縣舊有三驛，曰『新和』，曰『三合』，曰『息安』，至國朝僅存息安，康熙三十八年並裁。

王衍華。

李深。

鄭雲騰。

張九疇。

譚恩。
李文。
邵斌。
陳子言。
鄭世禄。
陳禄。
朱廷聘。
鄭貴。
林成暘。
黄越。
倪文遇。
陳良紀。
鄒順。
楊承惠。
歐陽侚。
林應升。

王好。
余易。
方應禀。
樊用恕。
應尚倫。
余化龍。
張兆舜。
王命封。
倪大綬。
方一柏。
李茂樹。
滕國忠。
明三省。

國朝分巡道

按，廣東省舊有分守各道，已經久裁，舊《通志》俱編入參政、參議内，並未照府分，分析無從稽查，今闕之。

按，廣東舊有分巡各道，自康熙二十二年前或併、或裁、或改，舊《通志》俱編入副使、僉事内，並未照府分，分晰無從稽查，今闕之。

康熙二十三年改設分巡肇高廉羅道

孫允恭，江南進士，康熙二十五年任。

崔俊，正黃旗，貢生，康熙三十年任。

趙清正，鑲黃旗，蔭生，康熙三十六年任。

李華之，山東進士，康熙三十八年任。

靳治楊，鑲黃旗，康熙四十一年任。

張琪，鑲黃旗，康熙四十四年任。

丁易，河南，康熙四十六年任。

靳治齊，鑲黃旗，康熙五十三年任。

朱絳，山東單縣貢生，康熙五十五年任。

李濱，直隸，雍正元年任。

王士俊，貴州平越人，由辛丑進士，雍正四年任，陞廣東布政，尋陞湖北巡撫，累官河東總督。

于其珣，山東文登貢，雍正七年任。

雍正八年改高雷廉道

毛世榮，江南吴縣歲貢，雍正八年任。

乾隆四年改高廉道

儲龍光，江南宜興進士，乾隆四年任。

黄岳牧，福建晋江進士，乾隆五年任。

甘士琇，正藍旗，監生，乾隆十一年任。

楊匯，正紅旗漢軍，監生，乾隆十四年任，由貴州大定知府陞，乾隆十六年調廣東廣南韶連道。

富明安，字師樊，號仁軒，鑲黄旗滿州，乾隆十七年七月任，十八年正月調廣東糧驛道，是年六月，再調廣西蒼梧鹽法道。

王槩，字成木，號約齋，山東諸城歲貢，由刑部郎中陞湖北安襄鄖道，調四川松茂道，留任養親，起復補廣西右江道。乾隆十八年調高廉道，二十三年，代理廣東布政使司事，二十四年正薦。

高州府知府

黄志美，福建人。

周禮，湖廣人。

羅麗宸，遼東人，有傳。

蕭家熙，順天人。俱順治間。

熊啓允，遼東人。

蔣應泰，順天人。

黄雲史，常州人，乙未進士。

李之英。

張聖宏。

王際有，丹徒人，進士，康熙二十二年任。

金祖彭，蘇州人，蔭生，康熙二十七年任。

魏男，柏鄉人，進士，康熙三十年任，有傳。

鄭梁，慈溪人，戊辰進士，康熙三十四年任。

沈弼，普安人，拔貢，康熙三十八年任，有傳。

喬謙己，康熙四十三年任。

吴柯，徽州人，貢生，康熙四十四年任。
王永烈，鑲黄旗人，康熙五十五年任，有傳。
郭志道，漢陽人，貢生，雍正元年任。
趙庚，江都人，貢生，雍正元年任。
黄文煒，新安人，拔貢教習，雍正五年任，有傳。
葉思華，聞喜人，庚辰進士，雍正六年任。
張兆鳳，分水人，拔貢教習，雍正七年任，有傳。
聶大勳，福建永安貢生，雍正十三年任。
楊國棟，正紅旗人，監生，乾隆七年任。
劉重選，山東文登縣進士，乾隆十年任。
陳景瀛，浙江秀水縣貢生，乾隆十六年任。
薩槎，正白旗人，監生，乾隆二十年任。
于殿琰，字子愚，號繙譯，舉人，奉天正紅旗，乾隆二十三年任。
張若熥，字廬山，號午橋，安徽桐城縣舉人，由刑部郎中乾隆三十三年任。

同知

戴文衡。

劉士方，遼東人。
趙國英。
王應補。
劉亮工，江南人。
張學孟，遼東人。俱順治間。
孫魯，江南人，康熙五年任奉裁。

通判

林之芾，福建人。
時際昌。
郎熙化，廣寧衛人，有傳。俱順治間。
周時盛，遼陽人。
魏霆，山西人。
戴夢暘，溧水人。
佟化年，正藍旗，康熙二十一年任。
汪鼎，嘉興人，監生，康熙二十五年任。
潘琦，南城人，廩監，康熙二十七年任。

張承明，正黄旗，康熙三十年任。
吴存義，正黄旗，蔭生，康熙三十三年任。
黄之嵩，山陽縣人，監生，康熙三十八年任。
鄔索桂，正白旗，康熙四十五年任。
李櫺，鑲藍旗，監生，康熙五十二年任。
馬天覠，順天通州人，監生，康熙六十年任。
孫泰，淇縣人，貢生，康熙六十一年任
洪國傅，如皋人，監生，雍正五年任。
靳光耀，鑲黄旗，雍正七年任。
管復始，武進人，監生，雍正八年任。
陳樹芝。
張天澤，山西榆次縣舉人，乾隆元年任。
張紘，浙江分水縣貢生，乾隆三年任。
丁紀龍，浙江歸安縣監生，乾隆五年任。
祖懋地，鑲白旗人，監生，乾隆六年任。
李彩，安徽壽州，監生，乾隆十四年任。

胡之楚，貴州開泰縣進士，乾隆二十一年任。

推官

胡文蔚。

李時成。

陳殿桂。

施佩鳴，江南人，有傳。俱順治間。

江殷道，湖廣人。以後奉裁。

教授

吴允球。

莫光斗，南海人。

江流馨，福建人。

劉仕震，歸善人。俱順治間。

黄夢賚，南海舉人。

勞翀。

鄒紫容，康熙三十九年任。

葉元龍，東莞歲貢，康熙五十年任。

楊瓊，程鄉人，癸巳進士，康熙五十八年任。
魯孫來，順德舉人，雍正五年任。
簡天章，順德縣進士，雍正九年任。
胡斯盛，順德縣進士，乾隆五年任。
沙如珣，龍川縣進士，乾隆十二年任。

訓導

葉登雲，浙江人。
姚珊，福建人。
周萃球，從化人。
唐世炫，惠來人。
屈斯行，番禺人。
黎鳴喈，高明人。俱順治間。康熙四年裁缺。
梁一仁。康熙二十一年復設。
黄肇統，康熙四十四年任。
黄應濱，康熙五十三年任。
陳鴻略，長寧貢生，雍正五年任。

禤重馨，保昌縣歲貢，乾隆八年任。
梁方，四會縣歲貢，乾隆二十年任。

經歷

仙可繼。
魏公琦。
李世銓，直隸人。
彭斗章，江南人。俱順治間。
林桂馨，福建人。
曹發，山陰人。
朱廷麟，浙江人，康熙二十一年任。
蘇企軾，益都人，康熙二十九年任，三十九年奉裁，留任供職，五十二年故。
莊澤民，陝西蘭州吏員，雍正七年復設，九年任。
趙敬和，浙江化縣吏員，雍正十三年任。
胡熙，順天府宛平縣吏員，乾隆九年任。
張元廉，直隸天津縣吏員，乾隆十五年任。
廖興鎮，湖南衡陽縣舉人，乾隆十七年任。

朱朝棟，江南元和縣吏員，乾隆二十一年任。

司獄司

陳同得，隆平人，康熙二十一年任。
徐楨，河澗人，康熙三十三年任。
藺成桂，絳州人，康熙三十九年任。
何士傑，大興人，康熙四十二年任。
潘從禮，大興人，康熙五十六年任。
經銓，上虞人，雍正五年任。
崔正儒，直隸魏縣吏員，乾隆二年任。
莊日榮，順天府宛平縣舉人，乾隆十二年任。
王乃銓，湖南善化縣吏員，乾隆十四年任。
潘治綸，浙江錢塘縣吏員，乾隆二十二年任。

永安倉大使

孫應龍，太原人，康熙二十一年任。
鮑銓，潛山人，康熙二十九年任。
張奇遇，浮山人，康熙三十九年任。

趙永貴，太平人，康熙四十二年任。

聞在公，宛平人，康熙五十二年任。

史成章，富平人，雍正二年任。

李崇葉，山西太平縣吏員，乾隆三年任。

吴大忠，浙江會稽縣吏員，乾隆十年任。

裴廷瓚，江南武進縣吏員，乾隆十四年任。

馬負圖，湖北興國州吏員，乾隆二十三年任。

各鹽場自乾隆捌年奉文改歸高州府屬。

電茂場大使

彭琮，貴陽府舉人，乾隆四年任。

沈周，浙江錢塘縣舉人，乾隆十年任。

劉桂圃，山東金鄉縣舉人，乾隆十一年任。

徐觀孫，順天府宛平縣舉人，乾隆十二年任。

李本桐，山東惠民縣舉人，乾隆十九年任。

曹代華，福建閩縣舉人，乾隆二十一年任。

博茂場委員

章士鳳，江南舉人，乾隆七年任。

廖嘉猷，四川射洪縣舉人，乾隆九年任。

徐巖，浙江上虞縣監生，乾隆十一年任。

王士禄，直隸棗彊縣舉人，乾隆十四年任。

白士魁，河南新鄭縣舉人，乾隆二十年任。

王尚禮，廣西博白縣舉人，乾隆二十三年任。

茂暉場大使

吴紹祖，浙江山陰縣吏員，乾隆六年任。

常鍈，雲南河西縣舉人，乾隆十九年任。

張翼鎮，開平縣監生，乾隆二十年任。

丹兜場委員

金湯，浙江會稽縣監生，乾隆三年任。

王汝梅，四川安居縣舉人，乾隆十二年任。

葉焕，廣西上思州舉人，乾隆十四年任。

王曰唯，直隸魏縣舉人，乾隆二十二年任。

茂名縣

知縣

段國紀，福建人。

余心聰，浙江人。

郭中柱，遼東人。

姜天寵，江南舉人。

王璠，江南人。

於國維，遼東人。俱順治間。

張大奇，山西進士。

林盛梅，山東舉人。

高龍光，福建長樂人，順治己亥進士，康熙七年任，有傳。

趙與楩，龍溪舉人。

楊奇逢，遼東人。

李珩，山東人。

周振聲，崇仁舉人。

程鼎，四川壬子舉人，康熙二十八年任。

錢選，懷寧人，乙丑進士，康熙三十一年任。

王原，清浦人，戊辰進士，康熙三十三年任。

錢以塏，嘉善人，戊辰進士，康熙三十六年任，有傳。

高遐昌，淇縣人，丙辰進士，康熙三十九年任，有傳。

趙如桓，宛平人，貢生，康熙四十四年任。

王僉吉，桐廬人，乙丑拔貢，康熙四十七年任。

孫士傑，渭南人，丁卯舉人，康熙四十九年任。

史隨，溧陽人，己丑進士，康熙五十七年任，有傳。

黄國楹，正白旗人，康熙六十一年任。

吴睿英，山陰人，雍正二年任。

虞金銘，太倉州籍，金匱縣人，甲辰進士，雍正七年任。

林炯，福建莆田縣舉人，乾隆元年任。

王之正，順天府大興縣舉人，乾隆三年任，有傳。

吴尚友，宛平縣優生，乾隆六年任。

粟榮訓，湖南會同縣進士，乾隆元年任。

彭科，貴州鎮遠縣拔貢，乾隆十三年任。

湯登鰲，江蘇丹陽縣貢生，乾隆十六年任。
吴爲墉，廣西横州進士，乾隆十八年任。
劉鵬，河南虞城舉人，乾隆二十四年署任。

教諭

黄兆宲，福建人。
馮迪瓚，廣州人。
何麟運，廣州舉人。俱順治任。
何嶠，順德人。
周崙，吴縣人。
余聖典，順德人。
黎起龍，新會人，丁酉舉人。
鄧夢韶，順德人，丁酉舉人。
羅克忠，三水人，甲子經魁。
何嘉源，高要貢生。
洪世忠，東莞人，乙酉舉人，雍正三年任。
馬功顯，惠來縣舉人，雍正九年任。

黄琨，南海縣廪貢，乾隆元年任。

周廷士，香山縣舉人，乾隆十八年任。

劉鶴天，興寧縣舉人，乾隆二十一年任。

訓導

楊思誠。

崔汝昌，龍川人。

何之益，東莞人。俱順治間。康熙二年裁，十九年復。

羅程，龍川歲貢，捐貲建學，康熙二十六年任。

張振公。

鍾尚瑛。

陳連進。

何家正，南海人。

霍烺，封川歲貢。

吴德昆，揭陽歲貢。

張必義，興寧貢生，康熙五十九年任。

洪雲齡，遂溪歲貢，雍正四年任。

胡耿，順德縣歲貢，雍正十三年任。
陳廷講，高明歲貢，乾隆五年任。
譚謙益，高明歲貢，乾隆十年任。
徐之麟，鎮平歲貢，乾隆十五年任。

縣丞

吴賢。
陳道隆。
劉建新。
劉義寵，直隸人。俱順治間。
孫楹，直隸人，康熙二年任。
梅調鼎，浙江人。
杜唐仕，登封人。
陶之俊，黄岡監生，有傳。
王伯賢，寧波人。
朱啓陞，巴陵貢生。
徐正言，仁和人，康熙二十八年任。

史允猷，桐城人，康熙三十七年任。

宋鑑，仁和人，例貢，康熙四十四年任。

蕭湘，順天監生。

方英，山陽監生，康熙四十七年任。

施堯勛，天河歲貢，康熙五十三年任。

趙世熙，鑲白旗漢軍，雍正元年任。

馬兆儀，紹興例貢，雍正三年任。

夏總虞，到州廪貢，雍正六年任。

朱念高，嘉興貢生，雍正七年任。

賈慶灝，鑲黄旗人，監生，雍正十年任。

任維翰，山西汾陽縣貢生，乾隆四年任。

姚瑱，福建莆城縣監生，乾隆九年任。

彭蠡，江南奉新縣監生，乾隆十六年任，二十一年奉裁。

典史

胡鳴麟。

劉祚，湖廣人。

李公植。
孫士吉，浙江人。俱順治間。
陸時位。
田文舉，陝西人。
王尊。
陳時夏。
文通。
薛士環，嘉興人，康熙三十一年任。
謝元旦。
傅光裕，曹州人。
程汶，茂山衛人。
汪光亮，旌德人。
沈祚遠，山陰人。
莊珣，浙江人，山陰縣吏員，乾隆三年任。
楊清遠，江南甘泉縣人，乾隆五年任。
李嘉楫，順天府大興縣人，乾隆十三年任。

曹安清，四川成都縣人，乾隆十六年任。
王之奇。
衛智。

平山巡檢司

李廷椿，福建人。
吴朝賢，蘄縣人。
李之松，騰□衛人，康熙二十二年任。
蕭鼎，侯官人。
丁宏遠，宛平人。
謝家驥，海澄人。
徐鑣，順義人。
李泰，江南金壇縣人，乾隆七年任。
王有榮，江西人，雍正十三年任。
傅耀先，順天府大興縣人，乾隆十九年任。
倪若山，順天府大興縣吏員，乾隆二十一年任。

赤水巡檢司

李成龍，承德人，康熙四十一年任。

朱廷佐，順義人，康熙五十八年任。

孫祥，江南太平縣吏員，雍正十三年任。

章起龍，浙江慈溪縣監生，乾隆七年任。

梁恒謙，正白旗，監生，乾隆十九年任。

大陵驛驛丞

劉金。

梁先聲。

張德鉉。

韓孔憲，富平人，康熙三十四年任。

曹文魁，寧浦人。

戴天授，蕭山人，康熙五十六年任，雍正七年裁。

電白縣知縣

林崇履，侯官人，茂才。

陳冉，江夏貢生。
范式金，秀水貢生。
汪汝烈，湖廣貢生。
陳之秀，泗洲貢生。
秘汝焕，宛平舉人。
劉德新，定海恩貢。
相斗南，安邑舉人，丙戌副榜，順治十三年任。
邢祚正，直隸恩貢，順治十八年任。
郭指南，延安人，戊戌進士。
劉朝宗，萊州人，辛丑進士，康熙十二年任。
周士貴，遼東人，蔭生。
强兆統，寶藕人，庚戌進士，康熙十九年任。
宋士標。
彭玉振。
楊時芬。
張琮，鉅野人，進士，康熙三十九年任，有傳。

朱丕承。
周文傑，山陰人，康熙五十三年任。
閔黯，郿西舉人，雍正五年任。
徐軒，上元舉人，雍正八年任。
劉輝祉，直隸安平縣監生，乾隆元年任。
施念曾，江南宣城縣拔貢，乾隆六年任。
張琨，貴州開泰縣舉人，乾隆十二年任。
毛邑，貴州平越縣進士，乾隆八年任。
徐士楹，山東文登縣舉人，乾隆十五年任。
劉芳，正白旗人，舉人，乾隆十六年任。
沈百齡，浙江海寧縣監生，乾隆十八年任。
劉繼，江西樂平縣舉人，乾隆二十年任。

教諭

李棟隆，江南舉人。
薛起鵬，順德廩生。
馮珧，南海舉人。俱順治間。

何仞樓，香山貢生，康熙二十一年任。
梁逢鰲。
袁恂。
李士鳳。
林蕙。
關上遷，南海縣舉人，雍正十一年任。
莫豫泰，定安縣歲貢，乾隆七年任。
何毅夫，順德縣舉人，乾隆八年任。
蔡王華，海豐縣舉人，乾隆十年任。
李之蕃，翁源縣舉人，乾隆十九年任。
章朝賡，陸豐縣恩貢，乾隆二十一年任。

訓導

關士顯，南海。
黄銑，南雄人。
邱世顯，平遠人。
羅祥鳳。

何一華，始興歲貢。
黎士雲，肇慶人。
霍學濟。
蘇友桂。
黎組芳，河源人，康熙五十六年任。
陳曰璉，連州歲貢。
余九壽，雍正八年任。
蔡廷振，順德縣歲貢，雍正十三年任。
陳國驥，羅定州歲貢，乾隆五年任。
譚宗元，曲江縣歲貢，乾隆九年任。
廖成祥，乳源縣歲貢，乾隆六年任。
鄧芝建，四會縣歲貢，乾隆十一年任。
姚大鎮，潮陽縣歲貢，乾隆十八年任。
王聘予，澄邁縣歲貢，乾隆二十年任。
謝侯卿，羅定州歲貢，乾隆二十二年任。

神電衛經歷

蔡邦奇，台州選貢，順治十二年任，十四年奉裁。

神電倉大使

張傑，南海吏員。

黎民敏，南海吏員，順治十二年任，十四年奉裁。

典史

張雜賢，直隸人。

胡運際，紹興人。

張應祥，江南人。俱順治間。

吴萬鍾。

顧鈺。

俞之瑀。

田永稔。

李登龍。

丁君悦。

朱新瑛，康熙二十五年任。

毛從龍。
陶明泰。
張仲升。
王鋐。
姚廷銓，大興人，雍正六年任。
孫燦，順天府三河縣吏員，雍正十三年任。
崔雲圖，順天府大興縣吏員，乾隆五年任。
曾志道，四川華陽縣吏員，乾隆十六年任。
余熙，山東歷城縣監生，乾隆二十二年任。

沙𡐃巡檢司

吕如灝，浙江永康縣吏員，雍正九年奉文添設，十年任。
王應麟，曹州府菏澤縣吏員，乾隆九年任。
張爲柱，順天府涿州附生，乾隆十六年任。

信宜縣

知縣

張于盤，山東貢生。

韓應震，望江人。

徐鳴珮，單縣拔貢。俱順治間，名宦，有傳。

羅士毅，新建人，順治戊戌進士，康熙元年任，名宦，有傳。

湯裔振，南皮人，己亥進士，康熙八年任。

李棠，鐵嶺人，康熙甲辰進士。

杜唐仕，登封人，康熙十四年任。

余光炅，大冶人，貢生，康熙二十年任。

周儁，東明人，順治辛卯舉人，康熙二十五年任。

劉邦治，江西舉人，康熙二十八年任。

余宗震，金壇監生，康熙二十八年任。

李廷樞，無錫人，辛未進士，康熙四十一年任，有傳。

翟振岱，灌陽舉人，康熙四十二年任。

裴正時，江陵人，庚辰進士，康熙五十一年任。

趙民思，正白旗人，康熙四十四年任。

任克慎，柘城人，己酉舉人，康熙五十九年任。

段宏普，大興人，康熙六十一年任。

傅璽，靈壽人，雍正甲辰進士，雍正八年任。
朱之赤，宣化舉人，雍正十一年任。
蔣樫，廣西舉人，乾隆元年任。
戴維楫，四川潼州府舉人，乾隆三年任。
劉向藜，福建舉人，乾隆八年任。
柏壽，鑲紅旗人，舉人，乾隆十一年任。
張呈祥，湖南岳州舉人，乾隆十三年任。
劉啓江，江西南昌府舉人，乾隆十七年任。
何在勇，江西廣昌進士，乾隆二十一年任。

教諭

高大觀，澄海選貢。
梁逢生，和平歲貢。
劉逢年，江南貢生。
屈騶，順德舉人。俱順治間。
方曰定，南海歲貢，康熙二十年任。
鍾韶，程鄉人，歲貢，康熙二十七年任。

龔文耀，南海選貢，康熙三十五年任。
黄元捷，南海例貢，康熙三十五年任。
邱啓碧，保昌拔貢，雍正四年任。
譚君相，廣州府拔貢，雍正十三年任。
龐良驥，廣州府明通，乾隆七年任。
高星，嘉應舉人，乾隆十四年任。
薛鍾獄，廣州府舉人，乾隆十九年任。

訓導

繆期升，定南歲貢。
譚夢斗，新會歲貢。
莫恒吉，英德歲貢。俱順治間。
蔡獻圖，普甯歲貢，康熙四年任。
鍾煌，東莞歲貢，康熙二十年任。
林邦彦，潮陽歲貢，康熙三十四年任。
李文熖，順德歲貢，康熙五十一年任。
劉上英，東莞歲貢，康熙五十三年任。

阮士英，順德歲貢，康熙三年任。
張鑑，肇慶府歲貢，雍正九年任。
譚君任，廣州府歲貢，雍正十三年任。
凌文相，肇慶府歲貢，乾隆四年任。
符曰文，瓊州府歲貢，雍正十年任。
葉先開，韶州府歲貢，乾隆十三年任。
謝廷義，廣州府歲貢，乾隆十八年任。
張鼎鼐，韶州府歲貢，乾隆二十年任。

典史

邵元標，山陰人。
陳國玉，歙縣人。
陳金龍，忠州人。
胡從龍，蘭溪人。
陳政仁，山陰人。
曹士奇，山西人。俱順治間。
孫振基，福平人。

馮芝榮。
杜雲廷。
邢進朝。
沈文學，北京人。
張宣，五河人，康熙三十八年任。
胡天錦，浙江人，康熙四十五年任。
孫世振，浙江人，康熙五十八年任。
孫灝，嘉興人，康熙五十九年任。
張志堂，直隸保定府吏員，雍正九年任。
陳際可，紹興府吏員，雍正十一年任。
段鳳羽，山西絳州人，雍正七年任。
黎明，浙江紹興人，乾隆十八年任。

懷鄉巡檢司

楊會選，四川人。
俞都，福建汀州府吏員，乾隆二十二年任。原任西寧屬，二十二年奉文改撥。

化州

知州

張興，北直貢生。
邴獻宸，遼東拔貢。
張士望，宛平拔貢。俱順治間。
邱宗文，正白旗，有傳。
吕兆璜，新安拔貢。
耿文明，遼東蔭生。
閆承禄，遼東蔭生。
胡秉訓，遼東蔭生。
楊于宸，正藍旗蔭生，康熙乙丑年任。
倫可大，江南拔貢，康熙二十八年任。
李培茂，江西進士，康熙二十九年任。
婁肇能，山陰副榜，康熙三十五年任。
樊際盛，正紅旗監生，康熙三十八年任。
傅作楫，遼東監生，康熙四十一年任。

周鼎，通海人，經魁，康熙四十八年任。
金熊飛，鑲白旗監生，康熙五十二年任。
□耀，仁和監生，康熙庚子年任。
楊業灝，儀徵貢生，雍正三年任。
孫傳祖，鑲紅旗人，監生，雍正七年任。
李祖旦，江南阜陽縣進士，乾隆二年任。
林寅，福建沙縣人，舉人，乾隆八年任。
楊芬，廣西臨桂縣舉人，乾隆十一年任。
程煜，江西南城縣進士，乾隆十五年任。
張紹元，江南銅山縣監生，乾隆十八年任。
王以夔，直隸清宛縣舉人，乾隆二十一年任。

州同

宋騰鳳，北直人，順治十六年任。
張維坤，濟寧貢生。
金爽，江西人。康熙四年以後裁。

學正

江元。

馮璡，廣州舉人。

梁殿柱，肇慶人。俱順治間。

朱廷誼，東莞人。

羅元璐，順德舉人，康熙十四年任。

翁邕，順德舉人，康熙二十年任。

張灝，惠來舉人。

莫與蛟，新會舉人。

李嗣鈺，歲貢，康熙三十七年任。

甄芑，新寧舉人，康熙四十八年任。

曾孫來，順德舉人，康熙辛卯年任。

梁黍華，程鄉五經舉人，雍正五年任。

黎琦，順德辛卯舉人，雍正七年任。

饒之鸞，長樂縣舉人，雍正十年任。

羅朝彦，順德舉人，乾隆八年任。

鄧殿邦，順德縣捐貢，乾隆十年任。

林玉葉，陸豐縣舉人，乾隆十二年任。

黄夢桂，新安縣舉人。

劉學，增城縣舉人，乾隆二十一年任。

訓導

龎瑋，南海人。

蘇奇一，高要人。俱順治間。

李國琛，順德選貢。

簡耀宗，陽山歲貢。

鄒若勛，順德人。

李德輝，廣州貢生。

馮璋，廣州貢生，康熙四十五年任。

林元振，揭陽貢生，康熙四十九年任。

謝豪，程鄉貢生，康熙五十一年任。

林世楣，揭陽貢生，康熙五十五年任。

何懋昭，順德歲貢，康熙五十八年任。

梁子鍾，儋州歲貢，雍正三年任。
嚴寅賓，平遠歲貢，雍正七年任。
林錫驊，平遠縣歲貢，乾隆元年任。
葉芹，嘉應州歲貢，乾隆五年任。
王會錫，樂會縣捐貢，乾隆十七年任。
蔣鵬機，感恩縣歲貢，乾隆二十三年任。

吏目

高標，衡水吏員。
周鼎，會稽吏員。
王彪，山陰吏員。俱順治間。
陳寅亮，紹興吏員。
張仕俊，河間監生。
熊應鉉。
賈君重。
章有德，浙江監生。
陳文鎮，通州監生，康熙五十九年任。

楊仕淇，清江監生，雍正五年任。
王曰璠，大興監生，雍正七年任。
江大受，江南上元縣監生，乾隆二年任。
柯玉齊，順天府大興縣吏員，乾隆十一年任。
陸華，江南元和縣監生，乾隆二十年任。
倪會源，浙江永康縣貢生，乾隆二十一年任。

梁家沙巡檢司

張添增，石泉吏員。
李之茂，山陰吏員。
趙文斗，太平吏員，康熙十一年任。
楚山旭。
王一麟。
劉祚昌，湖廣人，康熙五十四年任。
程應求，徽州人，康熙六十年任。
張在中，宛平人，雍正六年任。
吴志道，順天府大興縣吏員，乾隆元年任。

蔡以忠，順天府大興縣吏員，乾隆十五年任。
周際時，江西金谿縣人，乾隆十九年任。

吴川縣

知縣

陳培亨，福建廪生，順治四年任，至六月，死於叛逆。
黄應乾，上虞貢士，有傳。
周允斯，浙江人。
楊翼圖，河南貢士。
高鴻飛，葉縣拔貢。俱順治間。
李光先，鉅鹿貢士，康熙五年任。
黄若香，閬中舉人，康熙七年任。
陳宏章，正藍旗，康熙十四年任。
王如恒，遼東人，康熙十六年任。
秦松如，無錫監生，康熙十九年任，有傳。
于隆吉，山東監生，康熙二十三年任。

李球隨，直隸蔭生，康熙二十五年任。
楊希震，四川舉人，康熙二十六年任。
宋世遠，膠州貢生，康熙三十年任。
倪正，江南監生，康熙三十五年任。
楊名彩，浙江監生，康熙三十七年任。
何美，福建舉人，康熙四十九年任。
田承謨，浙江丙戌進士，康熙五十六年任。
劉世沛，河南貢生，康熙五十八年任。
甯時文，山西壬辰進士，雍正元年任。
王希洪，湖廣癸巳進士，雍正六年任。
王維炳，鑲黃旗監生，雍正七年任。
陳志陛，福建羅源縣捐貢，乾隆元年任。
鄭廷烈，南籠府安南縣進士，乾隆十年任。
郭世奇，河南洛陽縣進士，乾隆十三年任。
楊濂，貴州舉人，乾隆十七年任。
王廷瑶，直隸天津縣舉人，乾隆十九年任。

楊士璣，江南委縣進士，乾隆二十一年任。

教諭

吴士驊，順治四年任，叛逆破城，死之。

黄國龍，福建人。

羅萬達，東莞廩生。

黄挺華，南海舉人。俱順治間。

鄭熙運，湖廣舉人，康熙二年任，至三年奉裁。

郭斌，南海歲貢，康熙二十一年任。

馮士正，南海捐貢，康熙十六年任。

張可梯，大浦歲貢，康熙四十六年任。

許元佐，澄海歲貢，康熙五十三年任。

黄斐，香山捐貢，康熙六十年任。

張兆桂，順德副榜，雍正五年任。

駱兆龍，徐聞拔貢，雍正八年任。

楊世鼎，海陽縣拔貢，乾隆元年任。

陳世蓮，順德縣解元，乾隆五年任。

黄玉彬，文昌縣舉人，乾隆十三年任。
劉桐，乳源縣拔貢，乾隆二十三年任。

訓導

郭城，浙江人。
賴新科，永安人，順治十四年任，至十五年奉裁。
陳龍光，番禺歲貢，康熙三年裁教諭，復訓導，於康熙四年任。
梁翹隆，恩平歲貢，康熙二十一年任。
廖緒耀，文昌歲貢，康熙二十六年任。
蒙昌奕，封川歲貢，康熙三十七年任。
吴大成，南海歲貢，康熙五十六年任。
盧方申，新會歲貢，雍正三年任。
許紹中，陽江歲貢，雍正五年任。
黎奕熊，番禺縣歲貢，雍正十年任。
吴誕登，澄海縣歲貢，乾隆七年任。
危其行，大埔縣歲貢，乾隆十六年任。
黄道高，瓊山縣歲貢，乾隆十九年任。

縣丞

徐啓璉，浙江人，順治四年任，叛逆破城，死之。

田三鳳，陝西貢生。

王嘉翰，順天貢生。

劉正遴，盛京貢生，康熙二年任，九年奉裁。

典史

王大任，順治四年任，叛賊破城，死之。

張召卿，紹興人。

王用極，大興人。

任其毅，大興人。俱順治間。

陳公煒，紹興人，康熙四年任。

戴希聖，山陰吏員，康熙二十二年任。

賈顯瑞，陝西吏員，康熙二十八年任。

陳永鋐，北直吏員，康熙三十八年任。

邵九皋，浙江吏員，康熙五十二年任。

魯士毅，順天府大興縣吏員，雍正十三年任。

陳周書，江蘇甘泉縣吏員，乾隆三年任。
李希翰，蘇州崑山縣吏員，乾隆十八年任。
李性，四川華陽縣捐貢，乾隆二十四年任。

倉大使

陸秀陞，南海人。
馬應鰲，南海人，順治十一年奉裁。

硇州巡檢司

徐大業，順天府大興吏員，雍正九年任，本年奉文添設。
張克新，河南武陟縣吏員，乾隆十二年任。
王秉章，浙江山陰縣，乾隆十六年任。
高大川，浙江平陽縣吏員，乾隆二十三年任。

石城縣

知縣

郭祚新，福清生員。
張翼軫。

張其榮，遼陽貢生。
王訓，濟南歲貢，有傳。
余光魯，婺源拔貢。
李沛，劍州舉人。俱順治間。
侯周臣，平陽進士，康熙二年任。
梁之棟，曲陽拔貢，康熙四年任。
洪日旦，四川舉人，康熙七年任。
李琰，高陽舉人，康熙十七年任，有傳。
于繼勛，遼東人，蔭生，康熙十七年任。
白玠，清澗人，進士，康熙二十二年任。
韓鏐，蒲州貢生，康熙二十五年任。
劉文煥，鑲黄旗監生，康熙三十五年任。
孫繩祖，鑲紅旗監生，康熙四十一年任。
田發，林縣舉人，康熙五十二年任。
侯瑜，襄城人，進士，康熙五十八年任。
葉思華，聞喜人，進士，雍正五年任。

計德元，北直人，雍正六年任。
張恕，順天府文安縣舉人，雍正十三年任。
王灝，四川南充縣進士，乾隆五年任。
魏縎，貴州平越府舉人，乾隆十年任。
李瓊林，湖南陽州舉人，乾隆十二年任。
王振統，山東招遠縣舉人，乾隆十五年任。
顔煌，江西萍鄉縣拔貢，乾隆二十一年任。

教諭

柳宿，山東選貢。
林照，番禺舉人。俱順治間。
黎覲烑，南海貢士，康熙二十一年任。
梁繼鳴，順德舉人，康熙二十五年任。
余洲枝，順德貢士，康熙三十七年任。
陳英略，番禺貢生，康熙四十二年任。
羅灝，從化副榜，康熙四十八年任。
林萬錦，揭陽副榜，康熙五十九年任。

黄涓，安定縣拔貢，雍正十五年任。
黄奐，嘉應州舉人，乾隆九年任。
李桂生，英德縣恩貢，乾隆十六年任。
陳子杏，新興縣舉人，乾隆十九年任。
邱壯臨，饒平縣舉人，乾隆二十二年任。

訓導

劉飛熊，河源歲貢。
馬錫，南海歲貢。
彭懋新，羅定歲貢。
李尚志，長樂歲貢。
葉瓊，長樂歲貢。
袁經偉，東莞人。
蔡叔度，海陽歲貢，康熙二十五年任。
李捷，三水歲貢，康熙三十九年任。
陳永祺，順德捐貢，康熙五十九年任。
黎兆祺，南海歲貢，雍正四年任。

張宗良，英德歲貢，雍正九年任。
張其蔚，東莞歲貢，乾隆六年任。
吴耀前，合浦歲貢，乾隆十一年任。
蔡高識，普寧副榜，乾隆十九年任。

典史

周鑑，黄州人。
于璜，大興人。
吴斌，永清人。
張鳴鳳，咸寧人，康熙元年任。
來民服，浙江人。
黄永，浙江人。
榮世盛，武清人。
孫敬，山陰人，康熙二十八年任。
沈子龍，大興人，康熙三十七年任。
錢其清，紹興人，康熙四十二年任。
徐選，紹興人，康熙四十六年任。

沈東裕，浙江人，雍正二年任。

盧德英，順天府大興人，吏員，乾隆元年任。

張敬參，山西介休縣吏員，乾隆九年任。

方斌，順天府大興縣吏員，乾隆十三年任。

宋爛，江南長州縣監生，乾隆十六年任。

趙宗達，浙江會稽縣監生，乾隆十八年任。

凌禄巡檢司

李之光，紹興人。

程希宗，巴陵人。俱順德間。

戴梁，慈溪人。

蔡瑜，鳳陽人。

張炳，山陰人。

史淵，宛平人。

官聚奎，遼東人，康熙二十五年任。

李守身，祥符人，康熙三十三年任。

高芳玉，冠縣人，康熙四十六年任。

詹道隆，玉田人，康熙五十一年任。
關道煌，廣濟人，康熙五十四年任。
章震基，浙江會稽縣吏員，乾隆十三年任。
郭廷錫，順天府大興縣吏員，乾隆十年任。
楊名舉，直隸曲陽縣吏員，乾隆十六年任。
樂斐成，浙江寧波府慈谿縣人，乾隆三十年任。

驛丞

黄鳳翎，西安人。
胥何，河南人。俱順治間。
江朝相，大興人，康熙二年任。
張名達，耀州人，康熙十一年任。
王學道，良鄉人，康熙二十一年任。
李元肱，淄州人，康熙三十五年任。